U0514248

王悦 著·绘

养育孩子，没那么难

王悦18年教子手记

北方联合出版传媒（集团）股份有限公司

万卷出版公司

ⓒ 王悦 2019

图书在版编目（CIP）数据

养育孩子，没那么难：王悦18年教子手记/王悦著、
绘．—沈阳：万卷出版公司，2019.5
ISBN 978-7-5470-5083-5

Ⅰ.①养… Ⅱ.①王… Ⅲ.①儿童教育－家庭教育
Ⅳ.①G782

中国版本图书馆 CIP 数据核字（2018）第 257063 号

出 品 人：刘一秀
出版发行：北方联合出版传媒（集团）股份有限公司
　　　　　万卷出版公司
　　　　（地址：沈阳市和平区十一纬路25号　邮编：110003）
印 刷 者：辽宁新华印务有限公司
经 销 者：全国新华书店
幅面尺寸：145mm×210mm
字　　数：300千字
印　　张：12.5
出版时间：2019年5月第1版
印刷时间：2019年5月第1次印刷
责任编辑：张雪娇　高　爽
责任校对：高　辉
装帧设计：范　娇
ISBN 978-7-5470-5083-5
定　　价：39.80元
联系电话：024-23284442
传　　真：024-23284448

目　录

第二章　简单实用的学习窍门

第三章　免费高效的教育方法

第四章 父母应有的教育智慧

第五章　每天经历的成长故事

后记

爱孩子是父母的天性，但教育孩子却不是每个父母都能做好的。父母，虽然没有"教师"的头衔，却时刻担任着"教师"的角色，父母的一言一行会被孩子模仿，甚至微妙的心理变化也会被孩子感知。在日积月累、潜移默化的作用下，父母的言传身教对孩子的身心发展产生重要影响。父母是对孩子影响最大、最为深远的人！所以，父母要不断学习，才能做到爱子有方、教子有道。

我们爱孩子，就要帮助他去飞翔！正如纪伯伦所说："我们的儿女，其实不是我们的儿女，他借助我们来到这个世界上，却非因我们而来。"迟早有一天，孩子会长大，离开父母的保护，融入社会独立生活。

孩子需要父母照顾、受父母教育影响，亲子接触时间较长的阶段主要集中在从出生到 18 岁，特别是孩子的婴幼儿时期。所以每一位爸爸妈妈都要珍惜和充分利用好这段宝贵的教育良机，多学习掌握育儿知识，多陪伴孩子，先努力让自己更优秀，才能为孩子提供优质、高效的教育，让孩子成为更健康、更聪明、更快乐的人！

"万物皆有时"，教育要掌握最佳时机。因为孩子成长发育是有关键期的，一旦错过就很难弥补，时间不会倒流，教育不等人，教育不会删除以前的痕迹重新再来！

每一个孩子都是不同的花朵，表现出明显的个体差异，教育也需要因人而异、因材施教。孩子没教好，一定是方法不得当！作为一名从事学前教育的老师，我在培育班里孩子和儿子达达的过程中，经常遇到各种各样的新问题。每到这个时候，我都会停下来认真思考：我的这种教育方法是否出现了问题？换一种什么样的方法能够更适合孩子？在工作和生活中，我勤于钻研思考、探索实践最佳教育方法，尽量让孩子们在成长的道路上不走弯路或少走弯路。

本书中每一个事例都是我工作、生活中的亲身经历。希望读者多了解一些教育孩子的方法，能从孩子身体发育、心理发展的需要出发，多与孩子交流，看看孩子到底喜欢什么，站在孩子的角度想一想，孩子此刻希望父母为他做些什么，什么才是孩子真正需要的、最适合孩子的选择。父母常常会好心办错事，站在自己的角度去感觉，把自己认为好的玩具买来，孩子不喜欢玩；花大价钱报名的学习班，孩子没有兴趣不能坚持学习，结果是花了钱又白白浪费了时间，还一厢情愿地觉得这样做是为孩子好。

我为爸爸妈妈们介绍的是经过理论提炼和实践检验的，在家里便于操作的"验方""秘籍"！这些经验，一学就会、一看就懂、操作简便、行之有效。不用带着孩子到外面去参加各种学习班，这里都是免费的亲子教育方法。

2017 年 9 月

第一章
孩子心理的真正需求

1 | 新生宝宝回家后的第一次"测试"

顺产的达达，两天以后就被我们欢天喜地地抱回了家。达达带着全家人的美好期待开始了人生旅程，先生和我正式晋级为新手爸爸妈妈！

回家后，我们迫切地想知道孩子各方面生长发育的状况，所以就给达达做了新生宝宝的第一次测试。

看见他醒了，我就站在婴儿床的正前方、距离他很近的地方轻轻拍手，孩子的眼睛注视着我。

我转到达达的左侧拍手，孩子听到了声音就转过头来用眼睛寻找声源。

我又走到小床的右侧轻轻拍手，孩子马上把头转向右侧寻找声源。

我再绕到小床的左侧，降低音量再重复一遍刚才的动作，达达还能听见，并且用眼睛寻找声源。看到孩子的反应，我们就知道孩子的听力和视力都没有问题。

生物性视、听定向反应

我们做的这个测试是生物性视、听定向反应。是在新生宝宝安静、醒着的时候，家长在距离孩子眼睛 20 厘米左右的地方，用适量的声音说话或发出声响，从新生宝宝的正前方开始测试，再转向左、右两侧继续测试，观察新生宝宝的反应。通过这个测试的新生儿，证明孩子具有敏感的视觉能力；在听觉上有声音的定向力，说明孩子已经建立"听"的条件反射了。

巴宾斯基反射

给孩子做的第二个测试是巴宾斯基反射。我一手握住达达的小脚，用另一只手的食指由达达小脚底的脚跟部向脚趾方向，划脚的外侧时，他的拇趾随即上翘，其余四趾呈扇形张开，然后再卷曲起来，看到达达的表现，说明孩子的神经系统发育正常。巴宾斯基反射在婴儿 6 个月后，逐渐消失。

牵拉反射的测试

我又做了一个牵拉反射的测试。我把自己双手的食指，分别放在达达的左右手掌心里，能立即感到我的手指被达达的小手紧紧攥住。我轻轻地提高双手，达达更加使劲地紧紧握住我的食指，上身已经悬空离开小床了，这种姿势在空中停留了几秒钟后，我才轻轻地降低双手，让达达躺回到小床上。宝宝的这种牵拉反射能力，几个月后会自然消失，如果经常训练，孩子的这种能力会进一步发展。做这个测试时，我一直密切观察达达的反应，感觉孩子的手劲一直保持着。但是，我也时刻准备用拇指去握住达达的小手，避免孩子松手，始终保障孩子的安全。牵拉反射的现象说明：新生儿具有自我保护的意识，证明新生儿具有强烈的与人交往的能力和情感。

一会儿的工夫，就完成了对达达的这几项简单测试。达达的表现，说明他是一个发育正常的孩子，现在已经具备了学习和发展的巨大潜能。测试结果让我们充满信心！我们从此刻开始就要准备好陪伴达达，与他共同成长。

自带自主学习能力的小婴儿

小婴儿出生时就自带自主学习的能力，我们只要稍加适时、适量、适度的早期教育，就能帮助孩子，使其各方面能力得到更好地发展。

在培养教育孩子的问题上，只要目标明确，方向正确，方法得当，是不用花费很大力气的事情，其实养育好孩子很简单！

好多爸爸妈妈认为整天睡觉、小小的、软软的新生儿的视力、听力以及与外界沟通的能力都是有限的，每天只要把小婴儿的吃、喝、拉、撒、睡照顾好就行了，还没有早期教育的安排，还不了解新生儿就已经具有了惊人的适应生存和自主学习的能力！

对刚刚回家的达达仅仅做了几种简单的"测试"。其实，还有吸吮反射、握持反射、自动踏步反射、爬行反射，等等。就拿每名新生儿与生俱来的吃奶这件事来说，"吮吸"是孩子最敏感的触觉动作，

触觉是新生儿认知世界和与外界交往的主要方式。每一个孩子小时候都经历了吃手、啃玩具，看见什么都要用嘴尝一尝的阶段，这是孩子的正常表现，是小孩子在用他最敏感的触觉认知周围的事物呢！父母只要看着孩子不要误食、注意卫生和安全就好。

爸爸妈妈可以在自己新生宝宝醒着、情绪愉快，并且保障新生儿安全的情况下，在家里做一做以上的简单测试，了解自己宝宝惊人的表现和巨大潜能，意识到早期教育要从 0 岁开始，才能充分挖掘孩子的大脑潜能。

经常与孩子交流，能够使孩子变得活泼、愉快。爸爸妈妈与小婴儿交流的时候，尽量用微笑的眼神和轻柔的声调。这些对小婴儿的听觉刺激和视觉刺激，就是对孩子的一种早期教育。爸爸妈妈的一言一行都影响着孩子的发育进程。所以，爸爸妈妈要多学习早教知识和教养方法，使孩子的大脑得到最大程度地开发。

婴幼儿时期是大脑生长发育最快的时期，是智力发展的关键期（黄金期），这一时期是孩子发展变化最为迅速的阶段。研究证明早期适宜的良性刺激，能够促进大脑神经细胞间的突触联系，促进中枢神经系统的发育，提高运动、认知、语言和社会交往能力，促进孩子智商、情商的发展，使孩子更聪明，更具有社会适应能力。

2 | 妈妈就是小婴儿的全部世界

在达达刚刚出生的第一个月里，我就发现了令人不可思议的现象：达达睡在我们的大床上时，总是把小脸朝向我的方向，即便是把他放在我身边的不同位置，也是这样。我感觉这个小小的新生宝宝总是在看着我，生怕我离开，这让我更加心生爱怜！

我急于走进达达的内心世界，想了解他每时每刻的真实需求，给予他最好的照料。然而，达达只能用开心、哭闹等简单的方式来表达自己的愿望。

达达出生 1 个月内的时间里，只要吃饱了，大部分时间就会睡觉，只有尿布尿湿了才会哭闹，所以只有在吃奶的时候才有机会抱抱他。我发现达达醒着的时候不满足于我们围着他逗笑，不愿意以一种姿势躺着，喜欢我们抱着他到处走走、看看，被父母抱着时心情更舒畅。

对于孩子哭的时候，妈妈的回应策略

孩子一哭应不应该马上就抱？早在达达出生以前，周围的宝妈们就告诉我一些自己的育儿经验。

大部分的老人和宝妈认为："孩子不能一哭就抱！孩子抱惯了以后就麻烦了，总得抱着，放不下了，太累人，大人什么也干不了。"

少部分宝妈认为："孩子一哭就要抱，孩子哭就说明他不舒服了，即使天天抱着，也抱不了几年，孩子大了想抱也没有机会了。"

我带达达时的策略是：多抱、多陪伴。孩子哭的时候，第一时间查看，尽量使他感到舒服，精神愉快，情绪稳定。多抱孩子能够给孩子充分的安全感。拥有安全感的孩子兴趣广泛、乐观、自信、独立，能与周围的人友好相处。如果孩子在童年时期没有获得健全、足够的安全感，成年后心理上的阴影将可能伴随一生。

孩子稍大一些后，我们经常抱着达达到处走走看看，扩大孩子的视野。他对周围的事物充满了好奇，特别喜欢我们抱着他去认知这个

世界。外出或平时坐着时，我总是让达达保持和我同一方向，孩子的后背紧贴在妈妈的前胸、腹部，我会用双手环绕抱住达达。这种抱孩子的姿势，会让孩子感到安全，他可以专心地关注他感兴趣的事情。

哭声免疫法和亲密育儿法

在对待婴儿的态度问题上，一直存在两种不同的做法：一种是多关注、多陪伴，第一时间满足孩子的物质和情感需求，需要父母付出较多的时间和精力；另一种是延迟满足，在孩子用哭闹向父母发出召唤信号后，父母延迟一会儿再来到孩子身边，父母会省力省时一些。那么，这两种方法哪一种好呢？我们来看看美国两种著名的针对婴儿的不同教养态度：哭声免疫法和亲密育儿法。

哭声免疫法是 1928 年约翰·华生在他出版的《婴儿和儿童的心理学关怀》一书中提出的行为矫正式的儿童养育体系。华生认为："对待儿童要尊重，但是要超脱情感因素，以免养成依赖父母的恶习。"这本书影响了整整一代美国儿童的养育实践，华生提倡："把孩子当作机器一样训练、塑造和矫正。"华生自己的孩子也都是在这种风格的教养实践中长大。他的孩子们由于小时候被剥夺了"爱"的感情基础，一直生活在情感缺失的痛苦中，大儿子雷纳曾多次自杀，后在 30 多岁时自杀身亡，其他孩子的生活也一直不好。倡导并践行"行为主义婴儿训练法"的华生家族，悲剧同样在第三代延续：酗酒、自杀始终萦绕着华生的后代。

哭声免疫法因为见效快，让妈妈省心省力，曾在美国风靡一时。

即使严格按照第一次延迟 5 分钟，后面逐步加长的原则训练，对孩子一生的人格基础也是摧毁性打击。孩子长大后，表现出不同程度的精神问题，轻则睡眠障碍，重则人格障碍甚至精神分裂，哭声免疫法终于被证明是不可取的。

亲密育儿法是医学博士、全美最著名的小儿科医师威廉·西尔斯与太太共同出版的《西尔斯亲密育儿百科》一书中详细阐述的，他的太太是护士，夫妇俩育有 8 名子女。"亲密育儿法"的育儿经验，既拥有深厚的理论基础又来自丰富的实践经验。

亲密育儿法的做法可以简单归结为：多抱孩子，对他一哭就哄，一饿就喂，睡觉也不离左右。父母和共同养育孩子的人对孩子经常关注、细心观察、时时回应，虽然这时孩子还不能用语言表达自己的想法，但是父母也能读懂孩子行为的真正含义，孩子也会更容易理解父母对他的期望。

用这种方法养育的孩子很少哭闹，健康状况也比较好。威廉·西尔斯认为，孩子的心情好，表现就好。孩子因为自己的暗示都得到解读和回应而感到被尊重，从而也会对回应他的人产生信任感。孩子发自内心地感到满足，很少烦躁不安，很少发脾气，他们也不会感到无聊或黏着人不放，所以不需要哭闹。

现在，欧美的新手妈妈都会得到医生"亲密育儿方法"的指导建议。亲密育儿的理念，已经成为这些发达国家人们最基本的共识。

我是用多关注、多陪伴的方法养育孩子的。孩子一哭，父母就及时去查看并把他抱起来，需要父母和共同养育的人付出很多的时间和精力，要有专人看护，是非常累人的事。

我的体会是，虽然我们大人多出点力，但是达达特别爱笑、爱说，对周围事物的关注度比较高，兴趣爱好广泛。有大人的陪伴，他有安全感，做事充满自信，也更加愿意去尝试新鲜事物，促进了孩子身体健康发育和智力的发展。

3 | 妈妈上班，要和孩子说"再见"

和孩子说"再见"

达达 3 个多月，我就上班了。刚开始我跟达达说："达达再见，妈妈去上班了，晚上就回来，你要好好玩啊！"小达达总是以为我在逗他玩，高兴得手舞足蹈，还学着我的样子跟我摆摆手，后来他明白了摆手再见后妈妈就消失在门后，真的去上班走了，要等上长长的一天，晚上才能再见到妈妈，所以我再跟他再见时，只要我一摆手，他就开始哭了。

每天，我跟达达告别后，听着门里孩子的哭声，我的心情无比糟糕。

带孩子的姥姥说我："你上班就悄悄地走，不要跟孩子再见了，撩得孩子哇哇哭，何必呢！别人家的爸爸妈妈去上班，都是趁孩子不注意偷偷地跑，孩子找妈妈时哄一哄就好了。"

我说："孩子最信任的人就是爸爸妈妈了，不能用欺骗孩子的做法！"

　　我每次只要离开孩子，就一定要跟达达说再见，并且说明妈妈要到哪里去，过多长时间就会回来。当我一次又一次按时回来，达达就明白了妈妈说话算数，从不骗他，坚定了妈妈会回来的信心，以后我再外出时，达达就能愉快地和我说再见了。

　　与小孩子说再见，这个细节不能忽视。事情虽小，但是大部分人的做法是不可取的。有些妈妈每次要外出和孩子说再见时，孩子都会哭闹，因此总是刻意回避和孩子说再见，采取悄悄溜走的方式。久而久之，会使孩子的情绪时刻处于焦虑、担忧、不安之中，孩子不知道什么时候就要失去妈妈，也不知道妈妈什么时候能回来，所以孩子只要预感到要与妈妈分别就会哭闹不止，除非妈妈不走了，否则其他人很难哄好。采取哄骗孩子的做法，能够骗过一时，但是给孩子留下了不信任的印象，这一点对于孩子的安全感的建立产生了不良影响。

分离焦虑

　　每年幼儿园新生入园时，都上演一幕幕母子分离的场景，有些家庭的孩子分离焦虑很轻微，老师接过孩子抱一抱、哄一哄，孩子很快就能和小伙伴一起开心地游戏了；有些孩子的分离焦虑非常严重，如同被父母遗弃一般，声嘶力竭地哭闹，不吃、不喝、不玩、不午睡！个别孩子需要老师单独照顾，这样的孩子适应幼儿园的时间少则半个月，多则两三个月，时间长的甚至会达到半年！家长、孩子都很痛苦，也给老师的正常工作带来麻烦。

　　一次，幼儿园家长开放日，小二班豆豆的妈妈来参加班里的半日活动。活动过程中，豆豆妈妈电话一响就拿着电话跑到活动室外面接听电话。妈妈以为只是离开一小会儿，就没有和豆豆打招呼说明情况。豆豆回头时没看见妈妈，就没心思参加老师组织的游戏活动了，一直回头寻找妈妈，眼看着豆豆急得眼圈红了，也顾不得满屋子的家长、老师和小伙伴就哇哇大哭起来。妈妈回来后，刚才本来还在高高兴兴参与游戏的豆豆，立刻钻到妈妈怀里，再怎么劝说也不离开妈妈了，注意力全在妈妈身上，生怕妈妈再一声不响地离开，直到活动结束。

豆豆的这些表现说明，平时妈妈经常会不跟孩子打招呼就悄悄走开，如果只是今天的这次特殊情况，豆豆是不会表现出如此剧烈的情绪状态的，安全感是在平时的日常生活中慢慢积累出来的。有安全感的孩子可以全心专注于做自己的事情，缺失安全感的孩子就会在很多不必要的态度、情绪问题上浪费大量精力，最终阻碍到孩子的发展，对孩子成年后的人际交往也会产生负面影响。

小小的分离告别，看似简单，处理不当，会招来深远的不良后果。父母有事外出时一定要心态平和地与孩子正面告别，不要怕孩子哭闹，愉快地与孩子说再见。孩子最初可能会表现出焦虑不安，但从长期效果来看，外出前预先跟孩子讲清楚，孩子会慢慢适应并理解，努力控制自己的情绪，安心等待父母回来。

幼儿早期安全感的建立

心理学高度重视婴儿早期安全感的建立，因为安全感对人一生的心理健康发展具有极其重要的作用。"安全感"就是安全性的依恋感，是指婴儿与最亲近的照顾者之间所形成的一种强烈的情感纽带。每个人大约从 6 个月开始，会对时时刻刻照顾他的母亲产生依恋，依恋作为婴儿与成人互相作用中产生的情绪状态，不仅影响婴儿的现实发展，还会对他们的人格形成、未来发展产生影响。有安全感的孩子，能在陌生的环境中克服焦虑或恐惧，有更多精力去探索周围的新鲜事物，敢于尝试与陌生人接近，身心健康发展、认知能力迅速提高。依恋这种情感连接既是母亲所需要的，更是婴儿心理健康成长的关键，能够让孩子建立信任和安全感。

孩子在 1 至 3 岁的心理发展过程中，最容易产生的问题是：是否建立了良好的心理安全感。父母要尽量避免与 3 岁以下的孩子长期分离，不要错过这个亲密的亲子关系阶段，父母的陪伴对孩子的一生意义重大，再忙的父母也尽量安排好自己的生活、工作，保证每天都有一些时间陪伴孩子。孩子长大一些后，已经建立了较好的安全感，对语言的理解能力也增强了，再有亲子分离，对孩子心理健康的伤害就会小很多。

4 | 做孩子的好朋友、倾听者

先生和我都是儿子达达的好朋友，他觉得重要的事情都会向我们敞开心扉。我们不会因为达达做的事幼稚就笑话他，也不会因为达达做错了事而责备他。他知道，爸爸妈妈是最好的倾听者，是可以给他想办法，为他分析问题，帮助他解决问题的人。

我和达达不能解决的问题会告诉达达爸爸，然后由他们父子俩一起商量、解决问题，爸爸和孩子之间的相处方式与妈妈和孩子之间的相处方式有所不同。我们都很珍视孩子对我们的信任，从不当着达达的面与别人谈论他做过的"糗事"，因为那样做会伤害到孩子的自尊心，我们倒是愿意在外人面前夸夸达达做过的好事。

与孩子平等相处

在人群之中，那些博学又谦逊的人能够得到大家的尊重和爱戴；无知又倔强的人往往被人轻慢和藐视。父母在和孩子交流的过程中，要把自己定位为与孩子平等的、陪伴孩子成长的人，不要把自己当成高高在上的人生导师。另外，在养育孩子的过程中，父母也会遇到各种各样的新问题，每位父母都要不断学习，增长育儿知识，丰富自己的头脑，与孩子共同成长。

好多父母在听孩子讲述的过程中，特别喜欢以居高临下的姿态给事情下定论、做判断、给出指导意见。在达达的面前，我也常常感觉到自己就是一个"超人"！每当听达达用稚嫩的声音讲述他经历的忧虑烦恼时，我感到马上就要将我的判断脱口而出时，都要及时提醒自己：多认真倾听，不要轻易发表意见！可以先问问孩子的想法，看看孩子心里对这件事情想怎样处理。如果孩子的想法不够全面，可以试着给孩子提出一些建设性意见，供孩子选择、参考，不要喧宾夺主，剥夺孩子主动思考和自主解决问题的机会。

孩子自己的事情应该由孩子自己做主，才能逐渐积累独立解决问题的能力，培养孩子的自信心。以后再遇到事情时，孩子就会有主见。父母能够静下心来聆听孩子的心声，站在孩子的角度体会孩子的想法，多和孩子交流、商量、讨论，而不是马上把自己的判断说出来的时候，这已经是尊重孩子、走向成熟家长的第一步了。

如果父母能做到尊重孩子，用心倾听孩子的想法、放手让孩子自己解决问题、不把自己的观念强加给孩子，孩子就比较容易接纳父母的建议，愿意跟父母倾诉。这一点尤其适合家里有正处于逆反期的孩子，家长要多加关注！

如何对待"特别"的孩子

在几十年的工作中，我遇到过很多"特别"的孩子，他们身上虽然表现出不同的特质，但是都有一个共同的特点：寻求父母和老师的关注，需要我们走进他们的心里，耐心倾听孩子的心声！

我班里有一名男孩子叫壮壮，是个特别淘气的孩子，经常打伤和冲撞小朋友，大家常常来告他的状，在班上有着很高的"知名度"，就连我们班的学生家长都知道他。壮壮与班里小朋友相处时，完全按照自己的喜好行事，高兴了大喊大叫，不如意了，就大声哭闹、乱扔玩具。一组几位小朋友一起玩玩具时，壮壮常常去别人手里一把抢过自己需要的玩具，经常因为与小朋友争抢玩具而起争执，甚至攻击别的小朋友，大家对他总是避之不及，壮壮在班里没有朋友，很孤单。

记得入园第一天，班里的孩子们因为爸爸妈妈离开而焦虑哭闹时，壮壮表现得愉快、活跃，对幼儿园新鲜的环境充满好奇。壮壮把旁边的小朋友撞倒在地，也根本不理会被撞疼的小朋友，一会儿跑到玩具角玩玩具，一会儿左冲右撞、跑来跑去，特别的高兴和兴奋。

壮壮的爸爸妈妈都是高学历的业界骨干，平时工作繁忙，很少有时间陪伴孩子。壮壮一直由保姆带大，把壮壮养得白白胖胖，但保姆带孩子是只养不教！凡事都由着他，不管孩子的要求是否合理都一概满足，所以壮壮养成了自己想干什么就干什么的习惯，稍不如意就发脾气，甚至打人！

壮壮的行为是自我控制能力不强以及情绪变化而表现出来的无意

识行为。他推撞别人的目的有时是想引起老师和家长的注意，吸引老师的目光，让大家都来多关注他。如果老师、父母只是盯着孩子的缺点，头痛医头脚痛医脚，是解决不了本质问题的。孩子行为上出现了问题，老师和家长通常会把注意力集中在孩子的错误上。一犯错就去批评，会导致越批评越没有自信，孩子在小朋友中间越来越自卑，还会产生逆反心理，破罐子破摔，孩子的不良行为还会越来越多。

我把壮壮的爸爸妈妈请到幼儿园，一起分析壮壮与小朋友常常发生矛盾的原因，看看爸爸妈妈能够做些什么。壮壮的爸爸妈妈非常配合幼儿园的工作，表示在家里也要多陪伴孩子，我还建议他们多读些幼教、亲子方面的书籍，增加相关教育理论，平时多观察壮壮，遇事多听听孩子的想法，尊重孩子的意见，等等。

现在的父母工作忙、工作压力大，很少有时间自己照顾孩子，往往将养育孩子的任务交给长辈、亲戚、保姆或幼儿园，与孩子相处、沟通的时间少，容易造成孩子的情感缺失。可是，童年的心理构建是非常重要的，错过了就再难弥补！

在家庭中，爸爸妈妈要重视孩子的心理感受，耐心地了解孩子的想法，倾听孩子的心声，及时做出回应，让孩子感到亲切、可信任和有依靠。

做孩子的倾听者、支持者，使孩子从小学会以平等与尊重的心态与人建立联系，体会到自己很重要。在与人交往的过程中，情绪表现更加轻松、快乐，也更加自信！

5 | 积极正面、乐观开朗的性格塑造

幼儿园里刚刚入园的小班孩子，性格差异表现得尤为突出。有的孩子活泼大方，能主动表达自己的想法，见到陌生人能主动打招呼，听见音乐就会跟着节奏翩翩起舞，更多地得到老师的喜爱和小伙伴的欢迎。这样的孩子适应新环境的能力强，能够很快结交到新朋友，吃饭、午睡都不耽误，短时期内就能度过"分离焦虑期"融入新集体当中来。

有的孩子初次来园哭闹不止，仿佛被父母遗弃一般，小小的身体蜷缩在椅子中，见到老师或生人走过来的时候就沉默寡言，变得很胆怯，和小伙伴玩不到一起，几天过去了也结交不到新朋友。个别孩子甚至拒绝与老师和小朋友交流，不吃不喝，午睡更是一道难关。这些是"分离焦虑"不能被转移、分散的典型现象。

同样是第一次上幼儿园，孩子们的表现为什么如此截然不同？这与孩子入园前准备有关，与一个人的性格也有直接的关系。

乐观开朗既是一种心理状态，也是一种性格品质，年幼时形成的

对现实稳定的态度和行为方式，对人一生的发展和生活产生深远的影响。研究发现，性格乐观开朗的孩子成年后具有较强的处事能力，敢于勇往直前，豁然大度，社会适应性强。乐观开朗的人不仅身体更加健康，较为长寿，人际关系融洽，婚姻生活较为幸福，而且在面对困难时的抗挫能力更强，事业上获得成功的概率增大。

性格的形成是遗传、环境和家庭的教养方式共同作用的结果，每个人的性格都是不同的，存在着明显的个体差异。性格是可以通过改善环境和教养方式来培养的。

家庭环境对孩子性格的影响

父母和孩子看护人的喜、怒、哀、乐，就是孩子的教科书。爸爸妈妈的言传与身教，耳濡目染、潜移默化地影响着孩子。父母是孩子的榜样，孩子是父母的镜子。

一个孩子生长在一个充满爱的家庭，父母体贴又慈爱，生活节奏有规律，各种合理要求能得到满足，孩子就能够得到足够的依恋，获得全面的安全感。不论家庭是富裕还是贫穷，孩子都会养成乐观、善良的性格。反之，一个充满了打骂声的家庭，父母的不愉快或经常愤怒，都会感染孩子，给孩子带来长久和深刻的忧郁，甚至是恐惧的不良情感，这样的家庭很难培养出快乐的孩子。父母要为孩子树立表达情绪的榜样，合理地、自然地表达情绪，尽量让周围的人感到舒适。

鼓励孩子多交朋友

　　人际交往能力是人在成长过程中逐渐培养出来的重要能力，现在城市里的孩子大多数时间是闷在家里自己玩，缺少与人交往的环境，人际交往能力得不到锻炼和提高，享受不到友情的温暖。

　　和同龄的孩子一起慢慢地长大，鼓励孩子多交朋友，特别是同龄朋友。为孩子创造机会和小伙伴一起玩耍，让孩子的童年可以无拘无束、轻松自在地做那些自己想做、喜欢做的事情。

　　与周围的小伙伴多接触，在愉快的玩耍中互相熟识、建立友谊，体验与人交往的乐趣。对待孩子玩耍时可能弄脏衣物，父母可给予适当提醒，不要太在意这些小事；孩子在玩耍中可能会和同伴发生争执，家长不要急于插手解决，先放手由他们自己处理这些小问题，锻炼孩

子自我解决问题的能力，不要感到自己的孩子吃了一点小亏，就强行责令孩子停止游戏，甚至禁止小伙伴间的往来，更不要责骂、训斥别人的孩子。要相信孩子之间会磨合出最佳的相处方式，家长武断地决定会使孩子产生不满、压抑的情绪，对孩子的心理健康产生消极作用，导致孩子不自信、不乐观。

游戏，是培养乐观性格的好时机

在假期、周末或睡觉前的时间，家长不安排活动内容，让孩子自主提议玩什么，父母随着孩子的意愿陪着孩子玩耍，从中能够看出孩子喜好什么、擅长什么，他的兴趣爱好是什么。孩子是游戏活动的主导者，在游戏中调动了参与活动的主动性，提升自信心，培养了孩子活泼开朗的性格。

培养兴趣爱好是以孩子自愿为前提。目前各年龄段的孩子都被父母送到各种各样的兴趣班学习，这种现象不是培养孩子的兴趣，而是扼杀孩子的学习兴趣！其目的是父母盲目攀比，结果是孩子在上学前就产生厌学情绪。还没有上学，就知道学习是一件需要用顽强的意志力去控制的无聊的苦差事。

体育运动是群体活动，需要智慧、力量，也需要与人沟通交流，是人际交往所必需的一种要素。带领、鼓励孩子经常参加各种体育活动，既有利于提高身体素质、提高交际能力，也有利于培养孩子活泼开朗的性格。

父母要和孩子是"一伙的"

孩子对情绪的调节能力弱，遇到不合心意的事情会情绪低落，甚至用大哭大闹来表达。这些现象是孩子宣泄不良情绪的渠道，父母要理解、宽容和正确疏导。孩子如果情绪大爆发，正在大哭大闹，我们可以让他先哭一会儿，等孩子的情绪稍稍稳定后，再坐下来认真地听他诉说。这时，父母不能站在孩子对立面，以居高临下的态度指责、批评孩子，父母如果用这种语气说话，即便是正确的，孩子也听不进去！而且，越大的孩子反应越强烈，到了青春逆反期的孩子更是如此。所以，想让孩子听话，父母要讲究方式方法。

人们往往更相信朋友说的话，是因为朋友和自己的想法一致，是"一伙的"！因此，想让孩子听话，父母也要和孩子是"一伙的"。多站在孩子的角度分析问题，像朋友一样经常聊天，了解孩子每天的喜、怒、哀、乐，引导孩子释放压力。当孩子感到不愉快，希望向你诉说时，要放下手头的工作，积极回应，让孩子知道遇到问题第一个就想到找父母倾诉，及时调节不良情绪，保持愉悦的心情。

> 教育其实是父母与子女间的一种关系，归根结底就是一个词——信任。孩子如果有个权威人士可以信任，他就比较好教；而这个权威人士如果能了解孩子的心意，他就会更好地教孩子。总之，与父母有亲密关系的孩子更好教。

6 ｜孩子闹人的原因

每个人都有情绪不好的时候，孩子也是一样。因为孩身心发育、发展还不完善，又缺乏调节和控制情绪的能力，所以孩子遇到不合心意的事情，就会随时发脾气，让父母感到身心疲惫！

孩子发脾气时，父母最好不要和孩子针锋相对，也不要试图以暴力压制住孩子。这样做，结果会更糟！此刻，孩子需要的是得到父母的理解和包容。有的父母遇到孩子发脾气的情况，没有更好的解决办法，只能使用最简单、粗暴的方法：打骂孩子。暴力的言行在短时间内好像解决了问题，但是，却教会了孩子以后用同样方式对待周围的人，不会利用语言沟通的方式解决问题，他们长大后往往成为问题青少年。

闹脾气的孩子

一次，我在超市里买东西，旁边传来孩子尖厉的哭喊声，大家循声望去，看见一个 4 岁左右的男孩子抱着妈妈的大腿不放。原来是孩子拿了很多薯片、糖果等小食品放到购物车里，妈妈不同意给孩子买，又一股脑儿地拿出去了，母子俩正在僵持中！最后，妈妈甩开孩子，购物车里的东西都不要了，自己急匆匆地往前走，孩子一路大哭着在后面追着妈妈跑。

经常在商场、超市看到，孩子要买这要买那，如果不买就大声哭闹，因为一点小事没有得到满足就弄得父母非常难堪。父母遇到这种情况应该怎么办呢？

我们一般在公共场所见到的情绪失控的、不顾一切地大哭大闹的孩子，年龄大多是在3至6岁之间。这个年龄段的孩子，自我调节情绪的能力开始逐渐增强，但也学会了利用发脾气来迫使父母满足自己的愿望。他们会为了得到一样想要的东西或想做成一件事情而哭闹不止，直至达成自己的目的。

父母遇到这种情况，首先要安抚孩子，让他冷静下来。然后，让他说说发脾气的原因。分析孩子的要求是否合理，合理的要求就应尽量满足；不合理的要求，应该跟孩子说清楚不能满足他的理由。如果孩子一直哭闹不止，就需要采取"冷处理"的方式，父母暂时不去理睬他，让他哭闹一阵，等孩子的情绪平复以后再讲道理。

在孩子情绪失控的时候，不要跟他讲道理，这个时候，父母跟孩子就好像敌对的两方，大人说什么孩子也听不进去。等到孩子心平气和的时候，父母再把孩子带到没有外人的地方，私下里耐心细致地和孩子好好交谈，给孩子讲道理。让孩子懂得：发脾气是不好的交流方式，知道发脾气是解决不了问题的。学会控制情绪，用语言来表达想法，才能达成自己的愿望。

孩子就像父母的一面镜子

身教重于言教，父母的榜样作用胜过千言万语。孩子就像父母的一面镜子，潜移默化中，父母的行为方式被孩子清晰地刻录下来。所以，在培养孩子良好的情绪情感之前，父母要先调整好自己的情绪。有的父母在处理情绪时经常言行不一，却对孩子要求严格，导致父母在孩子心目中失去威信，没有说服力。

一位妈妈脾气暴躁，经常对家人大喊大叫。有一天，全家人都起晚了，妈妈赶紧把孩子叫起来准备上学。孩子动作稍有迟缓，妈妈就不停地大声地催孩子："还磨蹭什么？快点，要迟到了！"孩子也满心地不高兴，对着妈妈大叫："都怨你！怎么才叫我？我迟到了，就是你的责任！"妈妈和孩子吵了起来，孩子早饭也没吃，摔门走了。

孩子"传染"了妈妈的坏脾气，妈妈只看到了孩子对父母没有礼貌，不尊重妈妈，没有意识到正是自己的言行为孩子树立了"坏榜样"！

走进孩子的心里，了解孩子的真正需求。小婴儿发脾气是有原因的，有时候是身体不舒服，比如：生病、困了、饿了、累了等；有时可能是别人听不懂他所要表达的意思；有时是亲人要离开，所产生的分离焦虑等。父母要静下心来分析孩子闹人的原因，找出问题的根源，试着满足孩子的需求。

小孩子注意力集中的时间比较短，父母可以利用转移孩子注意力的办法调整小孩子的情绪，比如：孩子闹着要拿热水瓶，妈妈可以用一辆小汽车转移孩子的注意力，孩子马上就高高兴兴地接过小汽车玩，忘了刚才要拿热水瓶的事了。

孩子闹人的时候，家里爷爷、奶奶、爸爸、妈妈对孩子的态度要保持一致，注意教育的一致性原则。

孩子发脾气时，父母要保持冷静，控制好自己的情绪，不要让孩子的哭闹左右了自己的理智。真诚地倾听孩子的心声；站在孩子的角度思考问题，体会孩子的心情，积极回应孩子的诉求；帮助孩子分析问题，商量解决问题的办法，鼓励孩子勇敢地去尝试。

> **孩子闹人、发脾气也不都是坏事。人的情绪需要有效疏解的管道，适当地宣泄可以释放不良情绪，是孩子体会处理这种情绪的机会。**

7 | 静静地观察小蚂蚁搬家

达达小的时候，我们天天带着他到户外玩耍、吹风、晒太阳。大自然中的种种新奇事物常常吸引达达兴趣盎然地驻足观察，在接触自然的过程中发现、探索，产生爱的情感。

一天，达达坐在大树下吃饼干，饼干渣掉到地上引来几只小蚂蚁。它们来来往往，相遇时互相用触角碰一碰，像在打招呼。

一只瘦小的蚂蚁跑过来拽着饼干渣很吃力地往前走。小蚂蚁走一走歇一歇，达达蹲在地上仔细地看着，小蚂蚁再次停下休息时，达达忍不住"帮"了它，把饼干渣拿起来放在它的面前，可这一动作，却把小蚂蚁"吓跑"了，可能是小蚂蚁认为达达抢走了它的饼干渣。过了一会儿，发现那只小蚂蚁身后跟着几只蚂蚁，一起来寻找饼干渣，蚂蚁找不到饼干渣急得团团转，达达非常想帮帮它们，可一想起刚才的事情，就只好把饼干渣放在离它们较近的地方。几只蚂蚁不停地摇动自己的触角，朝不同的方向四处寻找，其中一只小蚂蚁找到了，它快乐地摇动触角招呼伙伴，有的小蚂蚁在前面拽，有的小蚂蚁在旁边抬，大家一起把饼干渣搬走了。

达达看了蚂蚁搬饼干渣的全过程，问我："小蚂蚁跑去找小伙伴了，它怎么又找到饼干渣的？小蚂蚁认识路吗？"

我没有急于回答，而是说："等会儿回家，我们去查一查吧！"

达达迫不及待地拉着我回家，上网去找小蚂蚁的相关资料：蚂蚁的个头虽然小，但本领却很大；蚂蚁有一对长长的触角，还有锐利的牙齿；喜爱住在阴暗的地方，喜爱吃肉食，而且它们能搬动比自己还重的东西。

当一只小蚂蚁发现了食物，它就迅速跑向同伴，并用触角告诉大家这里有食物，小伙伴都会按照小蚂蚁指出的路线朝着这个目标走。原来蚂蚁会在爬过的地方留下一种气味，蚁群就可以按照这种气味认路。

小蚂蚁们知道要团结合作才能得到想要的食物。一群小蚂蚁可以把大一点的食物撕咬成一小粒一小粒的，然后两三只蚂蚁抬起一小粒食物回家。

一小块饼干渣，引发出达达对小蚂蚁的好奇和追问，我抓住孩子瞬间闪过的兴趣点，鼓励他仔细观察，及时和他一起查找资料。既满足了孩子的好奇心，也在第一时间完成了相关的知识储备。

孩子在接触大自然和新鲜事物的过程中，偶发的兴趣，就像天空划过的流星一样珍贵，转瞬即逝！父母要及时发现、高度重视孩子的兴趣点，积极创造机会，带领孩子接触新鲜事物，并且和孩子一起寻找问题的答案，让孩子了解查找知识的途径，下一次他也能够找到答案，懂得只要做个生活的有心人，善于观察，一定会发现大自然中的许多秘密。

孩子的好奇心

教育部颁发的《3—6岁儿童学习与发展指南》中关于科学探究的目标阐述："好奇是幼儿阶段的年龄特点，好奇心是幼儿探究的动机基础和内在动力，正是由于强烈的好奇心使幼儿保持探究的热情和积极性。"

幼儿的好奇主要表现在喜欢接触大自然和新鲜事物。喜欢到户外游戏，到大自然中去，并常常为周围的事物所吸引，驻足观看。常常会对自己接触和观察到的事物与现象提出有关的问题，喜欢问这问那。

有些父母对孩子的提问随便应付，或者置之不理，甚至嫌问题太多而斥责孩子。那么，非常遗憾！孩子在父母这里没有得到有效的回应，渐渐地就不会再来问问题了，孩子最宝贵的好奇心和求知欲就这样被父母扼杀了！

好奇好问是幼儿探究的动力和前提，而动手操作才是幼儿探究的真正开始！当幼儿好奇地摆弄物体、探索物体和材料，试图通过各种动手动脑的方式解决问题和寻找答案时，正是幼儿"好探究"的表现。

大自然中的探索

达达小的时候，我们经常在周末带达达到郊外去接触大自然，出发前做好充足的物质和知识准备，以便满足孩子的好奇心与探究欲望。

有一年的秋天，我们决定带达达去爬山，出发前我们在网上查看了目的地的相关资料，知道秋季有许多落叶树的叶子正在脱落，我们决定要去搜集一些落叶做成标本，回来能够更好地认识。特别为达达准备了装树叶标本的硬纸盒、塑料夹子、小铲子等。到达山脚下，我们背着这些探究工具，仔细寻找、搜集掉落的形态各异、颜色不同的树叶，辨别是什么树的叶子，还给树叶和大树拍照。遇到大家都不认识的树叶，单独放在一个盒子里，准备回家后再找出答案。

我们为达达提供一些有趣的探究工具，用父母的好奇心和探究积极性感染带动达达。游玩的过程中和孩子一起发现并分享周围新奇、有趣的事物或现象，一起寻找问题的答案。达达玩得高兴，在愉快的游玩中实地观察到了秋季落叶树落叶的自然现象，通过制作树叶标本，能够辨别多种植物的叶子，既增长了知识又激发了学习探究的积极性。

孩子学习的核心是激发探究兴趣，体验探究过程，发展初步的探究能力。父母要善于发现和保护幼儿的好奇心，充分利用自然和实际生活机会，引导孩子通过观察、比较、操作、实验等方法，提高发现问题、分析问题和解决问题的能力，不断积累有益的直接经验和感性认识，孩子有了初步的探究能力，形成受益终身的学习态度和主动学习、自主学习的习惯，学习上就会有好成绩。

8 ｜学龄前期是发展的关键期

关键期的重要性

小孩子刚出生时就像一块洁白、干燥的海绵，周围的环境和教育就像水，教育的品质就像水的颜色。"海绵"吸收到何种颜色的"水"就会呈现出何种颜色。孩子接受到何种品质的教育，就会表现出何种教育成果！

海绵最具有吸收能力的阶段，就像孩子学习的关键期。海绵一旦吸饱了水，就很难吸进水了；如果错过孩子学习某种技能的短暂的关键期，后期付出很大努力也难取得良好的效果！

关键期，是指人类的某种行为、技能和知识的掌握，在某个时期发展最快，最容易受影响。这种现象称为能力或智力发展的关键期，或称"敏感期""最佳期""黄金期"。

这段时间是很短的，如果能够抓住孩子发展的关键期对孩子进行适当的教育，就会学习得又快又好，收到事半功倍的效果。但是，没有抓住关键期，错过了孩子最佳的学习机会，再去学习就需要花费几倍的努力才能弥补，甚至给孩子的一生造成不可弥补的损失。最著名的例子就是大家比较熟悉的"狼孩"的故事。

每个孩子身体、心理发展的进程不同，存在个体差异，年龄差不多的孩子的"关键期"到来的先后时间是不一样的。所以，不要盲目地把不同孩子的表现进行横向比较，攀比是没有意义的！父母要经常和孩子一起玩耍，陪伴孩子，才能做到观察、了解自己孩子身心发展的"关键期"。把握住"关键期"进行个性化教育，会对孩子的发展有长远的意义，父母也会收获巨大的惊喜。

蒙特梭利对于婴幼儿"关键期"的研究

意大利著名幼儿教育思想家和改革家蒙特梭利认为，儿童受生命潜能的驱使，具有"有吸收力的心理"。处于"关键期"的孩子，"会长时间地热衷于进行某种练习。在这一时段，孩子内心会有一股无法遏止的动力，驱使他对所感兴趣的特定事物，产生尝试或学习的狂热，直到满足内在需求或敏感力减弱，这股动力才会消逝"。

根据蒙特梭利对婴幼儿敏感期的观察与研究，归纳出下列九种：

语言敏感期（0至6岁）。婴儿开始注视大人说话的口型，并发出牙牙学语声时，就开始了他的语言敏感期。

秩序敏感期（2至4岁）。蒙特梭利在观察中发现孩子会因无法适应环境而害怕、哭泣，甚至大发脾气，当孩子从环境里逐步建立起内在秩序时，智能也因而逐步建构。

感官敏感期（0至6岁）。孩子从出生起，就会借着听觉、视觉、味觉、嗅觉、触觉等感官来熟悉环境、了解事物。3至6岁则更能具体地透过感官分析、判断环境里的事物。

对细微事物感兴趣的敏感期（1.5至4岁）。孩子能捕捉到周遭环境中的微小事物中的奥秘。他可能对泥土里的小昆虫或衣服上的细小图案产生兴趣。

动作敏感期（0至6岁）。这个年龄段是孩子活泼好动的时期，应充分让孩子运动，练习大肌肉、小肌肉的灵活性，以及手、眼、脑协调的细微动作，帮助左、右脑均衡发展。

社会规范敏感期（2.5至6岁）。两岁半的孩子逐渐脱离以自我为中心，而对结交朋友、群体活动有明显倾向。

书写敏感期（3.5至4.5岁）。

阅读敏感期（4.5至5.5岁）。

文化敏感期（6至9岁）。

蒙特梭利指出幼儿对文化学习的兴趣，萌芽于3岁，但到了6至9岁则出现想探究事物的强烈需求，因此，这时期"孩子的心智就像一块肥沃的田地，准备接受大量的文化播种"。

心理学研究表明，0至6岁期间还有许多关键期。

比如运动、空间能力发展的关键期：3到4个月是翻身能力发展的最佳期；

7到8个月是爬行能力的最佳期；

11到12个月是独立行走能力发展的最佳期；

出生到 2 岁是行走的敏感期；

1.5 岁到 4 岁是微小精细动作发展的关键期；

2 到 6 岁是空间知觉的关键期，等等。

以上给出的是婴幼儿身心发展关键期的大致时段，每个孩子都有自己发展的节奏，可能会早一点或晚一点，父母要密切关注孩子的发展进程。

学龄前期（0 至 6 岁）是孩子各方面能力迅猛发展的关键时期，自然赋予了孩子巨大潜能。关键期转瞬即逝，是很短暂的，如果关键期的内在需求得不到满足，就会错失最佳的学习时机，补救起来费时费力，还达不到预期效果。教育最让人感到遗憾的就是：好像一列出站的列车，过时不候！

孩子在一天天进步，父母也要跟上孩子前进的步伐，遇到不懂、不会的事情要马上查找资料学习或向有经验的老师咨询。提早了解教育孩子的相关知识，做到预知预判，助力孩子的关键期，诱发孩子的潜能，满足孩子身心发展的需要。

9 ┃ 入园前在家里要做什么准备

    表妹的孩子小虎今年3岁了，7月末，表妹给孩子在幼儿园报了名。还有一个多月的时间，才到开学的日子，表妹跟幼儿园老师商量好，可以经常带孩子到幼儿园的操场里看小朋友做操、做户外游戏，让孩子提前熟悉幼儿园的环境。

    每天早上9点钟，姥姥都准时带着小虎到幼儿园来，赶在班里小朋友做户外活动之前滑滑梯、走平衡木、荡秋千、压跷跷板、玩大型玩具；班里小朋友出来做操时，小虎跟在小朋友的后面学着哥哥、姐姐的样子做操。姥姥对小虎说："幼儿园真好，天天都能玩滑梯！你喜欢幼儿园吧？"

    9月份开学了，全家人送小虎去幼儿园，姥姥拉着小虎的手一边走，一边说："小虎上幼儿园不哭啊，到幼儿园老师带小虎玩滑梯！"小虎可高兴了，说："到幼儿园玩滑梯！"

    小虎班级的老师站在活动室门口迎接新生入园，小虎高高兴兴地跑到老师跟前，老师看到小虎没有像其他小朋友那样哭闹，夸他是个好孩子，带着小虎去玩玩具了。

入园的前两天，小虎都愿意去幼儿园，全家人特别高兴，认为小虎经过之前一个多月的锻炼，已经适应了幼儿园的环境，不会经历分离焦虑了。

入园的第三天，早晨醒来，小虎就问妈妈："今天去幼儿园吗？"

妈妈说："去幼儿园！幼儿园多好啊，小虎到幼儿园可以到操场上玩滑梯，和小朋友一起玩玩具！"

小虎听妈妈说去幼儿园后，马上大哭起来，说："不去幼儿园、不去幼儿园！"

全家人围着小虎问："为什么不去幼儿园？幼儿园哪里不好？"小虎大哭着说："不好！不好！不去幼儿园！"

为了让小虎坚持去幼儿园，全家人连哄带骗地把小虎带到幼儿园，勉强把小虎交到老师的手里。妈妈对老师说：请老师费心，多照顾照顾我们小虎！

一周后，小虎班里原来哭闹的孩子，渐渐适应了幼儿园的生活，不哭了。小虎的适应期比较长，哭了一个多月才渐渐好了。

表妹打电话给我说，每天早晨，看着小虎声嘶力竭地哭喊，自己的心都碎了。白天工作时，眼前都是小虎喊妈妈的情景，根本没心思干活！小虎入园前该做的准备工作都做了，不知道问题出在哪里。

家长的心理准备

在准备送孩子去幼儿园之前，孩子由于社会经验不足，是不懂得焦虑的，焦虑的是家长！家长认定孩子离开安全舒适的家，到一个完全陌生的地方，被不知是否可信的老师照顾，和一群不认识的孩子在一起，肯定没有在家里过得好，肯定会不适应！

姥姥用幼儿园里好玩的大型玩具吸引孩子，孩子认为幼儿园就是一个游乐场！孩子进入幼儿园后，发现原来幼儿园的生活与家长给描绘的完全不同，需要受到一些限制，没有家里自由，老师和小朋友对待他的态度也不会像家里的亲人那样围着他转。孩子心理落差很大，无法接受现实，感觉去幼儿园是非常痛苦的事，所以，他要奋力反抗！

家长自己不要太焦虑。祖辈和父母与孩子朝夕相处了几年，孩子要离开家，去上幼儿园了，家长会产生心理上的不舍。所以，在孩子要去幼儿园之前，家长照顾得会更加细心周到，恨不得事事都替孩子做，不去锻炼孩子的生活自理能力，加重了孩子入园后的心理落差，使孩子感受到更加严重的"分离焦虑"，延长哭闹时间。

对孩子入园的种种担心，造成了家长的焦虑，这些情绪又会直接传导给孩子。所以，孩子入园前的心理准备主要是家长的心理准备。

孩子入园的基本准备

年龄较小的孩子入园，要多准备几套内衣、裤，以备尿湿后替换。

孩子每天的上下午都有户外活动时间，要为孩子挑选一双舒适合脚的鞋子。为了帮助孩子分清左右脚，可在鞋面上画出可以合对在一起的图案记号，教孩子先摆正鞋子，再穿到脚上。另外，粘扣的鞋子，孩子容易自己穿上。

送孩子入园时，要相信老师，把孩子交到老师的手里后，家长马上就走，不要再回头看，免得孩子还以为，你再回过头来可以带他回家！

晚上，接孩子的时候千万不要问孩子："今天你哭了吗？"可以和孩子多聊聊幼儿园里面发生了什么好玩儿的事情。

我们幼儿园每年新生入园前，会把新班老师的照片、班级和操场环境照片、幼儿园的作息时间表印在宣传册上，发给家长，方便孩子在入园前，就对幼儿园有了一定认识，对老师和小朋友不再完全陌生。

家长拿到宣传册后，可以提前了解幼儿园的生活作息制度。在家里，也要制定相似的作息时间表，让孩子每天按时进餐、睡眠、盥洗、活动娱乐等，提前适应幼儿园的生活。

训练孩子简单的生活自理能力。比如：自己吃饭、自己上厕所、安静睡觉、穿脱衣服和鞋子。孩子自理能力增强后，适应能力也会大大提高。

孩子刚入园的阶段，由于需要适应新环境，不免会"上火"，抵抗力下降。所以，刚入园的孩子容易生病。家长要给孩子准备营养丰富、均衡的膳食，让孩子有足够强壮的身体抵御疾病，为孩子顺利入园做好准备。

10 ｜ "第11名，这是我最好的成绩了！"

　　达达二年级的一次期中考试后，姥姥在学校门口接他放学。达达特别高兴地跑到姥姥身边，迫不及待地大声告诉姥姥："今天，我考了全班第11名，这是我最好的成绩了！"姥姥也非常高兴！晚上我们下班回家，姥姥又分别把这个喜讯告诉给我们，我们都为达达的好成绩感到高兴！可是，在我的心里，还是希望达达能够完全理解所学内容，下一次能够考得更好。

　　希望孩子能够考得更好，父母就要和孩子一起平心静气地分析这次考试的卷子，教给孩子解决问题的方法。

　　吃过晚饭，我让达达把考试的卷子拿出来，看看考了多少分，都错在哪里。我和孩子一起把错了的题抄写在错题本上，一道一道弄会了。又帮他分析了错题的原因：有的是审题不仔细，有的是算错了得数，还有漏答了一道题。我提醒他审题时要看两遍再答；计算题可以反着验算一遍，就不会算错了；下次答题时看看卷子的下面或是背面还有没有题，这样就不会漏题了；卷子做完后还要检查一遍，这样就能都答对了！

这次没有考满分没关系，只要把不会的弄懂就是满分的学生。我们给孩子准备一个错题本，把做错的题抄上，平时隔一段时间拿出来看一看，再次考试之前看一看。利用好错题本，达达的成功率有了提高。

家长情绪的控制

朋友的孩子小林活泼好动、善良热情，对很多事情感兴趣，唯有对学习不上心，在学校里人缘特别好，还常常作为老师的小助手帮助老师做这做那。每到期中、期末考试成绩拿到手时，小林妈妈因为自己也是老师，孩子的成绩不好，感觉脸上没面子，就使劲批评孩子，气急了还要打一顿！小林妈妈打完孩子后和我们聊起来又后悔不已：怎么当时就没有控制住自己的情绪呢？被打了一顿的小林赌气不跟妈妈说话，妈妈再说什么也听不进去了！

孩子考得不理想时，千万不要盲目地批评孩子或打孩子，那样批评完了、打完了，只会把家庭气氛弄得一团糟，对提高成绩、解决问题效果甚微。有时，夫妻之间可能因为孩子的事情闹矛盾，甚至大打出手！

在孩子漫长的求学阶段，面对孩子成绩的起起落落，父母的心情一定是跌宕起伏，喜悦与忧虑共存，很难保持淡定！做父母真是这世界上最难的职业了。现在朋友圈流行一段话，是妈妈辅导孩子学习过程的真实写照：

"不谈学习时，母慈子孝，连搂带抱。

一谈学习，鸡飞狗跳，鸣嗷喊叫。

前一秒如漆似胶，后一秒叮咣就削！"

我们给孩子的爱，就像是一首歌的歌词：爱恨就在一瞬间！

其实，完全可以避免这样的一幕发生。学习是一件让人能够体会到闯关成功、提高晋级乐趣的事情，理应在轻松愉悦的氛围中增长知识。现在已经把原本挺简单的事情弄得这样复杂。

常言道：腹有诗书气自华。每天点点滴滴地积累知识，孩子们会渐渐变得知书达理、儒雅大方、视野开阔，有思想、有主见，这是多么美好的事情！如果学习过程这样痛苦，是违背了知识学习的初衷的；如果学习过程这样痛苦，那一定是我们的教育方向、教育方法出现了错误！

父母、老师、孩子本该是目标、方向一致的协作团队，如果形成相互对立、针锋相对的局面，一定是老师、父母的教育方法有问题！遇到这样的情况时，要停下来好好找一找原因，不可以一意孤行，在错误的道路上越走越远。

如果父母在辅导孩子学习时与孩子情绪对立，要马上停下来冷静思考一下，改变教育方法，及时调整教育策略。一个人在情绪不好时，是什么也学不进去的，只有心情平静或愉悦时才能高效学习。

孩子的分数不是最重要的，更重要的是要保持孩子学习的兴趣，教会孩子学习的方法。拥有广泛的兴趣和自主学习能力的孩子，有持续成长的后劲，后续发展的前景更好。

兴趣是最好的老师

"兴趣是最好的老师"，纵观古今，那些做出一番事业的科学巨匠、艺术大师，无一不是对所钻研的领域怀有巨大的兴趣，才肯于付出一生的精力，致力于专业。试想，如果一个孩子不喜欢学习的科目，每天学习时都在混时间，怎么能够学得好、考出好成绩！

孩子小的时候兴趣点经常变换，对事情"三分钟热血"的情况是常有的事。到初中阶段，孩子的兴趣渐渐显露出来，每个人会根据自己的兴趣安排自己的学习，对感兴趣的事情就有内在学习动力，能够创造条件主动学习，把有兴趣的事情学好、做精。做自己喜欢的事时，往往不知疲倦、身心愉悦。比如，有的孩子喜欢音乐，会主动找来音乐听；有的孩子喜欢打球，一有空就约上好朋友一起打球；有的孩子喜欢画画，上课时也要画上几笔；有的孩子对学习有浓厚的兴趣，学得轻松成绩好。

现在，幼儿园各班家长都有微信群，有时家长会在群里讨论孩子们都学了什么兴趣班，有的家长也会介绍自己孩子在哪里学习英语、美术、机器人、乐高、小实验、围棋、书法、表演、钢琴、舞蹈、篮球、跆拳道等兴趣班。家长看到这么多孩子都去学习了，没办法不动心！只要感觉对孩子有益，也不管自己的孩子是否有兴趣，马上也给自己的孩子报名，自作主张地把孩子一天的时间安排得满满的。

孩子疲于应付各种兴趣班，很少有可以自由支配的时间，根本没有时间静下心来自主选择去做自己喜欢的事情。结果，父母选的兴趣班没兴趣、学不好，孩子自己喜欢的事情没有时间做，兴趣爱好没有得到发展。卢梭说："误用光阴比虚掷光阴损失更大，教育错了的儿童比未受教育的儿童离智慧更远。"

有朋友问我：你的孩子从什么时候开始学习成绩拔尖的？有没有什么事情促使他提高成绩？达达小时候都学了什么兴趣班？

达达上学时比班里的孩子小，他的学习成绩从小学四年级开始慢慢赶上来，初中以后学习就比较轻松了。达达小的时候没有去过兴趣班，长大后没有去过补习班。回想达达的学习经历，对他学习帮助最大的就是：对学习有兴趣和大量阅读！达达自己看书得到的知识，是学校教科书的有益补充，所以他感觉学校里教的各科知识都不难理解，在课堂上就能掌握，可以学得很轻松。

陪伴孩子慢慢长大！父母放下手里的手机，孩子也离开多彩诱人的电子设备，带孩子去图书馆慢慢品味书架上古今中外的精神食粮，到郊外感受大自然的空气阳光，让孩子有时间选择做自己喜欢的事情，自己寻找兴趣爱好。

11 | 好奇好动的"破坏王"

家里的"破坏王"——拆装电器

孩子天生都是"破坏王"，只不过有轻有重。每天早晨醒来，孩子似乎就有用不完的精力，开始不知疲倦地活动，时刻挑战父母的耐心，偶尔会触碰人身安全的底线！

达达小时候不知拆坏了多少玩具，也是个不折不扣的破坏大王。凡是他能触碰到的东西都要拿来看看，所有低一点的抽屉都拉开翻一翻，翻一遍不行，还要天天翻，连放在门后面的扫帚、撮子，都要拽出来，学着大人的样子扫一扫地。大一些后对拆玩具失去了兴趣，渐渐地对家用电器发生了兴趣，经常站在电视机的后面透过散热缝往里看，想找出在里面说话的人。

达达爸爸看到孩子这么急切地想知道录音机、电视机是怎么发出声音的，里面到底有没有住着小人？在孩子特别有兴趣的这段时间内，爸爸就和达达一起拿着各种电器维修工具，陆续把我们家的冰箱、电视机、录音机、电脑等电器拆开，解答了孩子感兴趣的问题。不管达达能不能听懂，还简单介绍了这些电器的工作原理，有的电器被拆开了好几次，直到达达了解了这些电器的结构。我们家电器被再次拆开已经是达达要上初中前的那个暑假，达达开始准备接触初中的物理知识的时候了。

幼儿园里的"破坏王"

我们幼儿园里的"破坏王"也不少，活动区里老师精心制作的教具经常被好奇的孩子拆开一探究竟。幼儿园里玩具大部分都不是玩坏的，而是拆坏的。班里还有一些"创意达人"，把美工区的几种丙烯颜料混在一起，涂在墙上，想看看颜料混在一起会发生什么变化。操场里一组小朋友正在津津有味地观察蚯蚓松土，其中一个孩子非要把蚯蚓切成两段，看看一条蚯蚓能不能变成两条！这样的"破坏"现象也不少。

孩子对周围的事物充满好奇心，"好奇""好问""好动"是学龄前孩子的特点。孩子天生就有好奇心，被称为"破坏王"，是因为孩子的学习探索能力比较强，父母应该高兴。

孩子随着身体、心理的发育，由一天大部分时间都躺着睡觉到大约3个月翻身，5个月左右能够坐起来，7个月左右可以到处爬，1岁左右蹒跚学步，孩子的视野逐渐宽泛，自我意识增强，自主选择的活动增多，对事物的好奇心也越来越重了。所以对周围看得见、摸得着的东西都想亲自摸一摸、看一看、闻一闻、尝一尝、拆一拆，看看究竟是怎么回事，要把它弄个明白，一不小心，就变成了"破坏王"。

俗话说，调皮的孩子更聪明。孩子是在"破坏"中学到更多的知识。"破坏"能够让孩子沉浸在自己喜欢的事物里面，并努力通过自己的双手去寻找答案，这是孩子主动探索未知世界的一种独特的学习方式，虽然这些主动探究可能会造成一些物品的损坏，但是孩子的这些行为的本质是探究学习，是需要加以正确的引导和保护的。

爱迪生小的时候好奇心特别强，老爱问"为什么"，看见不明白的事情就问父母，父亲常常被儿子的问题弄得张口结舌。小爱迪生爱"打破砂锅问到底"的执着得到了妈妈的充分肯定，所以每当爱迪生问她为什么时，妈妈总是微笑着细心地开导他，把其中的道理讲给他听。爱迪生不仅爱问为什么，而且什么事都想亲自动手试一试，虽然失败了好多次，但是好奇、好问，勤思考、勤动手等好习惯，为爱迪生后来的伟大发明奠定了坚实的基础。

对于孩子的好奇尝试，家长需要正确引导

孩子在不断探究、学习的过程中，破坏一些东西是不可避免的。只要不是很严重的情况，父母尽量不要去干涉。孩子虽然是在破坏，但是在破坏的过程中学到很多知识，父母要顺势引导，不可强行阻止。

只要给予一定的指导，就能让孩子成长得更迅速。父母可以告诉孩子："这种方法没有成功，你可以想一想还有什么办法。"如果对孩子来说是有较高难度的，可以明确地告诉孩子："你可以试一试这样做！"不要总是限制孩子、斥责孩子，不允许他碰这个、做那个，

而是要告诉他可以干什么、怎么做，教会孩子解决问题的方法。

　　孩子虽然好奇好动、主动性强，什么事都想自己尝试，但是受自身能力的限制，手眼配合、肌肉协调性特别是手部小肌肉的协调性发展不够完善，孩子动作的灵活性会滞后于大脑的指令，其表现是动作比较笨拙，出现一些好心做坏事的现象。比如，孩子想帮忙端盘子，却把盘子打翻了；想把水杯拿过来，却把水洒了一地，等等。父母要精心看护、细心引导，特别是刚刚学会走路的孩子，这个年龄段的孩子活动范围突然扩大，对周围的事物充满好奇，正是探究（破坏）的时期！他们缺乏安全意识，所以，父母要在旁边看护、教导，同时也要时刻提防孩子受伤，注意安全。电源插头、煤气开关不可以让孩子触碰；剪刀、小刀等利器要收到孩子接触不到的地方，避免给孩子带来危险。

　　父亲、母亲要时刻提醒自己：我就是孩子的教师。父母对待孩子的态度对孩子一生的发展十分重要。对待家里的"破坏王"要宽容、有耐心。孩子的是非观念还没有确立，所以父母要坚持正面教育，不要因为孩子犯的错误好笑就重复，不能强化孩子的错误。千万不要使用暴力阻止孩子的探究活动，不要错过了孩子触摸、观察、动手操作的关键期，不要扼杀了孩子的好奇、探索、自主学习的积极性。

12 | 考试前的心理调适

达达从小学四年级开始，成绩一直保持在班级的前几名，上初中、高中后一直维持在年级的前几名。他每次期中、期末考试前都有一些紧张，经常患得患失，怕这一次考不好，影响了自己的名次。

特别是上高中以后，凡是月考，学校总是把学生的成绩排名用大红纸张贴公布在教学楼一楼的大厅里，让每一个学生都能看到，明确自己在年级的排名位置，并加注上一次成绩，标出相比上一次成绩上升或下降的符号。我们家长在家里一贯的说辞：分数不重要，排名不重要，重要的是真正掌握了知识。把不会的弄懂，每一天都有收获等等这些话，孩子已经不相信了，排名的成绩单就在那里摆着，怎么说排名不重要呢！

我们只能改变策略，帮助孩子适应考试前的紧张，做好充分的考前准备，让孩子充满信心，轻松上阵。高中学习一般是车轮战，新授课一轮，复习两轮到三轮。这时平常积累的错题本就派上用场了，达达把各科的错题反复地看了两遍，确认没有不会的，就可以放松心情，自信从容地参加考试了。我们经常对孩子说：平时作业要像大考一样认真对待，大考的时候就会像平时作业一样轻松！

适当的焦虑

适当的焦虑对复习、考试是有利的，可以激励孩子努力向上、积极应对复习，考试时保持适度紧张，发挥正常。焦虑不足会使人疲乏、懒散，导致孩子不够重视，做不到积极全面的复习，考不好；焦虑过度，孩子会紧张、失眠，使孩子身心无法承受而出现心理问题，影响复习效果，导致考试失利。所以，在每次大考前，家长要观察孩子的状态，帮助孩子调整情绪，保持适当的紧张度。

常有人对我说：你的孩子成绩好，是不是你对孩子的要求高啊？差不多就行了，别要求太高了，别给孩子太大压力。

真实的情况并不是这样。达达平时的学习抓得挺紧，日常知识点掌握得比较好，基本没有欠账，预计考试应该不会有问题。但是，随着年级增长，每次考试后排名等现实问题让孩子有了心理负担，所以造成一定程度的考前过度焦虑，我们经常给他疏导、减压，尽量让他轻松上阵。

考试是每一个孩子都必须经历的事情，考前焦虑是正常的心理现象，只是焦虑的程度不同而已，我们只需要把焦虑调试到适宜的水平就好。

对孩子来说，父母是最具影响力的人。当孩子面临较大的压力时，父母不自觉地先开始焦虑了。所以，想让孩子轻松去参加考试，父母先要稳定情绪，不能孩子还没有考试，父母先慌了神。

考试前设定合理的目标。过度焦虑常常是由于目标过高无法达到引起的，容易在考试前过度焦虑的人通常都有完美主义倾向，对自己要求过高，如果能根据实际情况适当降低目标，就可以减轻紧张感。有调查显示：学校里尖子生表现出考前过度焦虑的比例较高，而学校里成绩不太好的学生表现往往是考前焦虑不足。重点学校里学生的学习竞争压力更大，所以往往好学校里出现学习焦虑的学生比例比普通学校要高。

达达考上的高中是省重点，同学们来自全省各市的初中学校，都是在原学校排前几名的好学生。记得刚上高中的第一次月考，是比较重要的摸底考试，同学们都非常重视，希望自己能够保持原来的学习状态，考出好成绩，所以每个同学都铆足了劲儿要一拼高下。考试当天的晚上，家长们聚集在学校门口一边等孩子放学一边聊天，听说有一名新生的父母出了严重事故，这个孩子没有能按时参加考试，大家都唏嘘不已，为这个孩子担忧、惋惜。过了一段时间，这个孩子的父母来学校看望孩子，特意拜访老师，了解孩子在学校的情况，老师见到这个孩子的父母非常诧异，疑惑这么短的时间学生的父母就能痊愈？经过老师和家长沟通情况才知道，原来孩子的父母根本就是好好的没有出事故，是孩子因为怕考不好说了谎话，逃避月考。

如何应对考前焦虑

学生应对考前焦虑最直接的方法，就是每天跟上老师的学习节奏,尽量不留欠账。在考试前制订切合实际的目标和具体可行的计划,按计划完成目标和任务,努力做好全面复习,做到胸有成竹地应对考试。

孩子考试之前要养成良好的睡眠习惯。有规律地作息,注意劳逸结合,适当进行体育锻炼,不要再熬夜了。孩子考试前如果睡得好,考试时就会头脑清楚、精力充沛、思路灵活、答题顺畅,充分发挥潜能,可以得到正常或超常发挥。

考试用具一定要让孩子自己准备,考试出发前自己再检查一遍。达达高考的第一天,提前半个小时考生就开始陆续入场了。我和达达爸爸目送孩子入场后就站在考场外面,准备等开始考试后我们再离开。看到许多孩子进入考场前,老师和父母给孩子打气、加油的场面。这时,考场门口几个工作人员围着一个女生要求她出示准考证,女生和送她的父母一起焦急地翻找,工作人员把维持治安的警察也找来帮忙。大家一边安慰女学生不要着急一边出主意,好在她爸爸随身带着女生考试信息的U盘,工作人员就让她的父母赶紧找附近的打字复印社马上打印一份准考证出来。女生的父母急得满脸通红跑去打印了,女学生被请进教学楼的大厅里等待父母。原来,女生的材料都准备妥当,放在家里的桌子上,本来想今天出发前带上,出发时大家都以为别人带上了,结果谁也没带!可想而知,这个女孩子今天的考试情绪多多少少会受到影响。

马上就要考试了,我们离开考试的学校往回走。这时,一个考生模样的男生急急忙忙地往学校方向跑,我们只能祝他好运了。

13 | 做好进入青春期的准备

达达特别喜欢看书，我们定期买来经过挑选的一批新书，投放到书架显眼的地方，他会逐一阅读。达达 10 岁的时候，爸爸有意买来一本讲解男生青春期知识的《男孩 500 问》放进书架中。过了几天，我就在他的书桌上看到了已经翻看过的这本书，说明孩子已经阅读过了。我和他爸爸说了这件事，吃饭的时候还有意地一起讨论青春期的话题，发现达达确实已经认真地读过了这本书，并且了解了书中的相关内容，滔滔不绝地讲述他的新发现，能够对即将到来的青春发育期有了知识和心理准备。

进入青春期之前的一两年，给孩子买来相关书籍，让孩子自己探索了解即将经历的人生阶段，是一种很好的办法。孩子早一点获得相关知识，等到了青春发育期身体开始发生变化时，知道青春期是生长的一个必然进程，不神秘，到时候也不会慌乱，自己对照发育进程可能还会有小惊喜。

孩子进入青春期后对自己身体的变化充满好奇，如果没有老师、父母的教导，自己也会寻找答案。现在网络这样发达，孩子首先会被网络吸引，可能会受到不良信息的影响，误入歧途。所以，父母最好还是让书籍教给孩子青春期知识，让孩子通过正确的渠道获得知识，比老师、父母讲解更全面，还可以避免课堂上很多同学在一起听课时的尴尬、害羞。

走进青春期

青春期，是孩子生长发育过程中一个重要而特殊的阶段。年龄范围在 12 至 20 岁左右。女孩的青春期年龄平均比男孩早一些。男性是 13 至 19 岁，女性是 12 至 18 岁。世界卫生组织（WHO）将 12 至 20 岁定义为青春期。是生理、心理、社会适应能力从不成熟趋向成熟的发展过程。

青春发育期，受多种激素共同调节的作用，会出现一系列身心变化。身高增长速度加快；在身高增长的同时，体重也迅速增加；神经系统和内脏器官的生理功能都在迅速增强。第二性征出现，孩子对身体的变化感到很羞涩，对异性充满好奇，这些都将分散学习的注意力。

随着身体的明显变化，青春期的心理特点及行为也在随之变化。大脑对身体的调节功能大大增强，抽象的逻辑思维能力提高，易接受新生事物，学习能力增强。与此同时，大脑皮质的兴奋性较强，遇事好冲动，但可塑性强，容易受外界事物影响，是价值观、人生观形成的阶段。

行为表现为自我独立意识增强，开始打扮自己，关注自我的外表，易受同龄人影响等。逆反是这个阶段的重要心理特征。认为自己长大了，不希望别人多管束，甚至专门和家长、老师作对，做事、学习凭兴趣，凭心情，以此显示自我个性。

对待青春期孩子的叛逆，父母应有的态度

父母应该保持平和的心态，用积极的态度、科学的知识、正确的方法引导孩子。一个朋友的儿子刚刚读初一，她跟我抱怨说："我觉得儿子不再是小孩，而是个小大人了。现在洗澡锁门，不用我帮着洗了。我跟他说话都要讲出理论依据来，他说话头头是道。儿子在想法上的改变，让我感到既惊喜又措手不及！"

孩子小的时候，都很乖顺，比较听父母的话，到了青春期就不一样了。凡事他想要知道理由，甚至怀疑父母的价值观是不是对的，坚持自己的观点，屡屡挑战父母的底线。所以这个时期被叫作叛逆期。

但是，青春期的叛逆是可贵的心理品质，孩子正在为将来离开父母、独自生存做准备。试想，如果孩子长大了还像小时候一样乖顺听话，全盘接受别人的观点，岂不成了人云亦云、随波逐流、盲目服从别人的机器人了！现在的叛逆表现是孩子锻炼自己独立思考、判断推理的过程，是在形成自己的人生观、价值观。

孩子质疑、反对父母的观点并不是全面否定，而是过滤、保留、吸收为自己的内在价值观，为将来成长为独立果断的成人做准备。现在孩子与父母对着干，只是把他最亲近的人当作运动场上的"陪练"而已，等他练成功了，自然就懂事了。

　　我周围的亲戚、朋友问我：达达上初中时听话吗？有没有叛逆期？我说：达达没有过叛逆期，因为我们都听他的。我们家每天吃饭的时候，都各自讲一讲最近发生的事情。遇到事情可以畅所欲言，看看谁的主意更有道理，就按照谁的意见来做。

　　我们把达达当作大人、朋友一样对待，充分尊重他的想法。达达自己在学校里的事情，我们一般问问达达自己是怎么想的，如果他的想法没有太大的偏差就让他自己来解决。家里的事情也征求他的意见，如果他的意见有道理就按他的想法来。

　　父母越是暴躁、激动、不冷静，孩子就越是叛逆。父母在与孩子对话时，要尊重孩子，让孩子充分表达自己的想法。不要打断他的话，就算他说了些父母不爱听的话，父母也要控制自己的情绪，让孩子把话说完。遇到问题时多征求孩子的意见，充分发挥民主的方法。家里每个人都可以发表自己的意见，最后谁说得对就听谁的！

　　进入青春期，孩子身心变化的迅速是自己也始料不及、难以控制的，此时孩子的最大愿望就是渴望尊重、渴望独立，希望别人把他们当成大人，平等相待。此时特别需要父母的理解和支持，不要看到孩子的某些变化就惊慌失措，更不要因为孩子的叛逆行为就横加指责，甚至打骂。这样做，只会与孩子的距离越来越远，隔阂越来越大，父母的有益的经验和建议得不到孩子的采纳，对孩子的成长更加不利。

聪明的父母选择做孩子的好朋友，多与孩子沟通，了解孩子的学习、生活、同学、朋友，多听听孩子的想法。控制住总想居高临下地给孩子"指导"的冲动，试着给孩子一些"建议"。从"包揽"孩子的生活起居转变到"参与"孩子的成长和发展，努力成为孩子的知心朋友！

14 | 敢于挑战、敢于失败

敢于失败

幼儿园大班的时候，老师为了锻炼孩子们的思维能力和应变能力，建议让孩子们回家学习玩跳棋，到幼儿园后小朋友就可以组队比赛了，达达回来也要我们陪他玩。

我先简单地给达达讲解了下跳棋的要领，然后就开始一边玩一边讲下棋规则。达达基本了解了下棋方法后，正式开始下棋。前几天我让着他，可以悔棋，达达连着赢了几天，玩跳棋的兴趣大大增加。到幼儿园和小朋友下棋的时候，因为大家都是初学，水平都一般，所以也是赢的次数多，输的次数少，达达就有点翘尾巴了。

有一天晚饭后，达达又张罗玩跳棋，我说："从今天开始，我们下棋就要努力加油，我可不能总让着你啊，你输了可不要哭啊！"达达说："我已经会下跳棋了，我们班里的大博和小磊都是我的手下败将，我不会输的！"第一盘，达达就输了，他不服气地说："再来一盘，这一盘我一定能赢！"连着下了三盘棋，达达都输了。达达眼里含着眼泪，强忍着不哭，还是不服气地说："不行……我一定要赢你！"

我说："山外青山楼外楼，强中还有强中手啊！你们现在才刚刚学跳棋，在幼儿园里赢了几次不算什么，比你下得好的人有好多！看，现在你和妈妈下棋就输了！"看着达达心服口不服的样子，我又说："孩子，输了没关系，你有这种不服输的精神，就应该表扬，但你先得学会动脑筋想一想，这一次为什么输，从失败中吸取教训，下一次不犯同样的错误，这样才能成功！"

后来，我们天天晚上下跳棋，达达下棋的水平不断提高。在幼儿园里，达达成了跳棋组的主力队员，常常陪着新选手下棋，能耐心地给小朋友讲解，也能够心平气和地跟爸爸妈妈下棋，正确地面对输赢了。

教会孩子面对挫折

人在漫长的生活中，总会遇到这样或那样的挫折。孩子从蹒跚学步、求学阶段、步入社会、恋爱结婚、哺育子女直到黄昏暮年，每一个人生阶段都会遇到沟沟坎坎，不会一直一帆风顺，挫折、失败也是人生的一部分乐章。教孩子学会面对挫折，勇敢地挑战遇到的困难，遇到不如意时仍保持积极乐观的心态是非常重要的。

爱迪生是伟大的发明家，他发明电灯泡时经历了上千次的失败，然而他没有放弃，而是以一种积极乐观的心态认为：失败，就是知道了这种方法不可以，我们离成功又近了一步！爱迪生说："失败也是我需要的，它和成功对我一样有价值，只有在我知道一种做不好的方法以后，我才能知道做好一件工作的方法是什么。"

在我国几千年的历史长河中，那些名垂青史的历史名人也经历了常人难以承受的挫折：文王被拘禁时推演了《周易》；孔子在困穷的境遇中编写了《春秋》；屈原被流放后创作了《离骚》；孙膑被砍去了膝盖骨，编著了《孙膑兵法》。《诗经》三百篇，也大多是圣贤们为抒发郁愤而迸发出来的智慧火花。

> 遇到困难与挫折既是坏事也是好事，它会逼着人想办法，增强抵御挫折的能力，做好抵御挫折的心理准备。困难环境能磨炼人的意志，挖掘人的潜能，培养出人才来，想要成才就要忍受困难和挫折的考验。

不要低估孩子的承受能力

有一次，我带着达达去看牙医，旁边一位妈妈带着小男孩来拔牙，男孩有些害怕。妈妈就安慰孩子说："别怕，妈妈就守在你的旁边，看着你！"轮到男孩治疗了，他磨磨蹭蹭地坐到治疗椅上，紧紧抓住妈妈的手不放，哭哭啼啼地捂着嘴，就是不肯跟医生配合，医生没有办法给他治疗。时间一点点过去，妈妈也有些不好意思了，医生抬起头来严肃地对妈妈说："请妈妈到外面去等一会儿，有事我会叫你进来！"

妈妈忐忑不安地在外面等待着。不一会儿，孩子就治好了走出来。妈妈急切地问："疼吗？"孩子说："刚有一点儿疼的时候，医生就已经把牙拔下来了，没事了！"

许多父母都认为孩子心理承受能力差，应该对孩子时刻细心呵护。其实，孩子并不像我们所想象的那样脆弱无能，一个人受点挫折，尤其是早期受一些挫折是很有好处的。父母守在孩子的身边，孩子感受到有依靠，就会撒娇、任性、畏首畏尾。父母不在身边，没有了依靠，就会促使孩子自己去直面挫折和困难。所以，希望孩子坚强、勇敢，父母首先要自己坚强起来。

当孩子遇到困难时，父母不用第一时间出来解决，不要把自己的想法强加在孩子身上，给孩子留有足够的时间及空间，去发挥解决问题的能力。父母只需观察、倾听及适当提供建议，让孩子自己选择怎么做，相信孩子会自己想出办法，解决问题，这样有助于培养孩子战胜挫折的能力和自信心。

父母是孩子的榜样

父母是孩子的榜样，孩子是父母的镜子。父母面对困难时，积极乐观的态度，锲而不舍的坚持，会"言传身教"给孩子。几个月大的婴儿就拥有模仿能力，所以父母的一言一行都会潜移默化地影响孩子。

有的孩子在遇到困难时容易产生消极反应，会采取退缩、回避的方式。父母要及时地鼓励孩子，一个温暖的拥抱，一句支持的话语，都会增加孩子的信心，让他感觉到：爸爸妈妈就是自己坚强的后盾，有了父母的鼓励和支持，孩子才能放心大胆地与困难抗衡，有足够的信心去克服困难和挫折。孩子战胜了困难，就会增加勇气、激起战胜困难的愿望，自信心就会增强，抗挫折能力也就培养起来了。

培养孩子的抗挫能力，让孩子能积极乐观、勇敢大胆地面对困难和挫折，是孩子受益一生的心理财富。

15 | 捐出第一笔奖学金

达达高中的时候，由于学习成绩优异，学校为了鼓励优秀学生，给年级文、理科前几名的学生每人奖励 2000 元的奖学金。这笔钱对于达达来说是第一次自己挣得的巨款，万分珍贵！学校召开全校大会，号召同学们向先进学生学习，努力拼搏，考出理想的成绩。学校领导亲自在台上为这些同学颁奖，达达感到非常荣耀。

回到家里，达达第一时间向我们讲述学校里开会的事情，从书包里拿出一个信封递给我说："妈妈，这是我的奖学金！不过，现在信封里是 1000 块钱，我捐了 1000 块钱。"达达的行为一时令我很惊讶，也很欣慰，因为捐款的事情我们之前没有讨论过，不知道他会有这样的决定。达达又说："我下台后就给我班刘老师 1000 块钱，我要捐给班级做班费，刘老师说，这笔钱是我努力的回报，让我自己留着买学习用品。可是，我觉得拿出这些钱捐给班级做班费，和同学们一起分享更有意义！"听了孩子的话，我们很欣慰，达达能够在得到奖学金的同时想的不是把这笔钱花在自己身上，而是考虑到还有谁更需要它、想到与别人分享，这份爱心是值得赞赏和支持的。看到孩子脸上兴高采烈的样子，看得出捐钱比得到奖学金更让他快乐！

家庭是最重要的爱心培育基地

达达小时候，在我工作的幼儿园里生活。那时候，我们幼儿园每年的春天都号召小朋友捐献自己看过的图书，幼儿园经过消毒后，放在图书角里供孩子们借阅。我当时也参与宣传、组织这项工作。记得，我曾经对孩子们说：在家里，我们只是看一两本书，带到幼儿园来，小朋友就可以看到几十本书了！

我们家里有很多达达看过的书，他总是认真挑选最有趣的、最好的书，全部带到幼儿园来。有小朋友去图书角看书时，达达会主动介绍自己从家里带来的书。如果哪个小朋友挑到他的书，他会特别高兴，积极地与这个小朋友谈论书中内容。

到了初冬时节，天气开始转冷，我们幼儿园就号召小朋友把家里穿小的衣服捐出来，统一交给慈善机构。现在，幼儿园小朋友的家庭经济状况都比较好，孩子们的衣服还没有穿坏，就小了、用不上了，放在家里还占地方。我们倡议：请小朋友把家里自己穿小的衣服洗干净，带到幼儿园来。把这些衣服送到需要它们的小孩子手上，让这些衣服好好保护贫困的小朋友，过一个温暖的冬天！

每到这个时候，达达都督促我和他一起挑选自己的小衣服。我们一边挑选一边回忆他小时候的事情，好像每一件衣服都承载着无数快乐的童年时光。达达挑选出来的每一件衣服又好像被赋予了神圣的使命，即将去执行下一项任务！我想，幼儿园里其他小朋友也会像达达一样，认真、庄严地完成这项任务，通过我们力所能及的努力把爱心传递下去。

除了捐书、捐衣服，我们和达达一起还为地震灾区、洪水灾区、母亲水窖捐款，孩子的爱心、善良是全社会共同呵护和培养的。达达现在能够自主决定捐出奖学金，是我们希望看到的，并不感到惊讶。

涓涓之水，汇成江海，爱心不是偶然迸发的，是在"爱"的环境和教育的影响下逐渐形成的，需要比较漫长的培养过程。爸爸妈妈在与孩子的朝夕相处中，会发现孩子身上点点滴滴的闪光点，要及时抓住时机对孩子进行爱心教育和培养，强化和保护孩子善良、有爱心的行为。

家庭是最重要的爱心培育基地，爸爸妈妈是最直接的榜样和老师。父母富有爱心才能培养出有爱心的孩子。平时，父母的一言一行都会

给孩子留下深刻的印象，潜移默化地影响着孩子。所以，家长要从点滴的小事做起，时刻注意自己的言行。有了孩子的爸爸妈妈更要严格要求自己，为了孩子也要不断学习，与孩子共同成长！

爸爸妈妈在日常生活中做到孝敬父母、尊敬长辈。试想，一个人如果连千辛万苦养育他长大的父母都不去孝敬，又怎么会对别人付出真心呢？还要做到关心孩子、乐于助人、同情弱者、夫妻和睦，家人互助等，让孩子感觉到父母是富有爱心的人，相信孩子也会耳濡目染，成长为一个富有爱心的人。

提高孩子的移情能力

提高孩子的移情能力也是培养爱心的一种方法。移情能力是能设身处地地为他人着想、感受他人的情绪感受。懂得站在对方的角度考虑问题。爱心的培养需要移情体验，这样可以让孩子学会理解别人、体谅别人，培养爱的情感。

爱心是相互的，我们爱孩子，也要给孩子提供奉献爱心的机会。在家里，我们可以让孩子帮助做一些力所能及的家务劳动，在劳动中锻炼和培养孩子的性格、品质。

> 爱心的培养，不会一蹴而就。父母平时对孩子一点一滴的示范，一言一行的引导，持之以恒的培养，才会使爱化为自觉的行为习惯。

16 | 顺畅的交流沟通

做孩子的好朋友、倾听者

学会倾听，理解孩子，从孩子的角度出发看待问题，对孩子提出的问题，要及时做出回应。

一次坐公交车外出，对面坐着一对父子和一对父女，孩子都是 3 岁左右。父子俩不停地小声交谈，爸爸一直在给儿子讲沿途的景色。路边的建筑物叫什么、是做什么用的，街边植物的名称是什么，牌匾上写了什么字，即将去的是什么地方，会见到什么人，等等，儿子也高兴地问这问那。父子俩的脸上挂着微笑，有说有笑地保持着良好的互动。公交车进站了，上来一位老人，爸爸立刻站起来给老人让座，老人表示感谢坐下后，父子俩人继续交谈。

而父女俩的表现与父子俩就截然不同了。父女俩中的女儿偶尔拉着爸爸的手，兴致勃勃地对爸爸讲述看到的事情，爸爸看着女儿不说话。女儿自己讲了一会儿，见爸爸没有回应也就不说话了。女儿看着车窗外突然发现新鲜事又开始对爸爸说话，爸爸还是没有回应，女儿自己说完感觉没趣，又停住不说话了。

父子俩中的父亲是在积极地为孩子创造学习机会，能够抓住生活中的每一个细节，不断丰富孩子的各种认识，孩子在愉悦的情绪中不知不觉，也不累地情况下掌握了知识。同时父亲的言传身教，潜移默化地影响着孩子，如礼仪教育：在公共场所小声交谈；尊老爱幼的优良传统；主动给老人让座；感受到良好的人际交往；老人的微笑和感谢。

父女俩中的父亲一路上一直保持沉默，偶尔会整理一下孩子的衣服，拉拉女儿的手，目光始终盯着女儿，确保孩子的安全。遗憾的是女儿几次主动的渴望交流都没有得到回应，一路上孩子没有得到任何进步，多么好的教育时机白白浪费掉了。

这一年龄段的孩子活泼好动，对外界充满好奇，会主动去看、去问、去探索。父母想让自己的孩子聪明，就一定要把握住生活中点点滴滴的教育时机，随时随地积极回应孩子的主动学习，努力为孩子创造快乐学习的环境。

适时适当的教育

每位家长都希望自己的孩子聪明、出众，孩子聪明也就是智力好、智商高。孩子是否聪明，一般受三方面因素的影响：

一方面是遗传因素优。遗传因素是智力发展的生物前提，良好的遗传因素，是智力发展的基础和自然条件。父母遗传基因比较好，会遗传给孩子。

一方面是生长发育环境好。遗传只为智力发展提供了可能性，要使孩子的智商高，还需要社会、家庭、教育等诸多方面共同作用。遗传决定了智力发展的上限，这个上限只有在理想的环境下才能达到。遗传因素越好，环境的作用就越明显。

为孩子创设良好的家庭生活环境也尤为重要，父母恩爱、孝顺长辈、家庭和睦、有知识有文化、没有不良嗜好、关心孩子成长教育，言传身教、以身作则，有民主宽松的教养态度，能与孩子无拘无束地沟通等都是为孩子提供了有利于智力发展的生活环境。

还有一方面是适时适当的教育。教育对智力的发展起着主导作用。

适时适当的教育，就是抓住孩子生活中的每一个环节，即时实施引导、示范和讲解，让孩子学会生活的本领，对大自然充满好奇和拥有探索的欲望，培养孩子良好的学习品质，为孩子的终身学习打下坚实的基础。

全面培养孩子的兴趣爱好

现在，好多家长都给孩子报各种学习班，认为孩子只有去学习班才能叫学习，才能赢在起跑线上。因此，社会上五花八门的早教班、学习班如雨后春笋，遍地开花。家长花了高额的学费，却感觉收效甚微！

那么，问题出在哪里呢？这还要从孩子学习与发展的规律来分析。孩子的学习与发展具有整体性原则，某一方面特长的突出，是需要其他方面发展的支撑和配合的；同时，因为孩子的精力是有限的，在某一方面投入了过多的精力，必定会耽误其他方面的学习。然而，任何一方面的短板都会制约孩子的整体发展。

现在的学习班都是针对各种专门能力，强调提高知识技能的学习培训。儿童阶段，全面发展非常重要，需要全面培养孩子的兴趣爱好，不可只偏重某一方面的突出发展，这些孤立的所谓专项训练，是没有什么意义的，是违背孩子学习品质形成规律的，违背孩子学习与发展的整体性原则的，过早地把具有多种发展可能的孩子早早就定型是不对的。

教育部印发的《3—6岁儿童学习与发展指南》明确指出："幼儿的学习是以直接经验为基础，在游戏和日常生活中进行的。"幼儿学习的主要特点是做中学、玩中学、生活中学。幼儿的日常生活就是学习的内容，比如在生活能力方面，孩子学习自己穿衣、吃饭、如厕、系鞋带、洗漱、收拾玩具、整理床铺等，这些生活内容都需要孩子慢慢地学习，逐渐能够达到自理、熟练完成。孩子还要学习健康、语言、社会、科学、艺术等内容，所以说以上种种生活环节都是孩子要学习的内容。

游戏是幼儿学习的主要方式和特点，孩子在游戏中可以反复操作，不断试错，逐步掌握要领。孩子在生活和游戏中，亲身体验、发现、操作、感受，从而使得到的认知更加丰满、记忆也更加深刻，有愉悦的情感体验。简单地说就是在生活、游戏中学习，能够学得不累、学得扎实！

- -

　　上面那两位家长的做法，给我们展示了来自不同家庭的迥然不同的家庭教育案例。现在家长的文化素质普遍比较高，只要了解一些儿童教育知识，就能很好地胜任"家庭教师"的职责，不要把有限的与孩子共同成长的时间都耗费在接送孩子去学习班的路上，那样既耗时又费钱，得不偿失！

17 | 把藏在心底的"爱"说出来

把"爱"说出来！中国的父母和孩子总是羞于表达内心的爱，外表看起来内敛、含蓄，其实都有着一颗热烈渴望亲近的内心。要勇于表达自己的内心情感，有爱就要大声说出来！

达达小的时候，"孩子，我爱你！""你做得对！""你真勇敢！""你太可爱了！"等赞赏的话我们常常挂在嘴边，达达也学着我们的样子，常常由衷地表达他对我们和周围人的爱。我们从不吝啬我们的赞赏。

孩子是敏感和脆弱的，他非常希望得到父母的关注，爸爸妈妈一个肯定的眼神、赞许的微笑、温柔的抚摸、热烈的拥抱，都能激发孩子爱的情感和积极的回应，所以父母在孩子有了点滴进步的时候，就要及时地给予肯定，鼓励孩子继续这样做！家长坚持正面教育，多鼓励、多关注、多沟通，长此以往，孩子一定会长成父母期望的样子。

达达第一次出国回来，我和他爸爸去北京的国际机场接他，他一出来就用目光寻找我们，看到我们后立刻张开手臂跑过来，给了我一个大大的拥抱，再给爸爸一个拥抱！同时走出接机口的中国人，很少有这么热情的，周围等待接机的人都看着我们，投来赞赏的微笑。

现在，达达在国外学习，很少回家，学习很紧张，我们的时间又不同步，我们想念孩子又怕打扰了他学习，一般不找他。每次都是达达定时主动打来电话，汇报生活、学习的情况，报平安。遇到节日、生日、纪念日，达达会早早打来问候的电话或发来感谢的微信，每次要挂电话时他都会说："妈妈、爸爸，我爱你们！"这句话，在我听来，就是世界上最美的话语了！爱，不要遮遮掩掩。爱，就大声说出来！

"爱"的花朵需要培育和浇灌

我们一直以为父母爱孩子是天经地义，孩子爱父母是自然而然，忽视了"爱"的花朵需要培育和浇灌，才能久妍常鲜。父母对孩子的爱、孩子对父母的爱，一定要说出来，这样会让彼此的关系更加亲密和融洽，家庭也会更加的和谐温馨。爱亲人要用真诚的心，爱家人就勇敢地用语言来表达！

生活中，我们最容易忽略的就是自己的家人。我们在外面对上司、同事、老师、同学、朋友展示出谦逊、热情、友好、善解人意等朝气蓬勃、光鲜亮丽的一面；回到家里时，由于劳累了一天，身心疲惫或心情不好，急需休息放松，就失去了耐心。把冷漠、无视、烦躁、不通事理、萎靡不振等负面情绪倾倒在家人身上。

细细想来，父母与子女是最亲近的人，因为有爱才会相互理解、包容。家人是常常陪伴在身边的人，无论遇到什么困难都不离不弃。我们最应感谢家人的付出，及时向家人表达爱意，这才是家应有的样子。

让孩子从小学会感恩

6月底，幼儿园里的毕业季又到了，3年的幼儿园生活只是孩子们成长道路上的一个驿站，大班的小朋友就要毕业了。我们会和孩子们一起准备毕业典礼，虽然每年的主题不同，但最后都会归结为"感恩"。感恩父母、感恩老师、感恩小伙伴，感恩为孩子们健康成长付出辛勤汗水的人们！

"感恩的心，感谢有你，伴我一生，让我有勇气做我自己；感恩的心，感谢命运，花开花落我一样会珍惜！"每年的毕业典礼，孩子们唱到这里时，背景屏幕都会播放老师们精心编辑制作的孩子们成长经历的视频纪录片：

哺育小小的我。

教我认识世界。

我学会了什么是爱，

感恩有你，

我的爸爸、妈妈、小伙伴和好老师！

视频画面不断闪过孩子们由襁褓婴儿、蹒跚学步、刚入园时哭闹到能够愉快地参加幼儿园里丰富多彩的活动。每当这时，所有在场的孩子、家长和老师都心潮澎湃，泪眼婆娑，心中充满了"爱"和"感恩"之情。

　　毕业典礼的最后一项是互赠礼物，大声说出心中的爱。活动在"谢谢你！""感谢你！""我爱你！"的声音中结束。

　　爸爸妈妈喜欢孩子、爱孩子就要随时随地地告诉孩子，不用刻意隐藏自己的真实情感。父母的真情流露也会感染孩子，孩子也会及时大声说出："我爱你！"父母与孩子之间善于互相欣赏、适时表达心中的爱，能够很好地建立彼此之间亲密的情感。

　　多陪伴孩子，孩子才能与父母更亲近。父母忙于工作，常常会把孩子托付给爷爷奶奶、姥姥姥爷来带，或者是雇个保姆来带。父母为了弥补缺位的陪伴，有机会就给孩子买好吃的、穿的、玩具等，希望用物质来满足孩子。久而久之，孩子与父母的关系变得疏远，会与朝夕相处的陪伴照顾他的人建立亲密关系，也就是说，孩子从情感上更加依恋身边时刻看得见的人。

　　　　每个孩子都是父母的最爱，然而，总是有一些不善言辞的父母采取含蓄的方式，不能很直白地表达对孩子的爱。但是，孩子在父母身边成长的时间有限，很快就长大，有了自己的学习、工作、生活空间。整日忙于工作的父母要好好规划一下，多花些精力和时间陪伴孩子，珍惜和孩子共处的美好时光，自然流露爱的情感，大声地对孩子说出："亲爱的宝贝，我爱你！"

第二章

简单实用的学习窍门

1 │ 阅读前期的"点读"识字

达达上学前，我们没有刻意教他识字，上学时达达已经认识了很多字，简单的绘本都可以自己读，可以说他是"自学成才"。

达达特别喜欢听故事，我每天晚上都读故事伴他入睡。孩子还有一个特点，就是喜欢反复听同一个故事！我在读故事的时候就有意识地用手指点一个字，读出一个字，整本书都是采取点读的方式。

在一段时间里，反复读一两本故事书，孩子熟悉以后，基本可以背出来故事中人物角色的对话了。我再读的时候，有意落下一两句话，达达马上就会发现，并指出我哪几个字没有读出来，他学着我的样子替我指一个字，读一个字，我很惊讶，他是怎么知道我那几个字没有读的？难道达达认识了这几个字？然后，我让达达试着给我讲故事。他学着我的样子，绘声绘色地点一个字，读一个字，和我的神态一模一样，俨然是我的一面镜子！

识字是进行文字阅读的基础，从小就开始教孩子识字和培养孩子早期阅读的习惯，已经被全世界的父母广泛重视，现在有很多父母在孩子还是婴幼儿的时候，就开始实施对孩子早期阅读兴趣与能力的培养。

识字的方法

识字和写字属于语言发展的范畴，识字有利于多学知识、开发智力。孩子学习识字的最佳年龄在 4 至 5 岁，有的孩子 2 至 3 岁就开始少量地认识简单的汉字了，经过日积月累，随着识字量逐渐增加，孩子对阅读的兴趣也会逐渐浓厚。

孩子认识 400 个最常用的汉字，就能读懂一半的幼儿读物；认识 1000 个汉字可读懂大部分儿童读物的内容；认识 1500 个常用汉字可基本阅读书报中的文字内容。识字能够让孩子不依赖成人，自己选择阅读的内容和数量，拓宽知识面，发展智力。

识字有多种方法：看图识字、点读识字、拼字游戏识字以及常用多见字识字法。孩子主要采用什么方法识字，首先要看孩子所处的年龄阶段。

2 至 3 岁的孩子比较适合看图识字法。有这样一类图书、挂图等，页面上大部分为图案，下面标注相对应的汉字，例如苹果、西瓜、太阳等。父母可和孩子一起看图，同时读出图上标注的汉字，常看常读，孩子就会认识一些简单的汉字。

4 至 6 岁可采取点读识字法。朗朗上口的儿歌、诗歌或是有趣的绘本故事是孩子喜欢并容易接受的。爸爸妈妈从头到尾反复讲给孩子听，在讲解故事书的时候就有意识地用手指，点一个字读出一个字，孩子对这本图书的故事内容比较熟悉后，自己也会模仿爸爸妈妈的样子，用手指点一个字读一个字。父母要看看孩子读得对不对，发现错误及时纠正。单纯地识字是很枯燥的，在阅读中识字，即点读识字是非常好的方法，用这种方法识字，识字量会迅速增加，比较省时省力，是学龄前阶段比较常用的识字方法。

幼儿园大班下学期到小学低年级的孩子，就可以借助拼字游戏来识字。父母可以预先打印并剪出一些同类或不同的偏旁部首卡片，再做出与偏旁拼合的一些字的卡片。开始时，大人可以示范拼字，讲解字义，读出正确发音。孩子有兴趣后，自己玩拼字游戏，让孩子组合成一个完整的字。例如，"江河湖海"或者是"鸡鸭鹅"等字有相同的偏旁，这些字的字形比较相似、字意也有联系。因此，把这些字集中在一起让孩子来认识，能够提高孩子对文字的识别能力和观察力，可以在短时间内认识更多的字，而且还能在识字的同时就辨别出每个字的不同。

常用多见字识字法。生活中，孩子有很多机会在不知不觉中认识汉字。书报、杂志及街边商店门牌、广告等上面的大一些、正规书写的常见汉字，可以随时告诉孩子这个字怎么读，这个字是什么意思，见到一次告诉一遍。如"中国""人民""北京""幼儿园""爸爸""妈妈"，当地省、市、区的名称、孩子自己的姓名，还有阿拉伯数字1—10及汉字数字一至十等，孩子天天看，见到的次数多了自然就认识了。这样日积月累，就会认识很多汉字，还不感觉累。达达就是这样认字的，很轻松。

识字过程中需要特别注意

在孩子识字的过程中，父母不要急于求成，不可硬性规定每天的识字量，注意劳逸结合。

关注孩子的兴趣和情绪情感的变化，尽量在学习的过程中保持愉快的心情。因为，孩子心情愉悦的时候，学习效果更好；孩子不想学的时候，不能强行要求。因为不仅收效甚微、浪费时间，还可能让孩子对学习识字这件事失去兴趣，甚至产生厌学情绪。

孩子记忆的特点是"学得快，忘得也快"。所以，学过之后要记得帮孩子及时复习、巩固，这样才能记得牢。如果不及时复习，过一段时间，孩子就会忘记了。

2 | 从学说儿歌开始说话

　　从达达出生不久开始，我哄他睡觉时，自己编了一首催眠曲，歌词简单又有趣。歌词是这样的：从前有头大老牛，大老牛就说哞哞哞；从前有只小花狗，小花狗就说汪汪汪；从前有只大公鸡，大公鸡就说喔喔喔；从前有只小花猫，小花猫就说喵喵喵。

　　我每天都唱这首歌给达达听，渐渐地他也能理解歌词的含义，我唱的时候，他也和我一起哼唱曲调，等到达达的声音渐弱直至不唱了，就是他睡着了。

　　后来，达达开始会模仿一些叠音词了。我哄他睡觉时，为了试一试达达是否睡着了，还会故意唱错。比如：我唱"从前有头大老牛，大老牛就说汪汪汪"时（故意唱错），达达如果没睡着，他会马上纠正说"哞哞哞"。说明孩子听懂了，他还没睡着一直在专心地听呢。

　　这首催眠曲一直唱了三年，孩子长大以后还记得这首歌曲。

实践证明，婴幼儿虽然开始不会说话，但却有惊人的语言接受能力。在听别人说话的过程中，接收到并存储了大量的语言信息。在听说话的过程中，孩子会不停地模仿别人的发音，促进了孩子听觉和发音器官的发展，有利于孩子尽早开口说话。

学习语言的关键期

孩子是从语言中汲取语言能力，从听说话中学会说话的。当然，这个说话是在大脑先天处于学习语言的有序状态条件下才可以的。

婴幼儿学习语言，要有一定的语言环境才行。如语言种类（语种）有不同，每个婴幼儿发育期略有不同，大人和婴幼儿说话多少不同等等。所以，孩子学习的进程也就有不同。

0至3岁是孩子口语发展的关键期，也是语言能力发展最快的时期。孩子对语言具有很强的感受力，对周围环境中的语言刺激格外敏感。儿歌篇幅短小、语言浅显、富于情趣，我认为是婴幼儿学习口头语言最好的启蒙教材。儿歌的词汇贴近孩子的生活，读起来合辙押韵、朗朗上口，是孩子们最喜爱、最容易接受的早教读物，适合正处于语言敏感期的孩子练习说话。

达达从7至8个月开始，姥姥就天天读儿歌绘本给他听。达达坐在姥姥的怀里，姥姥读完一首儿歌，达达就帮着姥姥翻书页。他特别喜欢听一本《中国经典童谣》里熟悉的儿歌，一遍一遍地让姥姥读给他听，有一首儿歌是他最喜欢的，名字叫《猫儿煮饭笑死我》："金银花，12 朵，大姨妈，来接我；猪炒菜，狗烧火，猫儿煮饭笑死我。"听到有趣的地方会咯咯咯地笑个不停。儿歌的配图色彩鲜艳、丰富，把小孩子到大姨妈家做客，家里小动物忙着烧火煮饭，热情招待小客人的情景描绘得十分生动鲜活，是高质量的视听感受。

语言启蒙教材的选择

我选择优质儿歌作为达达的启蒙语言教材，是觉得这些经典的儿歌绘本，符合婴幼儿的心理特征、审美要求和接受方式。这些声韵和谐、情趣优雅的儿歌也会给孩子带来美的意境和熏陶。

在达达语言发展的关键期（0 至 3 岁），我们给他读过很多本儿歌绘本，他自己最心爱的几本书到现在一直珍藏着，视若珍宝。

孩子的语言能力需要多听、多说、多读才能有进步，父母在每天睡觉之前给孩子讲故事、读儿歌或者陪着孩子多说话，孩子的大脑就会对这些故事、儿歌、谈话中的词汇进行加工，使它们成为自己的语言。

达达一岁多的时候，处于言语前期，还没有开口说话，姥姥在读儿歌时，故意把儿歌的最后一两个字空出来，等着达达说。由于达达对这些儿歌非常熟悉，大脑中记忆存储了这些儿歌的词汇发音。所以，当姥姥读儿歌剩下一两个字没读完时，达达会接话过去，开口说出剩下的词语来。

　　达达开口说话就是从接姥姥说的儿歌开始的，平时只会说"爸爸、妈妈"的达达，一开口就能说儿歌了，让我们全家人都很惊喜。而且，达达很快就能接上大段的儿歌，让我都很震惊。

　　这个现象，是由大脑的思维定式的特点决定的。父母们会发现，我们给孩子读熟悉的书或儿歌时，如果你故意读错其中的一句话，小孩子会因此表现出不满的情绪，他会按照正确的原文、以原来的语速轻松地说出来。

　　孩子语言发展分为三个阶段：一是掌握语音，二是初步理解语词的意义，三是口头表达。幼儿时期是掌握口头语言的关键时期，让孩子多听、多说、多看，多接触周围的各种事物都将有助于其语言的发展。

3 | 什么时候开始识字比较好

达达上学前，我们没有系统地教过他识字。达达识字是在平时的生活中，像认识桌、椅、板凳一样自然而然地认识的。

从达达开始识字到上小学前，我们都没有让达达抄写汉字，因为枯燥的写字过程会摧毁孩子学习的兴趣，导致孩子不喜欢阅读图书。这个阶段，孩子手部的小肌肉功能还没发育成熟，容易形成不正确的书写习惯，上学后改正起来又麻烦。所以，在达达刚开始识字时，我们没有教达达写字。

识字要在孩子愉悦的情绪、自然的环境下进行

班里有一位小朋友叫依依，依依妈妈特别重视孩子的早期教育。她认为，孩子识字越早、越多，就表示孩子越聪明。所以，妈妈在依依很小的时候就开始教孩子识字，家里绝大多数的物品上，都粘贴上了汉字名签，每天抱着依依指认汉字，孩子很快就认识了不少汉字。

妈妈知道让孩子大量阅读图书，能够拓展知识面，让孩子更聪明。依依妈妈买来很多好看、有趣的绘本图书，放在依依的房间里，依依可以随手抓到，经常翻看。家人一有时间就抱着孩子，给孩子读书、教孩子识字。由于家人偏重于教孩子识字，所以，依依很小就对汉字比较敏感，4 岁半的时候，就能认识 1500 个汉字，基本能够自己阅读幼儿图书了。

过年过节或与朋友聚会的时候，爸爸妈妈让依依给大家表演读儿歌、读故事，大家都夸依依聪明，是个小"神童"，父母听了非常开心，更加努力地督促孩子识字、读书。

现在，依依上小学一年级了，课本上的汉字对于她来讲太过简单了。语文课上，同学们是先学习拼音，借助拼音学习汉字，依依不喜欢学拼音，上课时对老师教的拼音和"简单"的汉字没兴趣。想自己玩一会儿，又怕老师批评。回到家里，跟爸爸妈妈说：我不想上学了！

前几天，依依妈妈来找我，忧心忡忡地对我说：依依检查出来近视眼了，还很严重，医生给做了散瞳，说是真的近视，我和依依爸爸谁都不近视，眼睛都好得很。孩子这么小，就得了近视眼，这可怎么办啊？现在，在家里都不敢让她看书了！

像依依的这种情况很普遍。我接触到一些家长在对孩子进行早期识字、阅读的问题上存在着可商榷的地方。班里的一些家长暗自比较自己孩子和其他小朋友的识字量，希望自己的孩子超过别人。在辅导孩子识字过程中，急于求成，花费大量的时间和精力去教孩子识字，过分追求识字的数量和速度。

孩子不是在自然的环境下学习，导致学习识字成为一种负担，对将来的学习产生抵触情绪，认为学习是一件痛苦的事情，这种情绪对以后的学习和发展是很危险的消极信号。

孩子的时间和精力是有限的，每天花费大量的时间来学习识字会耽误孩子探索学习其他知识和技能。识字要在孩子愉悦的情绪、自然的环境下进行。不要让识字阅读占据了孩子大量的时间和精力。

儿童学习语言的敏感期

人的语言智能是多方面的，早期识字阅读仅仅是语言智能的一方面。语言综合智能还包括以下几个方面：学会倾听、讲述能力、表达能力、语言交流。

那么，孩子最适合从几岁开始学习识字呢？著名的教育家蒙特梭利经过长期的观察、实践和研究发现，孩子只要达到某一个年龄，就会对某些事物特别有兴趣，而且非常想做。这个阶段被称作"儿童的敏感期"。

处于敏感期内的孩子"对某种行为产生强烈的兴趣而不厌其烦地重复"。在这个阶段内，孩子的心理、身体的发育成熟度为轻松地学会某种技能提供了有利的条件。孩子识字、阅读的敏感期在4岁半至5岁半左右。孩子到了5岁以后，大脑发育更加成熟，抽象思维开始萌芽，记忆能力也得到迅猛发展，学习抽象事物时，逐渐能理解、记住。所以，孩子5岁以后开始接触识字，是比较科学合理的时间。

从兴趣出发，随机识字

我在教学和生活实践中感觉到，教孩子识字要在耳濡目染、日积月累、反复强化、没有压力的情况下，让孩子愉快地、自然地、主动地识字阅读。

孩子刚开始识字要从兴趣出发，以随机识字为主，不要急于求成。孩子年龄小，集中注意力的时间比较短，所以不用制订严格的识字计划和学习进度。

选择孩子情绪愉快的时候，从孩子身边经常能够接触到的常见字开始认识。比如街道旁边的商铺牌匾、儿童图书中经常出现的汉字、自己及家人的姓名等等。

孩子有兴趣的时候，就可以多学几个字，没有兴趣的时候，就停下来。如果父母逼迫孩子学习识字，造成孩子对识字的过程产生厌倦和反感，就违背了学习的初衷了。

孩子记忆的特点是学得快、忘得也快。所以，学过的汉字要经常复习。做到不断重复，不断强化，才能在大脑中形成永久记忆。另外，在孩子学习汉字的过程中，适时适当的鼓励也是必需的。

4 | 巧背课文、记生字

学生最头疼的事情，就是背课文、背材料了！达达小时候也经常背生字、单词、诗词、课文等。考试前的准备阶段，更是要占用很多精力来记忆大量的材料。背得好的同学成绩高，记不住的同学成绩差。

达达试过的两种方法，我们感觉既省时间又高效。

循环记忆

小学时，老师经常布置默写生字的家庭作业，要求学生把当天学习的生字按正确的笔顺听写出来，第二天到学校小测验。达达的经验是：回家后，就听写今天新学的所有生字，把错误的字找出来。如果今天新学了 10 个生字，第一遍听写完全正确的有 4 个字，就说明这 4 个字已经掌握了、记住了，我们就把这 4 个字排除出去，不再听写了。经过第一遍筛选，马上减轻听写负担，变成 6 个生字了！

对听写错误的 6 个字，让达达回忆老师上课时是怎么讲的，帮助达达分析字形、字义，联系课文，把字放进语境中理解。如果有时间就让达达学着老师的样子给我讲一遍，加深理解、学习的印象。经过这样一番学习后再进行第二遍听写，达达基本上会有一两个字写错。

把这次写错的字再挑出来，给他时间练习几遍，等达达认为自己都会了，再叫我给他听写。这次听写，要把之前错的 6 个字加在一起考一遍，看看孩子掌握的情况，一般会很好。

这样不算完成，晚上达达上床要睡觉时，让达达把我的手心当成纸，听写那错了的 6 个字，复习一遍；第二天早晨达达刚刚醒来时，用几分钟的时间，让达达在我的手心里听写一遍，再复习一遍。然后再起床、洗漱，什么事情都不耽误。

这种办法屡试不爽、百战百胜，效果特别好，孩子不累，省时省力！

上面的学习方法是针对孩子记忆的特点采取的有效策略。记忆力是识记、保持、再认识和重现客观事物的能力，可以分为瞬时记忆、短时记忆和长期记忆。

瞬时记忆会很快消退（大约在 1 秒钟左右）；短时记忆可以保持15—30 秒钟，如果不及时复习就会遗忘；经过了及时的复习，短时记忆贮存的信息可以转移到长期记忆，在大脑中保持很长时间，及时有效的复习非常必要。长期记忆贮存的容量非常大，贮存时间也相当长，是一个真正的信息库。

记忆是有窍门的，只要了解记忆特点，遵循记忆规律，就可以减轻学业负担，轻松掌握知识。德国心理学家艾宾浩斯在一百多年前用字母随机组合出一些从未见过、没有意义的"单词"，记录在经过不同时间后还能够记住的"单词"数量，从而测试不同时间间隔后记忆的保持量，据此绘制了著名的艾宾浩斯记忆遗忘曲线。曲线图显示：遗忘在学习之后立即开始，而且遗忘的进程并不是均匀的。最初遗忘速度很快，以后逐渐缓慢，即"先快后慢"的遗忘规律。研究表明：最先遗忘的是没有意义、不感兴趣、不熟悉、不需要的材料。

达达听写生字，在放学后考一次、睡觉前考一次、起床后考一次，就是根据艾宾浩斯记忆遗忘曲线中遗忘有"先快后慢"的原则，把需要记忆的生字在遗忘前复习，这样才能把短时记忆变成长期记忆，真正记住这些生字，取得良好的记忆效果。

理解记忆

记忆的另一个窍门是：要在理解的基础上识记。理解是记忆的第一步，是记忆的基础和前提。3岁前孩子记忆的特点是以无意记忆、形象记忆为主，带有很大的随意性，有很强的情绪色彩，所以记忆保持的时间较短；学前阶段孩子的记忆特点是以机械记忆为主；学龄阶段学生的记忆特点是机械记忆和理解记忆并存。不同年龄阶段的孩子，两种记忆方法在记忆中所占的比例也是不同的。机械记忆在记忆中所占的比例：小学生＞初中生＞高中生，理解记忆则相反。可见，随着年龄的增大，学生记忆中的理解记忆所占的份额越来越高。

学生在理解的基础上进行记忆，要比死记硬背所需时间少很多、效果好得多。死记硬背是不理解就去记现成结论；理解了再记忆，记忆时就会通过思考，弄明白以后才记住，下一次只要思考就能想起来，这就不是死记硬背了。理解记忆意味着把新学到的知识经验纳入已有的知识经验系统中，就是把新、旧知识融会贯通。

　　达达在背诵比较复杂的诗词、课文等内容时，我们尽量给达达讲解一遍，弄懂学习内容的含义，让他先理解，再记忆。后来达达上初中、高中后，需要记忆的知识内容越来越多了，达达也是先把要背的内容完全弄懂弄会，才开始背。

　　记忆语文、地理、生物、政治、历史等课程内容时，一直沿用先理解、再识记的方法，一气呵成，用时短、记得牢。达达的好成绩，很大程度要归功于这种记忆方法。

5 | 效果神奇的英语录音伴睡

学习英语小窍门

达达 4 岁半的时候特别喜欢看动画片，我们就选择了一个品牌的英语学习动画片。每天傍晚从幼儿园回家后，他看两集动画片，我利用这个时间在厨房里做饭。

动画片里有趣的故事情节吸引孩子观看，达达并没有在意动画角色说的是汉语还是英语，看得津津有味，还经常反复播放。看得时间长了，熟悉了片中小动物的对话，常常跟着动画片里的小动物一起用英语说话、唱歌。记得动画片看了 2 个半月的时候，4 张碟片已经反复看了五六遍，动画片里角色的基本对话都会说了。

四五岁孩子的思维特点是具体形象性思维：记忆特点是形象记忆和机械记忆；注意的特点是以无意注意为主，有意注意开始发展。看动画片学习英语时，动画片是活动的画面，能够吸引孩子的注意力；动画片色彩鲜艳，通过具体、直观的形象呈现在孩子眼前，视觉冲击力强，适合这个年龄段孩子的思维特点，便于理解、容易记忆。既满足了孩子喜欢看动画片的愿望，又学习了标准的英语口语，父母也省去了陪孩子去学习班的时间和学费，可谓一举多得。这种学习方式，我作为培养孩子英语兴趣的入门方法推荐给幼儿园里的很多家长，大家试过都觉得有效、可行。

小学四年级的时候，学校开设了英语课，达达开始正式系统地学习英语，那时他已经有了一定的英语基础。每个学期的英语教材配有两盘录音磁带，孩子天天上学，几乎找不到大段时间听磁带，试了几种方法后，感觉每天达达洗漱完毕、上床睡觉的时间听磁带效果最好！我们克服了种种困难，每天坚持听磁带，全家外出旅游时，就带上复读机听，一直听了4年，听到达达初中一年级。

每天晚上，达达躺在床上、熄灯准备睡觉的时候，打开复读机播放一盘磁带。达达每天晚上都是伴着轻声的英语磁带入睡的，一盘磁带大约是30分钟，磁带播放完成后会自动弹起，机器停止工作，不用父母再到孩子房间去关闭复读机，不会打扰到孩子睡觉。

一学期有两盘磁带，学校正在教授第一盘磁带的内容，在家里我们也先听第一盘。刚开始听的时候，磁带里好多课文的生词听不懂，就翻开英语教科书预习，做到简单了解。我对达达说："听英语磁带时，不要有负担。可以听、可以想自己的事情，也可以什么都不想，把英语磁带的声音当作音乐背景，陪伴你睡觉就行了！"一般情况下，达达听到十几分钟就睡着了。

达达听了40多天后，就能够理解并背出磁带里所有的对话了。

看到听磁带的效果很好，紧接着听第二盘磁带。由于学校里还没有学到第二盘磁带的内容，磁带里的个别单词不会，我们和达达一起对照教科书听磁带，让达达提前学习了一遍，告诉孩子再有听不懂的地方，白天多看看书弄懂。

达达从 4 岁半开始接触英语，有了一定的英语基础，现在学校教授的英语课程已经满足不了孩子学习的需要了。我们和孩子商量帮他找了一套当时比较流行的少儿英语教学视频 + 教学磁带，平常有时间就在家里的电脑上看一集教学视频，学会以后再看下一集。遇到没看懂的地方，就多看两遍，直到看懂为止。晚上，熄灯睡觉的时候，还是用复读机播放一盘磁带，半小时的轻声英语就像背景音乐一样，天天陪伴达达入睡。

用这种方法学习英语，达达一直学到新概念英语的第二册。上初中后，达达的英语学习一直比较顺利，口语对话的发音比较标准，在后续的英语学习中也保持比较高的水平。

记忆的黄金时段

晚上睡觉前、早晨醒来后这两段时间是记忆的黄金时段，一定要充分利用好。睡前的这段时间，由于不会受到后摄抑制（后摄入大脑的内容会干扰、抑制先前摄入的信息）的影响，认识、记忆的材料容易储存，会转入长期记忆。

刚入睡的时候，大脑的活动并没有完全停止，大脑会对接受的信息进行归纳、整理、编码、储存。平时很少调用的区域也开始活跃，会延续处理这些信息。而这时人处于睡眠状态，大脑不用接收其他外来信息。所以，大脑对这个信息的吸收、理解、处理的能力较其他时间更加充分，记忆效果更好。

早晨醒来后，由于不会受到前摄抑制（先摄入大脑的内容会对后来的信息产生干扰，容易遗忘）的影响，记忆新内容或复习学过的内容，更容易识记。所以，想要背下来的知识内容尽量在睡前、醒后这两段时间来背。

达达听英语选择在睡觉前，也是基于这个原理。达达现在回忆学习英语的经历时说："我小时候天天在睡觉的时候听英语磁带，英语单词记得特别牢。听着听着睡着了，渐渐就听不见磁带的声音了。"在我的印象里，达达几乎没有特意去背英语单词，单词大多是听会的。

小浩是我在幼儿园的学生，他和达达是一个班级的同学，小浩的妈妈经常和我探讨孩子教育的问题。我向小浩妈妈推荐睡前听英语的方法，实测后她跟我反馈说："小浩睡觉前听着磁带入睡，每天送他上学的车上也听一会儿磁带。他的听力提高了，偶尔用英语口语跟我说话，发音还很标准，一时间我还反应不过来，要他重复再说一次，我才能听得懂！"

睡前听英语的方法，经过我的推荐在周围很多孩子的身上实践过，实测有效！但是关键是持之以恒。

6 | 什么时候开始学钢琴比较好

学钢琴是一项艰巨而漫长的工程

孩子学钢琴是一项艰巨而漫长的工程，需要孩子和父母共同努力，克服困难、坚持不懈地每天练习，才能结出果实。

幼儿园教师在读师范的时候，都学过钢琴，可以胜任钢琴陪练。所以，同事家的孩子都在学习钢琴。我的同事在家里都充当着固定陪练的角色，她们每天都会抽出一定的时间和精力来陪伴、辅导自己的孩子练琴。

平时看起来和蔼可亲的小单，说自己陪孩子练琴时，就是一个随时都能爆发的火山！女儿从 4 岁开始学钢琴，孩子贪玩、不爱弹琴，每次练琴，小单都是连哄带骗地把女儿按到琴凳上。

带孩子去上钢琴课时，小单听得比孩子更认真，回家后再教给孩子。

陪孩子练琴时，小单手里拿着一根筷子，如果孩子弹错了音，小单就拿着筷子，敲打孩子的手，提醒孩子：手指抬高、注意手型！不行，重来，再来一遍！提醒你多少遍了！……

每次陪练，孩子都要哭上两三回，小单也很生气，辅导孩子练琴时，经常大声训斥孩子。

一晃几年过去了，孩子的琴技慢慢上升，可是学校的学习成绩一直上不去。孩子的时间、精力有限，晚上又不能睡得太晚，每天放学后要练一会儿琴，就耽误了学习课本知识的时间。小单觉得学校里的课业负担越来越重，孩子又要弹琴，真的好辛苦呀！可是，现在孩子已经适应了学琴的生活，钢琴弹得有些起色，又不想半途而废，只能渐渐放慢一些学琴的进度。

孩子学钢琴是一件漫长、耗时、费钱、牵扯精力的苦差事，父母要根据孩子的兴趣爱好谨慎选择。

学钢琴的年龄

弹钢琴时，需要 10 个手指、眼睛、大脑协调配合，共同作用，才能弹奏出准确无误的音符。因此，弹钢琴对锻炼左右手的灵活性、促进孩子听觉、视觉、记忆、思维的发展以及培养孩子坚强的意志品格，有积极的推动作用。

幼儿园阶段的家长已经意识到，弹钢琴对孩子有好处。经常有家长问我：孩子多大年龄开始学钢琴比较合适？

世界上许多著名的音乐家、钢琴家都是从小学习钢琴的：莫扎特 3 岁学琴，贝多芬 4 岁学琴，肖邦 6 岁学琴，我国青年钢琴家郎朗也是从 3 岁开始学习钢琴。

父母都认为"童子功"很重要，幼儿园时期，孩子们对很多事情充满好奇心和探索的愿望，是培养孩子兴趣爱好的最佳时机。这个时段，孩子还没有上学，没有学业负担的牵绊，每天自由支配的时间很多。因此，很多孩子学钢琴是从幼儿园年龄段开始起步的。

心理学研究表明，4 至 5 岁是音乐认知发展的敏感期。随着大脑发育的不断完善，孩子在注意力、理解能力、自控能力等方面都具备了学习钢琴的可能性。从生理角度考虑，生长发育先由大肌肉开始，再到小肌肉的细腻动作，弹钢琴需要的是小肌肉动作的灵活性。至 5 岁以后，孩子手、眼、脑的协调性加强，为学习钢琴提供了良好的生理条件。在教钢琴的教学实践中也发现，年龄稍大的孩子接受能力、自觉性、主动性比较强，学习进度较快。

一般的经验是，女孩在 4 至 5 周岁，男孩在 5 至 6 周岁就可以考虑开始学钢琴了。不过，因为每个孩子发育、发展的进度不同，存在着很大的个体差异。在孩子准备学习钢琴之前，父母还要结合自己孩子的具体情况，向教钢琴的教师咨询，帮助孩子做专业判断。

我的朋友有两个女儿，大女儿从 5 岁开始学钢琴，当时孩子的手指力量不够，父母在孩子练琴的过程中反复提醒，也没有作用，养成坏的手形。几年过去了，至今都还没有完全改正。朋友的小女儿手指比较粗，手指的力量发展得很好，4 岁就开始学习弹钢琴，比同期的姐姐的手形好，学得也快。同是一个家庭的姐妹，身心发育的进度都不同。所以，孩子从什么时候开始学钢琴，要看自己孩子的具体情况来定。

对琴童父母的忠告

孩子是否能够持之以恒地练琴，能否爱上弹钢琴，很大程度上取决于学琴的第一位音乐老师。为孩子选择一位有水平、有耐心、懂孩子的入门阶段的钢琴启蒙老师，就等于带领孩子跨进了成功的大门，能让孩子在学钢琴的路上少走弯路。

孩子弹得不好时，更需要父母的鼓励和支持。孩子年龄小，自控能力差，遇到困难挫折时，父母不要厉声呵斥孩子，破坏了孩子的情绪，要学会尊重孩子、允许孩子慢慢成长进步。

练琴是重复性的活动，常常伴随着单调、枯燥。所以，孩子练琴时，父母需要做认真的听众，对孩子每一点进步都及时夸奖，多表扬、多鼓励、少批评。在欣赏的基础上，适时指出存在的不足和错误。始终呵护孩子的学习兴趣，因为兴趣是最好的老师，兴趣是孩子自主学习的原动力！

7 | 充足睡眠是高效学习的保障

保障充足睡眠，提高学习效率

达达小学时，每天晚上 8 点半必须上床睡觉；上初中后，9 点就躺下开始睡觉了；上高中后，由于晚上 9 点半放学，回家已经是 10 点了，再吃点水果，写一会儿作业，然后洗漱，基本上 11 点半才能睡觉。我们都非常心疼孩子，怕他睡眠不足第二天上课会没有精神，影响注意力集中，学习效果不好。

孩子从上高中开始就是这样的学习强度，我们只能每天晚上催他睡觉，早晨晚一点叫醒，尽量延长孩子的睡眠时间。高中阶段，孩子每天学习时间太长了，家长非常心疼可也是爱莫能助，我们承担了许多本该由孩子自己来做的生活自理方面的事情，比如帮他洗衣、整理房间等，只有到了假期，孩子有时间了，这些事情才又由他自己来做。

达达没有参加课外补习班，所以他的时间会比同学多一些，周六、周日，我们会让孩子睡到自然醒，好好补补觉，缓解、放松一下。

保障充足的睡眠，对于正处在成长发育期的孩子来说尤为重要，睡眠不仅有利于体力和脑力的恢复，使孩子有更多精力进行学习，合理充足的睡眠还能够让孩子长高身体。

合理的睡眠时间

睡眠时间会随年龄变化有所不同，一般认为每日需要睡眠的时间是：新生儿一天要睡眠 18 至 22 小时；婴儿需要 14 小时左右；学龄前儿童需要 10 至 12 个小时；小学生需要 9 到 10 个小时；中学生需要 8 至 9 个小时；大学生与成人一样需要 8 个小时的睡眠时间。人的有效睡眠时间存在着很大的个体差异，但每天最少保证 6 个小时以上的睡眠时间是必需的，如夜间因早醒或失眠造成睡眠不足，可以利用中午时间午睡一会儿来弥补一下，这样也可以让大脑清醒。

据中国青少年研究中心少儿所对 10 个城市 5000 多名中小学生进行的调查显示，超过十分之一的小学生和三分之一的中学生正在遭受睡眠不足的隐性伤害。根据新华社记者的调查，睡眠不足已经成为各地多数小学生的"通病"。

大部分孩子睡眠不足的主要原因有"作业太多""上学路远""上课外提高班"等。现在孩子课业负担过重，可以自由自主支配的时间少。每天不仅要完成学校老师留的作业，还要用大量时间去上各种各样的课外辅导班，要完成辅导班老师布置的作业，多重作业叠加，导致了孩子每天疲于应付。学校里忙着减负，家长忙着加码，孩子压力大，时间不够用，只有减少睡眠时间，因此睡眠不足已经成为在校学生的普遍现象。

睡眠不足的危害

近年来，学生近视眼发生率居高不下，与孩子睡眠时间不足有一定的相关性，每天睡眠时间大于 10 小时的学生发生视力不良的情况，要少于每天睡眠不足 6 小时的学生。

现在，学校里的小胖墩儿越来越多。除去营养过剩、缺乏锻炼等因素外，与孩子每天睡眠不足也有关系。睡眠不足的孩子，比睡眠充足孩子发生肥胖的概率高。

睡眠不足影响生长发育已经被科学研究证实。研究表明，神经系统的细胞修复、生长所需要的养分，主要是在睡眠状态下进行输入和吸收的，充足的睡眠对大脑的发育以及功能的正常运作起着至关重要的作用。处于成长期的孩子，每天保证充足的睡眠就会长高个儿。成年人睡眠充足也会保持身体年轻、健康，更加有活力。

我一位朋友的儿子，高中时学习成绩中等，到了高三临近高考了，父母和孩子都很着急，希望能在最后一年把成绩提上去。父母对孩子的要求比较高，孩子自己也想多学一点，从上高三起，每天晚上学习到后半夜，一点才睡觉，早晨五点半就起床开始学习，结果白天上课昏昏沉沉听不进去，课间时间实在困得不行就趴在课桌上眯一会儿，缓解不断袭来的阵阵困意。整个高三过得都很痛苦，学习成绩不但没有提升反而下降了，最后高考时也没有考出满意的成绩，父母希望孩子能够再补习一年，来年再考，孩子不愿意再经历这样痛苦的折磨，放弃了复读的机会。最为遗憾的是自从上高中开始熬夜之后，就再也没长过个儿，到现在身高还是没有高过父母。

睡眠质量对记忆力也有着重大的影响。人的睡眠不仅仅是休息和驱除疲劳，对于大脑储存新信息也发挥着很大的作用。因为人躺在床上时能有效地改变脑的血流量，促进血液循环，脑细胞能够获得充足的营养。那些睡眠不足的孩子，由于脑细胞得不到充分的休息缺乏足够的营养，大脑就会有反应——头昏、脑涨、心烦、提不起精神、注意力不集中，不能正常的工作和学习。常常觉得精神萎靡、昏昏沉沉、脾气暴躁、食欲降低，对什么都不感兴趣。如果一个人的睡眠不足，学习时就很难集中注意力，学什么都感觉学不进去，学习效率明显下降，可想而知学习成绩也不可能理想。

保证孩子有足够的睡眠时间，孩子才能精力充沛，在学习时注意力集中、思维敏捷。所以，要想孩子聪明、成绩好，养成良好的睡眠习惯，保证足够的睡眠时间是很有必要的。

家长都希望孩子能够每天睡个好觉，但是要真的做到，确实很不容易，特别是正在上初中、高中的孩子，学习任务重，非常辛苦。父母和孩子要学会适当取舍，尽量早一点睡觉，适当延长睡眠时间。

另外，父母给孩子创造一个舒适的睡眠环境也是必不可少的，睡觉用的被褥床单要勤洗、勤晒、勤换，卧室应当安静、整洁，室内禁止吸烟，保持空气清新，光线柔和，避免强光直接照射，孩子不宜睡软的沙发床，宜睡硬板床。

8 | 初中入学前的实验游戏

达达小学毕业的那年暑假，比较漫长。孩子马上就要上中学了，即将升入的中学对孩子来说是完全陌生和新鲜的，老师教法不同，又增加了许多新课程，如何让孩子对物理、化学这些新增科目感兴趣，轻松学习呢？

小实验——体验式的"玩中学"

达达爸爸参照初中的教科书买来了万用表、电线、电阻、小灯泡、小电机等物理实验用具；酒精灯、试管、量杯、高锰酸钾、镊子、小苏打、碘酒等化学实验材料。

周末和下班以后，爸爸和达达一起把物理、化学书中便于操作的实验做了不止一遍。小实验是达达从来没有玩过的"游戏"，达达大声地说："上初中太好玩了，原来还可以这样玩！"做小实验，让达达兴奋了好多天。

实验中，他们一边动手操作，一边观察实验现象，一边讨论实验原理。为了做好实验，达达把教科书中的相关章节仔细地看了又看，在轻松愉快的"玩"的过程中，对新课程产生了浓厚的兴趣。

在这个漫长的暑假中，达达的同学们都去补习班学习初中的新课程，达达在爸爸的陪伴下尝试、创新实验内容。达达经常向爸爸讲述实验体会，讨论自己的新发现。遇到不懂的问题，主动查找资料、寻根溯源。

一个暑假过去了，达达对初中阶段物理、化学教科书中的知识点，已经有了简单了解。最重要的是在这个过程中，达达对新学科产生了强烈兴趣。初中阶段，达达的物理、化学成绩一直很好，学得也很轻松。

爸爸在家庭教育中的重要作用

爸爸在培育孩子的过程中，起到至关重要的作用，爸爸的爱护、关心、教导和陪伴是家庭教育的主导力量。现在，家庭分工明确，一般是"男主外，女主内"，好多家庭里，爸爸只负责在外面挣钱养家，把养育孩子的重任交到妈妈的手上。每到中考、高考时，考场外面都聚集着许多家长，大部分是妈妈陪同孩子来考试；平时带着孩子去兴趣班、补习班的大多是妈妈；在家里带孩子的任务也大多是由妈妈来完成。绝大多数家庭中，妈妈是家庭教育的主角，爸爸充当配角或是干脆缺位，什么都不管。

家庭教育中爸爸的参与能弥补妈妈教育的不足，可以汇集父母的教育智慧。张弛有度，起到互补的重要作用，爸爸的教育角色是不可替代的！爸爸带出来的孩子，往往更加大胆、果断、自信、豪爽、独立。爸爸是孩子心目中的"超人"，是妈妈的养育所不能取代的。所以，爸爸一定多留一些时间陪伴孩子的成长。

爸爸带达达做小实验的目的，是培养他对进入初中即将学习的物理、化学科目的兴趣。兴趣是一种带有感情色彩的认知倾向，是探求知识的重要心理动机，是学生主动学习的动力。初中阶段，学生对某一门学科的兴趣爱好直接影响他的学习成绩。所以，引导孩子对各门学科的广泛兴趣，是提高孩子学习能力、取得良好学习效果的关键！

直观形象的实验对学习的促进作用

直观形象、变幻莫测的实验能满足孩子好奇、探索的欲望，吸引孩子的注意，提高动手操作能力，引发学习兴趣。实验还可以调动看、听、嗅、触摸等多种感官参与学习，加深印象、记忆深刻，收到良好的学习效果。

我到现在还记得，初中时，我们学校里的生物老师是刚大学毕业分来的哈老师，哈老师朝气蓬勃，工作热情很高，带着我们去小河里捉青蛙，回到学校做实验；买来兔子做解剖。解剖兔子时，把白色的兔子固定在实验台上，哈老师手戴橡胶手套给兔子备皮，手术刀轻轻划开兔子肚皮的一幕，就像发生在昨天一样，清晰地印刻在我的头脑里！实验的印象太深刻了，40多年过去了，不用复习，一直记得。

物理、化学对于孩子来讲是一门新学科。但是，它们与日常生活有着广泛而密切的联系，我们身边存在许多物理、化学现象。学好了相关知识，就能运用所学知识解决实际问题。达达做过小实验后知道：

淀粉遇到碘酒变成蓝色，他就在家里找来各种食物，想知道什么食物里含有淀粉。他在本子上认真地做了记录，大米饭、土豆、红薯、馒头等食物都含有淀粉，滴上碘酒后很快就变成蓝色；油菜、角瓜、洋葱、西红柿等食物中不含有淀粉，滴上碘酒后没有变色。

达达进入初中后，他经常津津有味地给我们讲述在学校里老师又带着他们做了什么实验。丰富多彩的实验课给达达留下了深刻的印象，他还把有些实验"搬"回家，像一个小老师一样拉着爸爸再做一遍。这样做，既巩固了所学知识，又锻炼了动手操作能力。

在家里，达达能用物理、化学知识给姥姥讲解生活中常见的现象。他很自豪，觉得自己长大了，体会到学习这些学科非常有用。

孩子多动手做实验，能开发科学潜能。很多科学原理都可以通过实验清晰明了地演示出来。达达在实验"游戏"中发现，学习是这么简单，既玩得高兴又学得开心！

> 值得注意的是，有一些孩子在没有完全了解实验原理，又没有在老师或家长指导、陪同下做实验，会有安全隐患！所以，在家里做小实验一定要注意安全！必须在父母的陪同和指导下进行，避免发生安全事故。

9 | 考得不好怎么办

去年过年的时候，几家人聚在一起非常热闹，堂弟、堂妹家的孩子都读初中一年级，好久不见，大家聊得很高兴。看着孩子们，大人的话题一下就转到期末考试的成绩上来。堂妹的女儿平时学习成绩很好，还是班里的数学课代表，期末数学考了 100 分，总分在学校排名是第三。堂弟家的儿子这次期末考试数学考了 79 分，总分在学校排名是三百多名。大人们毫无顾忌地把孩子的分数给报了出来，堂弟两夫妻还说自己的儿子"不如小姐姐，不争气！"。玩得正开心的男孩子当时就不高兴了，跟爸爸妈妈吵着要回家，大家怎么劝说也没用，大过年的，闹得不欢而散！

达达上小学期间，考试成绩也是起起落落、忽高忽低。考试成绩出来后，考得好了，放学一出校门，通过他的表情和肢体动作就能看得出来，兴高采烈、蹦蹦跳跳；考得不理想，放学出来时，小嘴噘得老高，疲惫无力地慢慢走出来。看到孩子不高兴，我的心里就已经明白了，不需要再去问他的成绩了。其实，孩子现在需要的是安慰。

　　回到家里，达达看到我们没有问他的考试成绩，自己就憋不住，会主动告诉我们考试的事情，我们一般是安静地听他说。达达说："每个学生考砸了以后，自己都很伤心。可是咱班老师还要批评，回家爸爸妈妈再骂一顿，那就太倒霉了。"孩子没有考好，自己一定特别自责，这时再受到来自老师、同学、家长的压力，心理压力会加剧。心理压力过于沉重，对孩子改进学习方法、提高学习成绩，不但没有帮助反而是不利的。

面对考砸了的孩子，父母需要的心态

　　很多家长在询问孩子成绩时，都会习惯性地把自己孩子与别的孩子做比较："你们班某某得了多少分，你怎么考这么差！"殊不知，这样不经意的比较，会令本来就愧疚难当的孩子更加心情压抑，极大地伤害了孩子的自尊心。

　　有些父母望子成才，用心良苦，眼睛紧紧盯着每一次考试成绩，这样做会带来许多不良的后果。父母过于看重分数，导致孩子考前焦虑严重、惧怕考试，担心考不好，越害怕越容易出错，考试时可能发挥失常。另外，父母经常拿自己孩子与班里其他孩子比较，会培育出孩子的嫉妒心理，形成不良心理定式，不能与人友好、顺畅地交往。在将来的工作、生活中由于嫉妒心作怪，很难交到知心朋友，常常被同伴孤立。父母对孩子的成绩期望过高，对学习成绩好或差的学生，都会造成精神负担，诱发心理障碍。

　　爸爸妈妈是孩子的坚强后盾，是孩子遇到困难、挫折时温暖的避

风港。孩子没有考好，父母更应该敞开宽广的怀抱，给孩子一些安慰。千万不要看到成绩不理想，马上火冒三丈，用恶毒的语言斥责孩子，甚至动手打孩子，导致孩子失去自信、失去学习兴趣和热情。这样的结果是，孩子与父母的关系紧张，拉远了与父母之间的心理距离，以后遇到考得不好的时候可能会撒谎，不让父母知道真实成绩。骂孩子、打孩子这些简单粗暴的行为，是父母缺乏教育方法的无能表现。

一些家长给我打电话咨询孩子学习问题，有几位都提到孩子考试成绩不好或学习特别磨蹭，自己实在生气，一时控制不住情绪，为了解气打骂了孩子。过了一会儿气消了，又特别后悔自己冲动的行为，悄悄地查看有没有打坏孩子，心疼得不得了！我给家长的统一回复是："以后再也不要做让自己后悔的事情！"

帮助孩子找出成绩欠佳的原因

美国教育家斯宾塞曾经说过："身为父母，千万不能太看重孩子的考试分数，而应该注重孩子思维能力、学习方法的培养，尽量留住孩子最宝贵的兴趣与好奇心。绝对不能用考试分数去判断一个孩子的优劣，更不能让孩子有以此为荣辱的意识。"考试只是检验孩子学习情况的一种手段，但是，它不是衡量孩子的唯一标准。父母应该关心孩子的分数，更应该关注孩子的学习方法。

首先，要明确爸爸妈妈和孩子是相互协作的关系，是"一伙的"，不是对立的敌人。父母需要经常找出孩子身上的闪光点，及时给予赞赏和鼓励，使孩子有信心，相信自己能做得更好。

其次，让孩子正视自己存在的不足，耐心倾听孩子的诉求，和孩子一起查找原因。孩子成绩不理想的原因有很多，其中没有养成良好的学习习惯是最主要的因素。比如：

拖延症，不能按时写作业、复习功课；

听课时，注意力不集中；不爱发言，不能与老师形成良好互动，老师课堂上讲的内容就不能及时理解、消化；

下课后，不懂的地方不敢请教老师，学习上有欠账，欠账越累积越多；

没有按时完成作业，没有按老师的节奏及时复习功课；

考前复习不到位，心里没有把握，考试时不够仔细，等等，考试成绩自然就下来了。

充分利用"错题本"

成绩欠佳的原因找到了，提高成绩就指日可待了。爸爸妈妈要教给孩子具体的学习方法。错题本就是一个解决成绩差的好方法。达达上学的时候，各科都有错题本，这样可以分门别类地归纳错题，复习的时候很快就能找出容易错的知识点，提高了学习效率。平时有时间就拿出来看一看，考试前再拿出来看一遍，考试的时候就不会再错了，是考试的好帮手。我向很多家长推荐"错题本"这种方法，用过以后，孩子的成绩都有不同程度的提高。

10 | 成绩优秀的秘诀：提高听课效率

现在回过头去总结，达达上学时成绩比较好的最关键原因就是：上课时，注意力集中，课上老师教授的知识点能够及时消化、吸收，学习效率高。不用花大把的钱和时间去课外补习班学习，也不用回家耗费大量的时间复习，可以省下很多时间做自己喜欢的事情，拓展知识面。在学校里，听课质量高，是最划算的事，既省时、省力，又为父母省下不少的花销。

学生在学校学习期间，课堂时间占了很大一部分。因此听课的效率如何，直接决定着学习成绩的优劣。

上课时的听课质量受到许多因素的影响。例如，教师的授课技巧是否能够吸引学生；学生对这门课程的兴趣；学生此时的身体状况，等等。其实，最重要的是学生的注意力是否集中在老师那里，能否跟上教学节奏，主动提问和回答问题，与老师形成良好的互动。

每天早晨，父母送孩子走进校门，都要叮嘱一句："上课注意听讲！"那么，孩子要怎么做才算"注意听讲"呢？

上课要抬头看着老师的眼睛

认真听讲的首要任务就是眼睛"看老师"。有的学生上课时喜欢把视线集中在书本上，这时看教科书很容易分散注意力，听不到老师讲课。要用眼睛看着老师，当学生的目光与老师的眼神交会时，会有一种紧迫感，有一种老师用手拉着你的感觉，牵引着你的思路一步步顺畅地完成一节课。所以，上课时，尽量用眼睛看着老师，集中注意力听老师讲话，那样才能仔仔细细地听清老师讲的每一句话。

我做教师 30 多年，我上课时的体会是：我一边讲课，一边用眼睛扫视孩子们，观察他们的反应，看看孩子们是否听懂了，然后决定我是再详细地讲解一遍，还是接着讲下一部分。

那些眼睛紧紧跟随我的孩子，透过他们的眼神和面部表情，我马上就能感受到谁学会了：看着我的眼睛，嘴角露出微笑的孩子，说明已经听懂了；看着我的眼睛，身体跃跃欲试的孩子，是想发言；微微低头，眼神躲闪的孩子，说明还没有学会，怕老师提问他。

课堂上，大部分眼睛没有看我的孩子，根本没有听到我的讲话。记住，不要低头看书，要抬头看着老师的眼睛。

积极回答老师的提问

上课积极回答老师的提问也是有效集中注意力、高效吸收知识的有效途径。

达达小时候，好动、淘气。小学三年级的一天，我去接他放学，远远地看见他低着头，慢吞吞地往外走。看样子，今天遇到了不愉快的事情。我故意高兴地问他："达达，今天有什么有趣的事啊？"达达说："妈妈，今天我的格尺和彩笔被刘老师没收了，刘老师还批评我了。"

我问他："那，你一定是有哪里做得不好吧！"

达达想了想说："今天上午，上刘老师的数学课。我都会了。我就用格尺和彩笔做了一架小飞机，本来老师没看见，我在书桌下面玩的，小慧告老师了。都怪小慧！（小慧同学是达达的同桌）刘老师生气了，就把我的小飞机没收了。"

我说："你上课的时候玩小飞机，不但自己没有听课，还影响了小慧学习，是你的不对，不能怪小慧。我记得，有一次你橡皮丢了，是小慧借给你的，你忘了？小慧是你的好朋友，她这样做是想帮助你。"

看看达达的神情，好像不那么低落了，我又说："老师每天辛辛苦苦地早早来到学校、准备上课材料，全天看着你们，给你们上课，晚上还要判作业，多累呀！老师就像妈妈一样，希望你们能认认真真地听课，把课上老师讲的知识都听懂、学会。你上课不好好听课，刘老师能不生气吗？"

达达听了我的话，脸上的表情由阴转晴了。一路上我们高高兴兴地聊起了学校里发生的有趣的事情。

针对达达的情况，我告诉达达，上课时，眼睛看着老师，就像老师在对着你一个人讲课一样。认真听，随时准备回答老师提出的问题。我还给达达出了一个好主意：我提议让达达争取每节课回答老师一个问题，用这个办法解决他上课注意力不集中的问题。开始的一段时间，我常常问他：今天你回答什么问题了？后来放学回家后总能听到他津津有味地讲：今天我问了老师 ××× 问题，老师是怎么解答的，同学们讨论了什么等有趣的课堂新闻。从此达达上课变得专注，学习成绩开始提升。

上课要专心听讲，才能向老师提出问题，积极回答老师的提问。看似简单的提出问题和回答问题，不仅要求学生要集中注意力，认真仔细地听清老师的讲课思路，还能够锻炼学生主动接受和吸取知识的能力，把被动的听课变成了一种积极、互动的活动，有利于提高课堂学习的积极性和语言表达能力，是高效学习的最有效方法。

另外，听讲要抓住重点。老师在刚上课时候讲的话往往是对上节课的总结或对本节课提出的要求，有承上启下的作用；紧接着是在教授新课部分，非常重要；即将下课时，老师讲的内容是对本节课的总结，或提出课后复习和新课预习的要求，依然非常重要。学生一定要仔细认真地听老师的这些讲话，只有会听课，作业、复习才有了重点，也就学到了点子上。

孩子会听课，才能收获高效的学习成果。

11 | 跟上学习节奏，不留欠账

各科学习紧跟老师的教学节奏，理解学过的知识，及时巩固复习，学习上没有死角、不留欠账。这几点说起来容易，做起来非常、非常困难。不过，真正的学霸已经做到了！

优秀的孩子不是一个人"孤军奋战"

学习好的孩子，并不是一个人在战斗，是父母家人和孩子合力奋战的结果。父母要时时关注孩子的学习情况，了解学习进程，掌握孩子学习中哪些知识点会了，哪些还存在问题，把问题找出来，一一攻破，循环复习。

在学习上能够一直全面领先的孩子，自然还有一个共同的特点，就是兴趣广泛，大量课外阅读。他们涉及的知识面，早已经远远超过学校学科设置的范围，遥遥领先了！

我从事教育工作多年，接触了许多的家长及他们的孩子，越来越深切地感受到父母是孩子的榜样，孩子是父母的镜子。什么样的父母，就会教育出什么样的孩子。来到幼儿园的孩子各有特点，从他们的一言一行中，就能反映出孩子背后的家庭教育是什么样子。

孩子在家庭的教育环境中长大，父母才是一直培养、教育、陪伴孩子时间最长的"引路人"。一个优秀的孩子，他成长的环境一定是充满爱、尊重、自由，书籍环绕，父母和谐互敬，有一个相亲相爱、民主温馨的家。与之相反，令人头疼的"个别"孩子，他生活的家庭中，也一定存在使他成长为"个别"孩子的因素，诸如家庭暴力、不民主、缺少爱的呵护或溺爱等问题。

学习成绩有差异的原因，大体可分为几种

优异的学习成绩离不开勤奋和努力。但是，也有很多孩子学习起来特别认真，恨不得舍弃娱乐、玩耍的时间，把全部精力都用在学习上。他们虽然花费了很多时间，却总是不见成效，学习成绩上不来。

一种是每个人在智力方面存在的个体差异。例如，有的孩子具有敏锐的观察能力；有的孩子具有缜密的思维能力；有的孩子注意力集中时间长；有的孩子记忆力超强，等等。某些能力欠缺的孩子，会导致学习成绩差。

一种是因为孩子对某些学科没有兴趣。有些孩子的学习成绩差，是因为他们觉得这门功课"没意思""不好玩"。孩子的兴趣指向不同，表现出每个人擅长的科目也不同。孩子不喜欢的科目，就学得不好，成绩不理想。学校里"偏科"的学生有很多，有的时候，孩子不喜欢某位任课老师，对任课老师有抵触情绪，专门和老师对着干，那也不

可能学好这门功课。

孩子对某一门科目有兴趣，会自己主动学习，倾注更多时间，这一门的成绩就突出。例如有的孩子，钢琴弹得特别好，他弹钢琴可以拿大奖，可是综合学习成绩就是在班里垫底。每到学校有大型活动，总是他展示才华的时候，是全校的老师和同学追捧的"明星"。对这样的孩子，首先要肯定他的成绩："你钢琴弹得这么好，说明你很聪明也很勤奋，如果别的科目也能像弹钢琴一样勤奋努力，一定会成功的！"使他能够有足够的自信心，鼓足勇气去学习。

一种是学习方法。每个孩子都是不同颜色的花朵，他们的兴趣爱好、性格特点、智力水平、知识储备各有不同，学习方法也不可能有统一的模式可循，父母可以经常与老师互通孩子在学校和家里的情况，有针对性地制定适合自己孩子的学习方法。

掌握孩子的学习进度，了解孩子学习的基本情况。发现哪里不会及时解决，尽量不留欠账，不要让孩子带着问题过夜。因为，知识是环环相扣，有连续性的。有一处不会，这一环就会断开，知识链连接不上，会造成基础知识不牢固。再上课的时候，就听不懂老师讲的是什么了。

成绩不好的孩子，并不是原来就"笨"。养成良好的学习习惯，能够跟着老师的教学进度，弄懂当天的学习内容、适当复习，就能一直保持很好的学习成绩；如果学习中遇到一个不会的知识点，懒得弄清楚，怀着侥幸心理蒙混过关，欠账会越积越多，逐渐跟不上教学进度，老师上课讲的内容也听不懂了，会感觉上课无聊、没意思，学习成绩越来越差，与好学生的距离也越拉越大。

欠账太多的学生想补课、赶超好学生，就要付出更多的时间、精力、金钱。孩子的时间和精力被大量消耗，就没有时间去做喜欢的事情，提升能力的课外书籍也没有时间去阅读。在学习上欠账，是在做得不偿失、事倍功半的傻事。所以，我们还是紧跟老师的教学进度，学习上养成"往前赶、不拖延"的好习惯，学习不留欠账更划算！

12 │怎样审读题目，提高答题准确率

邻居家里有一个上二年级的男孩叫大博，每天见面都有礼貌地主动跟大人打招呼，总能看见他蹦蹦跳跳、乐乐呵呵地上下楼，非常可爱。

有一天，我下班走到楼下，看见大博的妈妈背着大书包跟在大博身后，一边走一边数落大博。大博也一脸不高兴的样子，使劲扭动小身子，迈着大步想把妈妈甩掉。显然，大博对妈妈说的话已经自动屏蔽了，大博没有听进去妈妈讲的话。

大博妈妈看见我，快步走过来，想让我站到她的一边，和她一起说说大博。

我蹲下来，拉着大博的手，先问大博："要放暑假了，有什么安排呀？"

大博的情绪很快就放松下来，一股脑儿地说了好几个平时特别想玩又没有时间去玩的想法。说完后，大博好像一下回到现实中来，又说："我这个期末数学没考好，妈妈让我去补习班！"

我看了大博的数学卷子，发现一些简单的计算题有错误，后面的

应用题也错了两道，数学分数低于平均分。大博的妈妈又开始数落孩子的不是："王老师，您看，这么简单的题也错了！平时我看着做题，都会呀。一到考试，也不知道想什么，题都没看仔细就急着答，答完了又不知道检查。看看！这考的分数，我都没脸见人了！"

大博妈妈在外人面前抱怨孩子，会让孩子更加不自信，伤害孩子的自尊心。对孩子改善现状没有任何帮助，是不可取的行为。

审题的重要性

孩子考试时答错题，不一定是他知识点没有掌握、不会做，大多是因为审题不仔细，没有养成良好的学习习惯。

学生在做题时的审题，就像一列火车要找准目的地，目的地确定后，火车才不会迷失方向。做题的快慢就像火车行进的速度：跑得快的火车，早一些到达终点；跑得慢的火车，晚一些到达终点，最终都能够到达目的地。但是，审题不仔细，没有领会题意的孩子，就像火车找错了目的地，不论跑得快慢，都不会到达终点，做题的过程就是在做无用功。

刚开始学习应用题时，就要培养孩子认真审题的良好习惯。

审题良好习惯的养成

小学二年级，达达刚开始看应用题时，也经常发生漏字、断句错误的情况，影响他对题意的理解。所以，读懂读通题意成为达达先要解决的问题。针对这种情况，我建议达达看题时要做到：

首先，在心里面默读两遍题目；

然后，拿着铅笔在重点字的下面轻轻画出波浪线，做出重点提示；

最后，再仔细地读一遍题目，看清题目的要求，想一想题里给出的条件之间的相互关系。

做题时，经过了以上三步的认真思考，就基本可以达到"认真审题、谨慎落笔"了。

学生在读题时的一些不良习惯，如看应用题时，只看一遍。一扫而过，还没有看清楚题目中重点字句就匆匆做出判断，是造成审题错误的重要原因。所以，学会读题是关键。

认真读题，了解题意，培养孩子反复、仔细读题的习惯。对待总答错题、成绩较差的孩子，可以先让他在爸爸妈妈面前大声把试题读出来。读题时做到不添字、不漏字，正确断句；能够大声地、正确地独立读题后，再练习正确地轻声读题；最后练习在心中默念读题，形成通过反复默读理解题意的习惯。

父母在帮助孩子讲解、改正一道错题以后，还可以让孩子扮成老师，父母扮成学生。请"小老师"再来给"学生"讲一遍这道题。通过孩子的讲解，检验孩子是否真正理解了题意，是否学会了审题，做题思路是否正确。孩子讲题的过程，可以呈现出他做题的思路，存在的问题也一目了然，便于父母找到问题，有针对性地予以解决。孩子讲题还可以提高思维的逻辑性，培养语言表达能力，提高审题能力。

问题本身具有复杂性，缺乏解题思路训练的孩子难以根据问题进行解答，这就需要加强有关解题思维方式的训练。解答应用题就像是在解答计算题时一样有步骤可循，孩子的思维就会与运算过程一样，步骤清晰、迅速准确。

能否准确理解题意，与孩子的语文基础有着直接的关系。语文基础好的孩子，能够正确领会题目中的每个字、词的含义，准确找出题目中暗含的变量关系，理清做题思路，为正确解题铺平道路。孩子的阅读、理解能力强，审题的准确率就高，成绩自然就好。所以，想让孩子会审题，加强语文学习，大量阅读也很关键。

孩子的审题能力是学习习惯、学习能力的重要组成部分，必须从小培养。有了认真细致的审题习惯，才能在面对将来无数次考试时，有的放矢地应对各种题型，做到会的题全答对。

13 | 功不可没的错题本

考试，是每个孩子在学校期间必须经历的检测。做错题、丢了分都是常有的事情。不要因为孩子做错了题，就责骂，甚至动手打孩子。父母要帮助孩子找出丢分的原因，教给孩子改进的方法。只要把错题弄会，就是满分的学生。

在达达成长的过程中，始终有个大本子放在书包里，伴随左右。是达达最常翻看的、利用率比较高的本子——错题本。

如何整理错题本

达达小学的时候，作业负担不太重，小学生们的考试成绩普遍都比较好，错题不多。所以，为了省事，直接用红色的记号笔把错题圈画出来。然后，将所有科目的错题卷子都夹在一起，做成活页错题本。经常翻看，就可以达到弄懂弄会的目的。

初中的时候，课业负担加重，沿用了卷子活页式错题本的方式。不过，初中的科目较多，我们把错题本也按照不同科目分册装订。这样方便达达归纳、整理，有针对性地复习。

达达上高中以后，作业量增加，错题量也不少，我们通过拍照、打印，分科整理的方式，提高了建立错题本的速度。

小学一、二年级的时候，达达的错题本是我们帮助整理的，三年级以后，达达学会自己整理了，之后就都是按照达达自己的想法整理错题了。

整理错题本，没有统一的标准。不论是把每次考试卷子用红笔圈画出错题，订在一起，还是整整齐齐地把错题誊写在专门的错题本上，只要孩子自己感觉用起来方便，愿意经常翻看并能真正起到避免再次犯错的目的，就是一个实用的、好的错题本。

传说中的状元笔记归纳得那么精细，誊写得那么工整、制作得那么精美，那得投入多少时间和精力啊？现在，学生是社会中最忙、最累的群体之一，应该想办法尽量简化、高效地补上知识漏洞。

错题本的功能就是查缺补漏，没有必要在整理错题本上花费大量精力，应该把主要精力用在认真上课、做作业、复习和预习上。

有的父母常常把孩子答错题称作"马虎"了，其实，"马虎"就是不会、不熟练，说明知识点还没有掌握。试想，当你真会了 1+1=2，怎么会答错呢？

考试时答错的题，发下来卷子后要尽快查找出错题的原因，弄懂弄会。然后，把错题用彩色笔圈画出来，夹到错题本中。

建立错题本的目的，是养成良好的学习习惯，学会归纳分析，抓住问题的关键，把学习中没有掌握的那些知识点找出来，复习、巩固、学会。在将来的学习和考试中不会犯相同错误，真正做到"不在同一个地方摔跤"，从而提高学习成绩。

达达小学的错题本，其实就是一本考试卷子集。但是，它却是达达最重要的复习资料。我们遵循遗忘规律（艾宾浩斯遗忘曲线：先快后慢），最初复习时间是在考试后第二天，把错题重做一下或看一遍；在考试一周后再看一遍，以后间隔时间可以加长一点，下一次考试之前看一看或做一遍，就能够形成长期记忆，这些错题基本上不会再错了。

达达上高中以后，错题本渐渐厚了起来。到高三时，时间更加宝贵，为了不在整理错题本这件事上耗费很多时间，我们替他把每次考试后的卷子和练习册中，做错的部分复印出来。然后剪下错题，将错误类型相同的归集在一起，分别粘贴到各科的错题本上。找出共同原因进行分类，采取相应的纠错补救方法。

高三阶段，随着复习的深入，学生的知识体系、思维方式逐渐完善，对之前学习的知识内容有了进一步的理解。所以，再看前面的错题本时，会发现原来做错的题，其实挺简单的，现在不会再错了。对这样的题，这时候该剔除出错题本了，没必要再浪费时间一遍一遍地看。

仔细分析错题本上的错题

错题本上整理的错题无外乎三种：第一种是特别简单的错误。明明会做，结果却做错了，稍加注意就可以避免。

第二种是题目难度中等。这种题在错题中占主要部分，需要着重整理。对待这种错题，要重点分析错误的原因，弄懂相关知识点。

第三种是难度较大的题目。可以通过看答案，倒推出来，或请老师解答，或与同学讨论等方法得出答案，以后再遇到相似题型，就能够回答出来了。

好多学生考试时的错误都是因为审题不清造成的。考试时，审题特别重要。因此在平时写作业、复习时要像考试时一样高度重视、仔细审题，辨别出审题不清的小陷阱，熟悉之后就不容易被迷惑了。

对于错过两次以上的题，要引起高度重视。必须重新学习相关的基础知识，弄懂原理、公式，真正找到知识漏洞。这样的题在下次考试前必须再仔细做一遍，达到全对，才能放过。

经常在空闲时间或准备下一次考试时，拿出错题本，认认真真地看一遍。下课的时候，也可以和同学交流经验，从别人的错误中吸取教训，得到启发。如果平时就能够解决好，到最后考试的时候自然不容易再犯错。

错题本，就是要对每一道错题都认真分析出现错误的原因，及时进行改错，预防类似错误出现，避免一错再错。

14 | 被窝里翻出的两本书

小学阶段，达达的课余时间很多。我们在节日假期和寒、暑假期带达达外出游玩，平时的时间，都由他自己安排。达达喜欢看书，我们家书架、爷爷家书架、姥爷家书架里的书，都让他翻看遍了。书架底层常年没有人看的书，像《如何饲养小动物》《怎样施肥种田》《美术鉴赏》等书，他也津津有味地翻阅。有时，还向我们介绍最新读到的有趣内容，从他的讲述中看得出来，达达真的读懂、记住了。

现在，小孩子接触的电子设备多。很多家长自己控制不住玩手机，也管不住孩子玩手机、iPad 等电子设备，患近视的孩子越来越多了，而且还有低龄化的趋势。达达班里好多小同学都戴上了眼镜。我和达达爸爸都是近视眼，非常担心达达也会近视。所以，平时很注意达达的用眼卫生。

晚上 8 点半，是达达上床睡觉的时间。每天要去睡觉的时候，达达常常不想早早上床，还想再看一会儿课外书。我们告诉他："早睡早起，明天上课才有精神！"为了休息好，第二天精力充沛，必须养成早睡早起的习惯。所以，上床睡觉的时间不能改。

有一天早上，我去叫达达起床，发现被窝里藏了两本书，一定是头一天晚上躺在床上看的。我首先肯定他爱看书是好事，爸爸妈妈都赞同他课余时间看自己喜欢的书。但是，要合理安排时间，不能因为看书耽误休息；更不能因为看书，不注意用眼卫生，把眼睛看坏了。这样，就得不偿失了。达达觉得我说的话有道理，以后就能自觉控制自己，到睡觉的时间主动去睡觉了。

现在回想，达达在学习上不费力气，成绩比较好，得益于大量的课外阅读。虽然，达达读的都是自己选的、感兴趣的书，但是，家里全部的书都是我们挑选来的。所以，达达看到的书实际上全部是经过筛选的、适合他读的书，买书是我们家最舍得投资的事情。

帮助孩子选择好的图书

好书不嫌多，可以多看。但是，课外书不要带到学校里面去，不能在课堂上看课外书。到学校学习，主要是听老师讲课，系统地学习，耽误了听课就喧宾夺主、分不清主次了。

孩子看什么书，这一点非常重要。父母以为只要孩子爱看书就是好事，不知道看了不好的书，还不如不看书。好多孩子也爱看书，可是家里没有藏书，在外面遇到什么书都看，尤其是学校里同学传阅的口袋书，内容涉及暴力、色情的小说，漫画等。孩子判断是非的能力弱、模仿能力强、容易冲动，因此看了这类书以后极易受到不良影响，做出令自己后悔的事情。所以，父母最好提前把希望孩子看的书买回家，放在孩子随手就能拿到的地方，孩子会主动翻阅的，这个方法屡试不爽。

读书兴趣的培养

有的家长跟我说："我的孩子就是不爱看书，看见带字的就头疼。"那是孩子对看书这件事没有兴趣！兴趣是最好的老师，在培养孩子阅读能力的过程中也是如此，想让孩子喜欢阅读，首先要从小培养孩子的阅读兴趣。

幼儿园里的孩子还不识字，爸爸妈妈可以买一些孩子感兴趣的书籍，书里的图案可爱、色彩鲜艳，一定会吸引孩子的注意力，让孩子主动翻阅。爸爸妈妈还可以根据孩子年龄特点准备一些故事书和科普书，给孩子讲解书中的内容，让孩子看图。买书的时候，尽量带着孩子一起去书店，让孩子感受读书的乐趣，选择自己喜欢看的书。

家庭里的读书氛围对培养孩子的阅读兴趣很重要。希望孩子爱看书，爸爸妈妈自己要做出榜样。有时间的时候，父母自己也要常常捧着书津津有味地看。孩子的模仿能力很强，受到环境潜移默化的影响，也会模仿父母的样子，渐渐喜欢上读书。

读书是一项安静的活动，我们家把这项活动延伸成了表演游戏。达达小时候，我们把达达喜欢的故事内容，分角色表演出来。由达达当导演，分配角色进行表演。演完后讨论，找出不足，再演一遍。通过表演故事，来领会故事的寓意，活跃家庭气氛，让达达更加喜欢阅读。

阅读、阅读、再阅读

有些父母认为自己的孩子课堂上学习的科目还没有学会，哪有时间看课外的"闲书"。一旦发现孩子看课外书，就如临大敌，认为那是在耽误时间，马上禁止。其实，课外阅读不仅不会影响学习，反而有利于学习。学校安排的教学内容是有限的，孩子仅仅学习课本知识是不够的。课外阅读是学校学习的有益补充，能够丰富孩子的视野，拓展知识面，有效地提高学习成绩，促进智力发展。

苏霍姆林斯基曾说过："让学生变聪明的方法，不是补课，不是增加作业量，而是阅读、阅读、再阅读。"因为大量阅读，达达感觉在学校的学习十分轻松，老师在课堂上教授的知识，常常是阅读的过程中曾经看到过的。而且，通过阅读看到的内容比教科书上写得更加全面、数据更加详细。阅读使达达涉猎文学、历史、地理、科学、政治等多方面的知识，知识面迅速扩大，对学习产生了浓厚的兴趣。

喜欢阅读的孩子，语言理解能力特别强。达达在背诵古诗文时，读两遍就能领悟其中的寓意，并不死记硬背，很快就能在理解的基础上记住古诗文，节省了学习时间，提高了学习效率。

在阅读的过程中，达达还养成了独立思考的能力。读书是写作的基础，他写作文的时候，先看题目，思考一会儿后，常常是迅速动笔、一气呵成。老师说：达达的作文立意新颖、有深度。达达的语文成绩也一直名列前茅。

"书中自有黄金屋，书中自有颜如玉。"阅读是人生的一大乐事，要从小培养孩子阅读的兴趣，让孩子喜爱阅读、享受阅读。

15 | 合理膳食，多吃鱼

"好身体，是吃出来的！"

人体的健康与饮食息息相关，合理的饮食结构是保障孩子成长发育和聪明健康的关键。

孩子正处在身体发育最旺盛的时期，每日所需的营养物质相较于成人要多，合理均衡的饮食结构对孩子健康成长尤为重要。有些父母自己不会做饭，家里的食谱总是重复几种菜式，导致孩子摄取的食物单一，营养元素不全面；有些父母为了简单省事，经常给孩子吃快餐，快餐的脂肪含量过高，结果把孩子吃成小胖墩儿；有些父母自己挑食，在菜市场买菜的时候，从来不买自己不吃的食物，孩子也没有机会接触到这种食物，时间久了，孩子也不吃这种食物了。父母还自以为孩子遗传了自己对食物的喜好，全然不觉得是自己的原因造成了这种局面。

我的一个朋友，不会做饭，她的儿子从小喜欢吃肉，没有肉就吃不下饭。孩子姥姥天天给孩子做肉吃，孩子长得胖乎乎的，挺可爱。孩子上学后，妈妈每天早晨给孩子准备的早餐总是奶油蛋糕、面包、西式点心、香肠、牛奶、煮鸡蛋、煎鸡蛋这几样，孩子越来越胖，越胖越不爱运动。总是犯困，在学校上课的时候也能睡上一觉。因为太胖，个子也没有长起来。现在，20 岁的男孩子，刚和妈妈一样高。

父母要多在食谱上下功夫：一天要吃的品类，三餐的食物搭配，烹调方法，调料的使用等，都要用心琢磨。这里，既要考虑到孩子爱吃什么，也要斟酌食物配比的合理均衡，还要多吃鱼、豆类等食品，注意多吃新鲜蔬菜和水果，不要吃太多肉、油炸食品和甜食。

多吃鱼

老人们常说：小孩子吃鱼聪明。确实，吃鱼会聪明，这是因为鱼类含有丰富的 DHA 和不饱和脂肪酸 EPA，是黄金益智元素。经常吃鱼，特别是常吃海鱼可以获得充足的 DHA。DHA 是脑细胞膜中磷脂的重要组成部分，是促进脑部发育的营养素，对于大脑神经系统的发育有促进作用，可以增强孩子的记忆力及学习能力，促进孩子智力发展。

达达七八个月时，我们就开始试着给他吃一点鱼肉泥。鱼肉是非常好的食物，肉质细嫩、鲜美，口感好、容易下咽，不像猪肉、鸡肉、牛肉，煮久了就会硬，孩子咬不动。

达达很喜欢吃鱼，我们每隔一天给他吃一次鱼，每次变换不同品种的鱼，变换不同的烹饪方法，经常变着花样吃鱼。达达小时候，我们把鱼做熟后，用饭勺刮下鱼肉泥喂给他吃。孩子大一些后，我们挑

出鱼肉，让他自己吃，怕鱼刺挑不干净，就告诉他鱼肉里有刺，吃的时候注意！达达遇到小鱼刺，都能仔细地吐出来，没有被鱼刺扎过。达达上幼儿园以后，就能自己吃鱼了。我们幼儿园每周给孩子们做两次鱼，孩子们也是自己吃鱼，因为经常吃鱼，幼儿园里的孩子们很少有被鱼刺扎到的情况。

鱼肉的蛋白质含量高于禽畜肉；鱼类产品含有大量的钙、磷、锌、碘等元素，是矿物质的优质食物来源；鱼肉里的微量元素含量也很丰富；鱼类产品含有维生素 A、维生素 D、维生素 B_1、维生素 B_2、叶酸和维生素 C 等，这些成分都是孩子成长发育所必需的营养物质。

鱼肉好吃又有营养，那么小孩子适合吃什么鱼呢？我的经验是：海水鱼！因为海水鱼的游动范围比淡水鱼广阔，海水鱼的肌肉弹性更好，所以海水鱼的味道比淡水鱼更鲜美。还有，海水鱼的鱼刺较大，几乎没有小刺，比淡水鱼好剔除鱼刺，孩子吃起来更安全。

小孩子吃鱼，还不太会自己挑鱼刺。所以鱼刺多少，是衡量是否适合孩子吃的一个重要因素。比如大黄花鱼、小黄花鱼、三文鱼、带鱼、鲈鱼、鳕鱼、鲅鱼、比目鱼、马面鱼和多宝鱼等无肌间刺的海水鱼，比较适合给孩子吃。

买鱼的时候，尽量挑选个头儿小的鱼。因为，鱼生长期越长，个头儿越大，体内所含的重金属就越多。所以，小于两斤的鱼更安全。给孩子吃的鱼，不是越贵越好，价格相对便宜实惠的鱼更适合孩子。我们经常去鱼市买小黄花鱼、鲅鱼、比目鱼、黄鱼等，这些鱼物美价廉，肉质鲜嫩，含有的 DHA 和蛋白质相对来说也比较高，既有营养又经济实惠。

我们给达达做鱼，一般采用蒸、煮、炖的方法。由于鱼本身就有盐分，因此调味不宜过重。鱼做熟要出锅时，稍稍放一点点盐调味。这样做鱼，比较安全、清淡，不仅保留了鱼原有的鲜美味道，营养价值也不会流失。

给孩子做鱼吃，最好不要采用油炸、烤、煎等方法。因为油炸对于孩子来说过于油腻，油炸鱼的肉质变得比较硬，不利于消化吸收。另外还可以将鱼肉做成鱼丸、鱼糕、鱼泥、鱼汤等各种食物，激发孩子的食欲。

适合孩子吃的海水鱼种类很多，爸爸妈妈可以经常调换做鱼的食谱，让孩子吃到不同种类的鱼，这样孩子就不会有偏食挑食的情况，也可以从不同种类的鱼肉中吸取不同的营养。

除了海水鱼以外，海生植物也是孩子喜爱的美食，比如海带、紫菜、裙带菜等一般都是安全食品。给孩子做汤的时候，可适当地放一点，味道也很鲜美。

16 | 不要书山题海，但求一题多解

现在孩子的课业负担非常非常重，每天都有很多任务需要完成。有学校老师留的作业，有课外班老师留的作业，还有家长布置的任务。周末和寒暑假还要去课外补习班学习，孩子天天忙得像个陀螺，没有时间静下心来想想自己真正的兴趣爱好是什么，没有时间做自己喜欢的事，看自己喜欢的书。

不要书山题海

大量的作业里有许多是孩子已经学会的内容，特别是期末复习阶段，老师为了复习巩固一学期的知识内容，反复做一些平时做过的试卷，孩子在会做的情况下，重复学习，反复做题。

重复学习，占用了孩子大量的时间和精力，对于已经学会了的孩子来说是没有必要的。

达达上初中的时候，作业特别多。各科老师只顾着自己教的科目，怕学生掌握不好，每天留大量的练习题，让学生回家做。达达晚上的

作业太多了，有时根本就是不可能完成的任务。

　　我们认为，只要孩子真会了，就没有必要书山题海地大量做作业。达达上初中后作业太多，为了保障孩子有充足的睡眠，我和达达爸爸有时会代替达达，把他已经会了的作业完成。我们自己还发明了一个办法来检验达达是否真会了，就是拿着卷子让达达讲讲每道题的做题思路。如果达达讲的做题思路是正确的，这道题就不用做了，直接过去。像英语这种需要一遍遍抄写的作业，我考一遍，达达都会了，就不要做了，抄写的任务由我们来完成。达达的老师非常好，没有因为我们代替他写作业而批评过他。

　　不要书山题海，不浪费时间，要有针对性地高效学习。达达每次考试的错题，我们都圈画出来，制作成"错题本"。考完试，试卷发下来后，我们马上帮助孩子分析错题的原因，查看是否有遗漏的知识点，讲解清楚，然后再把错题做一遍，做对了，就说明孩子已经会了。下次考试前，再把错题做一遍，保证完全会做了，就是真会了。

　　我们不会让孩子盲目地、书山题海地大量做题。只会有针对性地，做他掌握得不好的题型，这样才能有效地利用时间，压缩学习时间，挤出时间来做他喜欢的事情，看喜欢的课外书。

　　课外书读的多了，孩子的知识储备丰厚、学习动力强劲。选择的课外书是孩子喜欢的、有兴趣的内容，所以看得认真仔细，读得多、看得快，记忆深刻！课外知识对课内学习是推动、是补充，拓展了知识范围，达达学习成绩比去课外学习班的同学更好。

一题多解

我们不要求达达大量做题，鼓励他用多种方法解决一个难题，培养孩子多角度思考问题的好习惯。一题多解就是启发和引导孩子从不同的角度、不同的思路审视、分析同一道题中已知的数量关系，运用已经掌握的基础知识，用不同解题方法和不同的运算过程去分析、解答同一道问题的思维活动。

一题多解对学生在掌握知识和技能的熟练程度上，要求很高。如果孩子对课堂知识没有熟练掌握，那么完成作业都很难，根本谈不上一题多解。所以，用多种方法计算出一道题，是建立在课本知识扎实，能够灵活运用的基础上。孩子对基础知识掌握得越全面、越透彻，基本技能越熟练、越灵活，就越能够调动发散思维，想出更多的办法。

每次遇到一道难题，就是我们一试身手的好机会了，我们全家齐上阵，一起想办法，看看谁能做出来，看谁的解法多，还要讲一讲怎么做出来的，想想还有什么办法能解决，多想几种解题方法。练习一题多解的目的，不是单纯地解题，而是为了培养和锻炼达达的思维，引导他在解决问题时拓展思路，养成多角度周密考虑的习惯，提高解题能力，拓展他的发散思维和求异思维，增加做题的趣味性。

"真理越辩越明"，我们几个人想出不同的点子后，要一个一个地讲一讲自己不同的解题思路和解题方法。讲题不仅可以促使达达积极动脑，努力探求应用题的多种解法，培养和锻炼他的逻辑思维能力和语言表达能力，而且在讲题、讨论的过程中，还会有新的灵感火花碰撞出来，突然想出更好的办法。

　　我们互相讲题，互相争辩，看看谁的想法最简单。有时，争得面红耳赤。但是，在较短的时间内就能把多种不同解法都想出来，提高分析和解决问题的能力，有利于促进孩子思维的发展，提高创造能力。在讲题、讨论中，达达的表达能力有了进一步提高。

17 | 尊重老师、喜爱老师、崇拜老师

良好的师生关系是取得理想教育效果的基础

"亲其师，信其道。"师生关系是学校环境中最基本的人际关系，师生关系的好坏，直接影响着学习的效果。尊重老师、喜爱老师、崇拜老师的学生，愿意遵守老师提出的要求，喜欢老师所教的内容。在课堂上眼睛始终追随着老师，认真听讲，积极举手发言提问和回答问题，按时完成作业；课下敢于主动与老师沟通问题，和老师保持良好的互动关系。尊重老师、喜爱老师、崇拜老师是学好功课的先决条件。

著名教育家陶新华说："良好的师生关系是取得理想教育效果的基础。"师生关系和谐了，孩子才能爱上学习，学习质量高、成绩好！

孩子的年龄特点决定了他们对一件事情的好恶充满感性的冲动。喜欢这门课的老师，这门功课就好好学；不喜欢这门课的老师，上课时就跟老师对着干，在课堂上做小动作、捣乱，给老师制造麻烦，以为这样就战胜了老师。

其实，受损失的是自己，白白浪费了时间，荒废了学业。在同学的心目中树立了不尊重老师的坏学生的形象，这门功课也学不好，拉低了自己的学业总成绩，得不偿失。长大后，回想起来这一段经历，一定会追悔莫及！

达达换新老师了

达达小学四年级时，他最喜欢的班主任董老师调走了，换了一位副校长张老师兼任他们班的班主任。张老师的工作任务很多，平时在班级管理上比较严厉，孩子们一时不太适应。那一段时间，达达回家后经常跟我们控诉张老师今天又批评谁了。很显然，达达不喜欢新来的张老师。

一天晚上放学，我去接达达。一出校门，达达就迫不及待地跟我说："今天，张老师把我的书包扔到窗户外面了！"说话的时候，小胸脯一起一伏，一副很生气的样子。

为了平复达达的情绪，我说："发生了什么事情？你慢慢说。"

达达说："上语文课的时候，我在下面玩书包带，张老师过来就把我的书包扔到窗户外面了！张老师还说，要是上课的时候再不听课，就不用上学来了！"

我又问："那后来呢？"

达达说："张老师让我去把书包捡回来，我就跑出去把书包捡回来了。"

我说："回来后，你又玩了吗？"

达达说："哪敢玩！整节课，张老师都盯着我，还提问我呢！"

我说："你回答得怎么样？"

达达说："我都答对了！张老师还表扬我了呢。"

我说："张老师是位负责任的好老师。她怕你上课不听课，耽误了学习，及时提醒你，明天见到张老师，记得谢谢老师啊！"

达达不好意思地点点头。

几句话的工夫，达达的心情由阴转晴了，高高兴兴地和我一起回家了。

家长对待老师责罚学生的态度

老师课上责罚学生，出发点是为了学生好。希望学生能把心思用在学习上，真正学到知识，提高学习成绩。可是，孩子们在不了解老师或不明白老师的一番好意时，往往会意气用事，产生逆反心理。如果不及时进行心理疏导化解，或父母也误解老师，给孩子火上浇油，那必然会导致孩子与老师产生距离，甚至厌恶老师，学不好这门功课。

学校就是小社会，在学校与同学、老师交往的过程中，经常发生各种各样孩子难以处理的事情，他们特别重视父母对这些事情的看法。这时候，正是我们教会孩子正确与人交往的关键时刻，父母的态度决定了孩子是否能够以积极的心态去面对周围的人和事。往远了说，对待这些平日里点点滴滴小事的态度，决定了孩子将来的人生是否快乐、幸福。

我在 30 多年的教学经历中，深深感受到：

能够尊重老师、信任老师、配合老师，始终支持老师工作的家长，对自己的孩子也会引导有方。孩子在学校对老师的态度与他的父母是保持一致的，孩子信服老师、愿意努力学习，喜欢接近老师、听这位老师的课，课堂听课效率高，学习成绩自然就好。同时，老师能够接收到来自家长的尊重和期待，会更加倍对这个孩子用心培育、更加放手管理和教育孩子。

这样的结果是老师、家长、孩子形成了教育合力，大家共同努力，促进孩子各方面能力的发展。

家长与老师之间应该是协同合作的关系

老师也是有着七情六欲、普普通通的人，也会为人情世故、柴米油盐而烦恼，心情不好的时候，情绪就大，多多少少会带到工作中来。所以，孩子和家长对老师在处理问题时的方式方法不满意，也是常有的事。有些家长对老师不尊重，觉得孩子的老师学问不高，脾气不好，管教不了学生，动不动就找家长……个别家长在家里，当着孩子的面贬损老师。孩子看在眼里，老师在孩子心目中的高大形象瞬间坍塌，再也不会信服老师的话以至于不喜欢老师，对这个老师所教的科目失去兴趣，最终会影响到孩子的学习成绩，更为严重的是导致孩子产生信任危机。

达达上学期间遇到的老师，都是让他喜爱、崇拜的好老师。我们非常感谢每一位老师的辛勤付出和关爱，是老师们的谆谆教导，把达达从懵懂孩童培养成今天的有志青年。

家长与老师之间应该是协同合作的关系，老师与家长的目的是一致的。

家长要主动多和老师沟通，随时了解孩子在学校的学习状态，发现孩子的问题要虚心征求老师的意见，及时商讨解决。

家长还要经常与孩子沟通，让孩子知道父母很关心、重视他的学习。当孩子在生活和学习上出现问题时，不应责罚孩子，要教给孩子解决问题的方法，这才是合格父母应该做到的。

父母要为孩子做出尊重老师、信任老师的榜样。让孩子在与人交往的过程中，始终伴随着理解、信任、友爱、尊重、鼓舞的心理体验，学会去欣赏、赞美、感谢别人，这对孩子将来的成长至关重要。

第三章

免费高效的教育方法

1 │ 到大自然中，读大自然的书

行万里路，读万卷书

我们家，只要有 3 天的假期，就不会闲在家里。我们会早早计划好出行路线，利用假期的几天时间到大自然中游玩、学习。

从孩子 3 岁起，我们假期的行程就排得满满的，让孩子充分感受自然风光、风土人情、名胜古迹，孩子在游玩的过程中增长了见识，积累了丰富的直接经验，对学校学习是非常有益的补充。现在达达自己已经去过了许多地方，真切感受到各地不同的文化、历史和风光，留下许多难忘的记忆。

行万里路，读万卷书。书本上学到的知识是间接经验，印象不深，需要专门记忆。外出游玩获得的知识是直接经验，直接经验对孩子来说印象深刻。游玩时孩子会用眼睛看一路风景，耳朵听风声、水声、人们的欢笑声，鼻子闻花香、草香、清新的空气，皮肤感觉冷热、风的强度，还可以品尝当地美食，多种感官参与到记忆这次旅行中来，会成为永久记忆储存在大脑中。通过亲身感受学到的知识，一生也不会忘记，需要的时候，随时会浮现在脑海之中。

为了给孩子留下美好、深刻的印记，我们每次外出前都做好充足的知识储备。行前，查找旅游路线，对路上经过的名胜古迹和自然风光提前查阅资料，打好腹稿，以便现场给孩子讲解并及时回答孩子提出的问题，真正做到玩中学。

对于孩子来说，大自然是他们玩耍、学习、体验、实践、锻炼、观察、探索的最好场所。在这里，他们感知体验自然变化，观察事物整体与细微的不同，收获丰富的感性的直观体验，增长了见识，积累了经验，各方面能力得到了飞速的发展。

周末，我们带孩子去自然博物馆、去公园、去农贸市场。春天，我们去踏青、挖野菜；夏天，我们去海边赶海、吃海鲜；秋天，我们去分辨常绿树、落叶树，收集树叶做标本；冬天，我们去看雾凇、扫雪、堆雪人、打雪仗。大自然中可看、可玩的事物太多了。

自然中所有的一切，激发了达达对各种事物的极大兴趣，充分满足了孩子的好奇心和探索的欲望。一路上，会有很多事物吸引他驻足观看，达达很容易将自己的注意力完全沉浸在他所关注的事物之中。观察中，他有许许多多的问题要问，有许许多多的事情要做。回到家里，达达提醒我们和他一起查找资料，把一路上没有弄明白的事情查清楚，把自己亲身经历的事情与书本的知识联系起来。每次外出游玩，都像是一次主题教学活动，收获颇丰。

在蓝天下，读大自然的书

达达小学二年级时初夏的一个周末，我们和朋友几家人去郊外游玩。到达目的地之后，达达看见宁静的村庄、潺潺的小溪、五颜六色的野花、绿茵茵的小草、高大茂密的树木很兴奋，他和同行的伙伴们一起在开满野花的草地上追逐奔跑。

跑累了，孩子们就到小溪边玩水，发现水里游来一群小蝌蚪。孩子们很兴奋，都趴在小溪边，探着头仔细看，发现里面有的蝌蚪长出后腿，有的长出前腿，有的尾巴消失一半，有的蝌蚪尾巴完全消失变成了小青蛙，溪水里还有大个头儿的青蛙，孩子们看到了从蝌蚪到青蛙变化的不同阶段，高兴得不得了，互相介绍自己的新发现，讨论青蛙这种两栖动物生长的进程。

达达过去在书中读到过关于青蛙的知识，今天见到真实的蝌蚪和青蛙，他一边指着溪水里游来游去的蝌蚪，一边把自己在书中读到的青蛙的一生、青蛙的呼吸方式、青蛙为什么冬眠等知识一股脑儿地讲给同行的小伙伴们听，别的小伙伴也有补充。达达在这次游玩的过程中感到特别开心快乐，在轻松愉快的过程中发现了新事物，学到了很多新知识。

回家后，达达把外出游玩时观察到的有趣的事物和学到的新知识讲给学校里的同学们听，这些经验使他在和小朋友的交往中增加了自信，激发达达读书的兴趣。

伟大的教育家苏霍姆林斯基曾说："在蓝天下，读大自然的书。"他认为："充实的精神生活和丰富的内心世界是青少年全面发展的重要标志，学生们不仅应在校内读知识的书，而且应该走到校外去，读大自然的书，获取多方面的思想养料。"从自然中获取的新发现使孩子们充满快乐的激情，开阔了视野，放飞了想象，焕发了生命的智慧。

孩子置身于大自然的天然美景中，可以提升大脑兴奋度，提高孩子的注意力，让孩子的情感得以抒发，身心感到愉悦，激发主动学习的潜能。大自然就是一个大课堂，是孩子增长知识、感受美与生命力、锻炼意志力最好的场所。孩子在户外玩耍、学习，呼吸到新鲜空气，与自然相亲近，还有一个更大的好处，就是身体更强健！

蓝天下的大自然学校，能够引起孩子们对大自然中自然风景、花草树木、鸟兽鱼虫等的好奇和探究欲望。孩子学会观察事物，逐渐适应环境，把书本知识与自然实践联系起来，获取直观而丰富的经验和实际解决问题的能力。这样学到的知识实用有效，印象深刻。

2 | 学前阶段，数学要学些什么

达达 2 岁半的时候，我扶着他上楼梯，我们上一级数一个数。一层楼梯有 16 级，达达数到 12 以后就开始乱数了：12、16、14、17……我们数了好长一段时间，他才会数。

达达 4 岁以后，幼儿园老师开始教孩子们从 1 数到 100。达达从 1 数到 9 都没有障碍，一遇到进位的时候，比如 9 进 10、19 进 20、29 进 30、39 进 40，等等，就蒙了，又开始重数。

针对达达的这种情况，我制作了一张数字进位表格，贴在卧室门上，经常和达达一起看、数、读，反复讲解、练习进位。这种方法很有效，达达很快就理解了进位的含义，顺利学会了数数。数字进位表格是由 100 个数字组成，每 10 个数字一行，共 10 行。数字 1 至 8 是黑色的，数字 9 那一列是绿色的，数字 10 那一列是红色的。这样过 9 进位的数字比较明显，便于孩子辨认、理解和记忆。

儿童思维发展的规律

有些家长在教孩子数数时，只是一遍一遍地重复数数，试图让孩子"记住"数字的顺序，这样教孩子很多次，孩子也"记不住"，孩子学习数学不是靠"记住"。

儿童思维发展的顺序是直觉行动思维——具体形象思维——抽象逻辑思维。学会数数，是孩子的对应、序列、包含等抽象逻辑思维能力发展的表现。抽象逻辑思维，是在具体动作的基础上发展起来的。当然，孩子对抽象的数学知识的理解，也要经历一个从动作性学习到抽象化理解的发展过程。必须通过多次实际动手操作，进行数数练习，逐渐理解了这些实物与抽象数字之间的逻辑关系，才能正确地计数，进一步开始比较复杂的数学运算。

看似简单的自然数 1、2、3、4、5……这些数字代表的是事物之间的一种抽象关系。要让孩子理解数字序列中，前后数之间的递增关

系、包含关系等数学抽象的逻辑知识，不是简单的熟读和记忆就能完成的。孩子对数学知识的理解需要一段漫长的过程，把"具体事物"转变为"抽象符号"，来逐步摆脱眼前具体实物的束缚升华到抽象的思维模式。

学龄前孩子的思维发展处于具体形象性思维的阶段。学习数学时对动手操作的依赖性很强，年龄越小的孩子，这种表现越明显。他们需要有具体的实物作为辅助工具，通过对操作材料进行摆弄、观察、比较，获得直接的感性经验，帮助孩子感知与理解抽象的问题。所以，在教学龄前孩子学习数学时，一定要准备实物教具。

学龄前孩子数学的学习

学龄前阶段的孩子，数学的学习简单可以概括为数、量、图形空间和逻辑关系等几大方面。

1.感知生活中数学的有用和有趣。引导孩子注意事物的形状特征，感知和体会生活中很多地方都用到数。如电话号码、时钟、日历和商品价签等。体会生活中很多事情都是有一定顺序和规律的，如一周七天的顺序，一年四季按照春夏秋冬轮回等。

2.感知和理解数、量及数量关系

数，主要是对数字的理解，如10以内自然数的认识；10以内数的加减运算；数数、计数。

量，感知常见事物的大小、多少、高矮、粗细等量的特征，学习使用相应的词汇描述这些特征。

3. 感知形状与空间关系

图形与空间，包括对常见几何图形的辨认；空间方位和空间关系的认识。如认识几何图形、体，能辨别前、后、左、右，运用空间方位经验解决问题等。

我在教学实践的过程中发现，一日生活中有许多教孩子学习数学的机会。比如，妈妈在做家务的时候，让孩子来帮忙。请孩子数一数妈妈买来几个西红柿；请孩子洗几个苹果放进果盘里；请孩子帮妈妈根据今天吃饭的人数摆放碗筷等。我还会在上下楼梯的时候，让达达数一数一层楼有多少级台阶。

达达小时候，让他自己收拾整理玩过的玩具，将玩具分类收纳。把属于车类的玩具放在一个盒子里；塑料拼插玩具放在一起；建筑积木收归一处。达达长大一些后，我们教他把自己洗好的衣服分别收放到儿童衣柜的不同格子里。孩子在生活实践中练习、学会了数学中的分类等内容。

达达 3 岁左右的时候，我给他买来木质的几何形体积木，他非常喜欢。经常摆弄、拼搭积木。搭积木不仅动手还动脑，我利用玩积木的机会教达达认识几何形体，达达开始了解几何形体就是通过玩积木认识的。

现实生活中的数学知识无处不在。我们带孩子外出游玩，观察比较树木的高矮，数一数小花瓣的个数，说一说山水的远近，看一看上下左右的景色，等等，帮助孩子理解近、远，上、下，左、右，内、外的空间概念。

在多年的教学实践中，根据学前儿童的认知规律和教学经验，我感觉教孩子学习数学比较有效的方法是让孩子动手操作。孩子在摆弄实物材料的过程中多角度、多感官、多形式地感知，进行探索、发现和学习，逐渐摸索、感受、获得数学经验和逻辑知识。只要父母用心，生活中时时处处都蕴含着教育的契机，都是孩子学习的课堂。

3 | 学前幼儿的学习内容

今天，刚刚忙完了幼儿园大班毕业典礼，又有一批孩子即将进入小学，开启学校学习的模式。一些家长不免有些担忧，不知孩子在幼儿园 3 年的学习，是否能够适应小学的学习生活，能不能跟上学校老师的学习进度。

萧萧的妈妈跟我说：萧萧今年参加了实验小学的入学考试，有面试和笔试。考试内容有很多都是我们幼儿园没有教过的，萧萧在考试前还特意去培训班补习了一段时间，才考上了这所重点小学。萧萧妈妈的经验是：孩子在幼儿园期间应该适当学一些小学课程，以便应对重点小学的入学考试，顺利渡过刚上小学时的困难时期。

现在许多小学，尤其是好的小学都有入学考试，而考的内容远远超出了幼儿园教材涵盖的内容。如果孩子在幼儿阶段没有学习一些小学的知识，就不能考入重点小学的尖子班。

幼儿园教育的重点

我们幼儿园，每到孩子中班结束，要升入大班的时候，总有家长来询问大班都教些什么，希望我们能教孩子一些小学的知识，让孩子在大班就学会拼音、算数、写字，最好还能教些英语等知识。

如果我们开家长会说要对孩子进行素质教育，培养孩子学会生活和学习的能力，家长会认为幼儿园老师的水平低、教育质量差。我们幼儿园在每年开学的时候，都会有一部分家长给孩子转入社会上办的各种学前班，让孩子早早开始进入模拟学校教育的环境，学习小学的知识内容。

正规的幼儿园，必须严格按照上级教育行政部门的要求，不教小学教材里的内容。幼儿园有自己的教育重点，经常开展密切联系幼儿生活的独特的、丰富多彩的主题活动，对孩子们进行素质教育。例如我们幼儿园结合"节日"开展的系列教育活动。每年从1月1日的元旦开始，有元旦、春节、元宵节、三八妇女节、植树节、清明节、五一国际劳动节、母亲节、父亲节、六一儿童节、七一党的生日、八一建军节、教师节、十一国庆节等，抓住每一个教育契机对孩子进行相应的教育，让孩子了解节日，懂得节日的意义。

幼儿园的教育教学是为了培养孩子们的生活能力、学习能力，促进他们的学习与发展。教育部颁布的《3—6岁儿童发展与指南》中表述为"帮助他们为入小学做好准备，为一生的发展打下基础"，"让幼儿度过一个快乐而有意义的童年"。

平时，我们幼儿园里还根据教学要求和生活实际组织孩子去消防队参观，了解消防知识，学习逃生自救方法；给孩子们讲解预防地震、防止人多踩踏、防走失、防风沙等知识，定期进行相应演练；到附近的小学参观，了解小学生的学习环境，激发孩子长大上学的愿望；去超市里实操购物，了解商品的丰富，练习利用已有的数学知识购买商品，培养勤俭节约的好习惯；秋天去农场采摘，了解农作物的生长成熟过程，懂得珍惜别人的劳动成果；开展跳绳、拍球等体育比赛，提高孩子们的身体素质；定期请有专业技能的家长到幼儿园来给孩子们讲解自己的职业知识，让孩子们了解各行各业的工作等各种系列主题活动。拓宽孩子的知识面，让孩子们学到书本上学不到的知识，在亲身体验、动手操作中增长知识技能。

孩子的学习是通过自己特有的方式与周围环境互动的过程，是主动探索周围的社会环境、自然环境和物质世界的过程。目前，有很多家长把孩子的学习仅仅局限在学习拼音、认识汉字、练习写字、做数学题、学英语单词，会唱几首歌，画画到什么水平了，等等。如果幼儿阶段就用机械记忆和强化训练的方式，把这些内容作为孩子学习的重点，是不符合孩子学习特点和接受能力的。这种做法，将对孩子的学习与发展造成极大的伤害。

幼儿阶段"学习"的独特之处

幼儿阶段的"学习"，无论是内容还是方式，都有自己独特之处。《〈3—6岁儿童发展与指南〉解读》一书中表明：幼儿的学习内容包括与人交往、和同伴一起玩、玩沙玩水等，以及参与自己生存所需的所有活动，如穿衣吃饭、洗手如厕等。

幼儿的学习方式主要不是通过书本、通过记忆大量抽象的符号来学习，而是通过实践操作、亲身体验，去模仿、感知、探究，在"做中学""玩中学""生活中学"，不断积累经验，逐步建构自己的理解与认识。游戏是幼儿极有意义的学习过程和学习方式，幼儿自己的生活是其学习的最重要的途径。

> 一日生活的每一个环节都蕴含着教育的契机，都是孩子学习的内容，生活中的各种体验和探索都是他们学习的过程。父母要不断更新科学知识和育儿理念，在孩子需要的时候，给予有力的支持、帮助和指导，让孩子每一天都有新收获。

幼儿阶段各领域学习与发展目标及操作建议参见教育部正式印发的《3—6岁儿童学习与发展指南》。

4 | 讲故事、演故事、续编故事

有魔力的故事

故事中的文字是有魔力的。故事不光可以用来讲、用来听、用来编，还可以用来演。讲故事、表演故事、续编故事不仅能够增进家人之间的亲密情感，更能培养孩子的想象力、创造力、表演能力及语言表达能力，是一举多得的益智游戏方式。

孩子都喜欢听父母讲故事，讲故事是和孩子说话交流的一种很好的方式，也是一种游戏。听故事时，孩子的头脑中会产生画面感，有身临其境、置身其中的感觉，有时还会模仿故事中角色的对话和行为。孩子听故事，会促进分析能力、判断能力、发现能力、想象能力的发展，尤其能使孩子的联想思维迅速发展，可异想天开，可天马行空，对孩子将来的发明创造、创新思维的发展有启迪的作用。

给孩子讲故事，篇幅要短小，不能长篇大论；语言要简明、易懂、优美；内容浅显、有趣。书本上的童话故事，流传广泛又有深刻教育意义的经典故事都可以讲。孩子愿意听的故事，可以反复讲，孩子懂了、记住了，可以让孩子讲给父母听，也可讲给周围的小朋友听。孩子复述故事可以提高记忆力，锻炼口语表达能力，也为将来打下人际交往的基础。

讲故事，有益于孩子说话交流，有益于增长知识，使孩子变得聪明。讲故事的过程中遇到孩子不理解的内容，要给孩子讲解清楚。孩子常常会被故事情节感染，起到很好的教育效果。

每一个孩子都是最佳导演

我们家，每天晚上达达入睡前，都是愉快温馨的故事时间。达达依在大人的怀里看绘本、听故事，时不时地提出问题让我们解答。达达还不识字的时候，是我们讲故事，他看图理解故事内容。渐渐地，达达开始认识书中简单的汉字，也能够自己点读，给我们讲故事听了。

达达 3 岁左右的时候，特别喜欢听讲过的故事。他喜欢听的几本故事书已经讲过好多遍了，对故事内容非常熟悉，完全能够背出故事中角色的对话，我就提议咱们来演一演这几个故事吧！达达听了我的建议，非常高兴。我们一家三口一起讨论谁扮演什么角色，用什么做道具，每次都主要听取达达的意见。

由达达来做"导演"分配角色，安排道具，演完一场后，我们讨论一下刚才表演过程中的优缺点，想一想还可以怎么演。大家争着续编故事内容，重新分配角色再表演一遍。还是由达达指挥我们表演，我们的家庭童话剧场就这样热热闹闹地上演了。表演过程中，角色的动作和语调可以自由发挥，也可以自己增加台词，每次表演都非常有趣，常常忍不住笑场。现在，回想起当年我们演过的故事，达达还记忆犹新。可见，故事表演给孩子留下了多么深刻的印象！

每一个孩子都是最佳导演。天天讲故事，孩子对故事内容熟悉了以后，一家人就可以试着表演了，孩子特别乐于做剧中的"导演"。故事的剧情发展可以沿用原来故事的内容，也可以充分发挥想象力，大家一起来创编故事的结尾。一家人在一起表演故事，其乐融融、非常快乐。

我们一起演过了达达当时读过的所有故事。简单的道具，熟悉的故事内容，自由的表演风格，随意增减的台词，故事表演极大地丰富了达达的词汇量。平时说话，达达也会把故事中学到的词句用在日常交流中。那一段时间，达达迷上了演故事，我们演过《三只小猪》《小汽车嘟嘟》《小青蛙有个熊爸爸》，就连《西游记》中的部分章节我们也演过，故事表演给我们的家庭生活带来了无穷的乐趣和甜蜜的回忆。

孩子特别希望有妈妈爸爸的陪伴，如果父母能和孩子一起分别扮演不同的角色，孩子会感到特别幸福！角色扮演能够锻炼孩子的口语表达能力，培养孩子大胆勇敢的性格，检验孩子对故事内容的理解程度，同时也增加了家庭成员之间的亲密度，增添轻松愉悦的家庭氛围。

孩子在表演的过程中能够学会一些待人接物的礼仪，培养人际交往的能力；了解、体验社会上各行各业的工作，提高社会适应性；同时能够锻炼记忆力，提升情商。

一家人一起表演故事，首先要确定表演的内容，通常是讲过多次、已经熟悉的故事。确定好剧本后，孩子和妈妈、爸爸自己选择要扮演的角色。然后找到可以替代的简单道具，比如围巾、面具、帽子、头饰等，大家简单地装扮一下就会特别有趣，也会更有角色带入感。故事表演的"台词"，可以是故事中的原有对话，也可以自己现场发挥，表演尽量生动形象。

表演结束后，大家可以对刚才的表演进行讨论，找出不足，然后由孩子来做导演，重新分配角色再表演一遍。每一个孩子都愿意让爸爸妈妈听从自己的想法，他们都是最佳导演。

讲故事、表演故事、续编故事能培养孩子的想象力、创造力、表演能力、语言表达能力及活泼开朗的性格，是家庭中简便易行的益智游戏方式，我强力推荐！

5 | 问题不过夜，及时求证

小睿妈妈的困惑

每天和幼儿园的孩子们在一起快乐地学习与生活是我的工作，与家长沟通也是我工作的一部分，我愿意和他们交流。家长常常来倾诉在育儿过程中遇到的各种各样的趣事或困惑，有的时候需要听到我的建议，有的时候仅仅是分享家庭教育中的幸福时刻。在与家长聊天交流中，我也积累了很多的教育案例，丰富了教育实践经验。最近就遇到一个很有趣的事，小睿的妈妈找到我，让我帮助分析一个问题。原来，最近小睿总是缠着妈妈问问题：苹果为什么是圆的，树叶为什么会变黄……今天早晨居然问妈妈，我们吃鱼的时候经常会被鱼刺扎到，那为什么鱼不会被自己的刺扎到？原来小睿正于处积极主动进行科学探究的"刨根问底"时期（5 至 6 岁开始表现比较突出）。

"好奇""好问""好探究"是儿童阶段的年龄特点。孩子常常会在大自然和身边的日常生活中发现新鲜事物，被周围的事物所吸引，驻足观看、动手摆弄，产生疑问、提出问题。好奇心是孩子探究学习的动机基础和内在动力，正是由于强烈的好奇心使孩子保持探究学习的热情和积极性，才能慢慢积累知识，不断地成长。

家有"为什么小子"

我的孩子达达小的时候，网络还不发达，孩子的问题好多，每天都围着我们有问不完的问题，那一段时间我们都叫他"为什么小子"。有些问题比较简单，我们当时就能解释清楚，可是有些问题就似是而非了，这时，我们无论是在休息还是在干家务，都是马上放下手中的事情，和孩子一起寻找问题的答案。遇到实在不会的，我们还会查找相关书籍或连上网络查找答案，第一时间找到正确的、满意的答案来满足孩子的好奇心。孩子看到我们是从书上或在网络上寻找到答案，就懂得了查找知识的方法，以后达达也学会了遇到不懂的问题自己查找答案的方法。

人的想法往往一闪就过去了，刚才遇到的问题不解决，经常是过一会儿就忘了，再也想不起来问了。所以，孩子提出的问题要马上找出正确的答案。家长和老师都不是全能的百科全书，好多问题我们一时也答不上来，不会或是一知半解的问题，就要通过书籍或者上网查找相关资料，找到正确无误的答案后才可以告诉孩子，千万不能随口乱说。因为孩子的记忆力好，我们给出的答案孩子听一遍就记住了，孩子大脑中初始的印象非常深刻，很难再去修改，所以家长一定要查证后再告诉孩子，不能误导了孩子。在教育孩子的同时，我们家长也要规范自己的言行举止，您要谨记：您是对孩子影响最深的老师。

我给小睿妈妈的建议

耐心、认真倾听孩子提出的问题，积极支持、及时回应孩子的提问，引导孩子用适宜的方法解决问题、寻找答案。

家长对待孩子提出问题的态度决定了孩子求知欲的强弱水平。家长积极回应，能够激发孩子发现、探索、学习的热情，促进对事物认知的强烈兴趣，不仅能使孩子获得更多的知识，对后续发展也起到至关重要的作用。反之，家长对待孩子提出的问题缺乏耐心，甚至敷衍或不耐烦地训斥孩子，以后孩子就失去了提问的兴趣，再也不会来问问题了。久而久之，孩子养成了被动、服从的习惯，丧失了学习的主动性、自觉性与创造性。

我们不但要积极回应孩子提出的问题，还要鼓励孩子更多地发现问题、提出问题，毫不吝啬地表扬孩子："你肯动脑筋，真聪明！"家长的积极赞扬与鼓励会使孩子增加信心，求知欲望与探索的积极性得到保护和提高。

我还建议小睿的妈妈，经常带孩子去参观科技馆、博物馆，多看看展览也是不错的选择。

6 | 逛超市的另一种目的

带孩子逛超市

超市里的商品琳琅满目、品种齐全。是孩子开阔视野、增长社会知识非常好的学习场所。

逛超市，不但可以观察、触摸商品，了解比较价格、物品质量的差别，还可以学习与人交往的礼仪。只要父母引导得当，不论多大的孩子都会有不小的收获。

带孩子去超市可以认识大量的、各种各样真实的物品，这是平时在家里或书本上得不到的直观感受。对小一点的孩子，可以一边逛超市，一边告诉他这是什么，那是什么，了解物品的名称，观察物品的形状、大小、颜色；可以让孩子摸一摸、闻一闻，还可以买回家来品尝味道，用多种感官感知实物。大一点的孩子，可以到不同的购物区观察商品，比如果蔬区、家电区、服装区等，教孩子对不同的物品进行分类。还可以带孩子到某一货品区，了解商品的价格，比较价格的高低，练习购买商品，懂得量入为出的理财观念。

教导孩子辨别健康的食物

我们家楼下有一个中型超市，达达小时候，我经常带着他去超市玩。超市里的玩具区、食品区是达达最喜欢去的地方了，那里的玩具、食品品种繁多，常有更新，我们每次去都会看一看、讲一讲，允许达达自己选一样，买回家。

到食品区，我们经常给达达讲一讲什么样的食物是健康的、营养的、适合自己的。让孩子学会区分"真食物""假食物"。懂得远离垃圾食品，选择既营养又健康的食物。

达达刚上学，有一次我带着他去超市，达达被五颜六色的饮料吸引，跑到饮料柜台，逐个看他喜欢的饮料瓶。突然发现一种绿瓶饮料，拿起一瓶对我说："我们班同学小壮，昨天还带了一瓶这样的饮料到学校，我也想买一瓶尝尝。"我不想马上拒绝孩子，要让他了解食物的营养成分，让他自己做出判断。达达刚开始识字，认识的字还很少，我让达达选了三种不同的饮料，拿出来进行比较，逐个读饮料瓶上介绍食物成分的配料表，教会他查看生产日期和食品保质期。简单地给达达讲解食物里蛋白质的作用，能够给身体提供能量，吃了让身体更健康；水果里有纤维素和各种维生素，能维持肠道的正常功能，多吃对身体有好处，等等。

饮料瓶的配料表里写的"柠檬黄""日落黄""胭脂红"等是人工色素的成分，这些都会对孩子健康造成伤害，不适合孩子喝。另外，

饮料的配料里，一般都含有很多糖分，喝多了会发胖。所以，饮料最好不要喝。我还告诉达达，以后如果渴了尽量喝白开水，孩子喝白开水就是最好的饮料。达达听了我的一番话，把手里的几瓶饮料都摆放回原来的货架上了，还说："明天，要告诉小壮少喝这样的饮料，多喝水。"

父母不能一味地阻止孩子这样做、那样做，应该让孩子懂得这样做的道理，明白应该怎么做。

逛超市的规矩

有一次在超市里，看到一个小男孩想要买一个汽车人玩具，妈妈不让他拿，不给买，男孩双手拽着购物车，哇哇大哭，妈妈气得脸都白了，就是不给买！妈妈连一购物车的东西都不要了，转身就走，男孩坐在地上继续哭喊不止，用大哭的方式要挟妈妈，全然不顾周围顾客的目光。

为了避免这样的事情发生，爸爸妈妈在带孩子去超市前，就可以在家里先练习玩"去超市买东西"的游戏，让孩子明白，商品是超市的，需要爸爸妈妈花钱买，才可以把商品带回家、归自己所有。

在出发去超市前告诉孩子，今天我们要买什么。跟孩子商量好，他可以选一样自己喜欢的东西买回来，只选一样，其他的以后再去超市的时候，再买。规矩定好后，父母和孩子都要严格执行，以后就不会出现孩子吵闹着要买东西的事情了。

超市里的言传身教

带孩子去超市，购物的礼仪记在心上。父母要严于律己，做孩子的好榜样。

比如，带孩子逛超市的时候，父母带头遵守超市里的规矩。"排队结账"时要耐心等待，不能大声喧哗等。

又如，在购物时，货柜上的商品可以拿下来仔细观看，如果不想买，就要把商品摆放回到货架原来的位置上，不可随意丢弃。

再如，某些易碎物品要轻拿轻放，不要损坏商品。

父母要这样做给孩子看，也要求孩子这样做。孩子建立了守规矩意识，在学校也会遵守学校的规章制度，将来进入社会，也会很好地适应社会生活，成为有修养又自律的人。

不过超市毕竟是公共场所，有很多要注意的。比如，超市里人多，空气不好，特别是流行病多发季节，不适合带孩子逛超市。平时，带孩子从超市回家要赶紧洗手。带孩子经过超市里的扶梯、塑胶门帘等地方都要注意安全。

在超市里，孩子们可以学习的事情有很多。利用超市里随处可见的商品标牌，教孩子认识常见的汉字、数字；比较、计算商品价格；认识超市的消防、逃生标识，等等。

只要我们用心观察，就能发现超市中的很多细节，都可能是孩子成长过程中学习知识的重要部分。

7 | 没有压力轻松学习的秘籍

轻松有效的学习秘籍——大量阅读

达达从小到大没有参加过课外补习班，别人去补习的时间，他都可以做自己喜欢的事情。课余时间，除了全家外出游玩之外，达达喜欢一个人找来自己感兴趣的图书静静地阅读。读到高兴的时候，会跑过来给我们讲述、分享书中的精彩片段，我们也乐于与达达讨论书中描述的话题。谈论书中内容的时候，在知识的面前，我们和达达是民主平等的。有的时候，达达可能是我们的老师，他会借用书中的数据和理论给我们讲解新知识，让我们也能有新收获。

好成绩需要积累大量的知识，喜欢阅读，可以使学习变得轻松愉悦。达达在博览群书中，享受读书的乐趣，阅读是成就达达的重要途径，是轻松有效学习的终极秘籍。

达达与阅读

达达在小学阶段有充足的时间用来阅读课外书籍。这个时期，孩子有惊人的记忆力，我们经常提醒他读书要读懂，如果哪个地方没有看懂，就反复看几遍，或者找爸爸妈妈问一问；如果有哪个字不认识，也不能随随便便地过去，要弄明白字、词的发音和解释。达达的阅读量大、阅读速度快，我怕他囫囵吞枣，只图好玩儿、关注情节发展，不理解文章的含义，就找时间把他看的书读一遍。然后，和达达讨论其中的某一个章节，结果发现他记得很扎实。而且，能用自己的理解把书中的内容讲解给我听。

达达初中以后，阅读速度加快，理解能力增强了。但是，由于课业负担加重，阅读的时间反而没有小学的时候多了。针对这种情况，我和达达爸爸尽量帮助孩子缩短写作业的时间，空出时间让孩子自由阅读。

我们之所以能够放手让孩子大量地阅读课外书，是因为孩子在学校学习的主要是课本知识，每学期孩子们发下来的教科书就那么几本，如果只是掌握课本上的那点知识，所获得的知识就十分有限。知识结构比较单薄，不能满足孩子旺盛的求知欲。

大量研究表明，越早接触图书的孩子，会在很多方面显露出优势，比如他们有着更大的词汇量、更高的文学素养，更能集中注意力专注做事，理解能力更强，记忆力更好，更适应学校教学生活，学习成绩更好。而且，学生时代所记忆的内容，会形成永久记忆储存在大脑中，终生难忘。

每学期开学前的最后一次返校，学校把新学期的教科书一次性发回家，达达就会好奇地把每一科新书仔仔细细地看一遍。然后津津有味地跟我们讲一讲，新书里有什么新内容，有什么是他早已经看过了的旧知识。我们叮嘱他，上课的时候要认真听听老师是怎么讲的。

父母对待阅读的态度

学生的时间和精力是有限的。现在，孩子们除了在学校里上课，还要去各种兴趣班、补习班，时间被安排得满满的，有的孩子睡觉时间都要被压缩，几乎没有空余时间。另外，孩子的生活之中充斥着各种新奇的电子设备。手机、电脑、电子游戏等娱乐活动对孩子极具诱惑，即使是有一点时间，孩子也会想着玩一会儿电子游戏，看一会儿动画片，很少能够静下心来看看书！所以，培养孩子对读书的兴趣，是一项艰巨而长期的工程，父母要有正确的观念和恰当的方法。

我认为，是父母的态度和做法决定了孩子是否对读书感兴趣。一些父母缺乏对课外阅读正确的认识，认为孩子课堂知识还没有学好，读那些课外的"闲书"会影响功课和考试，限制着孩子阅读的自由。好成绩三分得益于课内，七分得益于课外。阅读并不会在短期内对学习成绩有立竿见影的效果，阅读会慢慢显示出它的优势。所以，父母不要觉得孩子多读几本书就能马上显示出惊人的成绩，阅读需要父母和孩子的耐心和坚持。我的经验是，大量阅读的效果大约在孩子初中以后，表现得很明显。达达的各科功课都比较轻松，特别是写作文，要比别的同学快。每次月考答题速度明显领先，考试时，他有时间检查两遍再交卷子。

"书香门第多才子"

想让孩子喜爱阅读，就要为孩子营造读书的氛围。父母经常看书，家里的书架上摆满了书籍，孩子耳濡目染，受家庭环境的熏陶，自然就爱看书；父母天天组团在家打麻将，家里除了孩子书包里的书，再也找不到可看的书，父母根本不关心孩子的学习，孩子爱看书的概率不会大。

父母是孩子的榜样，孩子喜爱阅读的一个最重要的原因就是家庭有读书的氛围，父母都有阅读的习惯。言传身教，自然能从小培养孩子爱读书、读好书的好习惯。所以，父母要以身作则，拿起书本和孩子共同成长。

从孩子小的时候，坚持每天给孩子讲故事，能丰富孩子的词汇量，提高理解能力，拓展知识面。有研究表明，从小开始阅读的孩子更容易激发对阅读的兴趣，也更容易建立起良好的阅读习惯。

让孩子感受到读书的快乐，孩子才能喜欢读书。可以让孩子自己选择感兴趣的图书来看，爸爸妈妈最好也读一读孩子看的书。孩子阅读后，鼓励他讲一讲："书里写了什么有趣的事情？" 当孩子兴高采烈地和父母讲述自己的阅读心得时，父母要鼓励孩子完整地表述自己的观点，与孩子一起讨论书中精彩的片段。这会让孩子充满自信，自主思考能力也会有所提高，逐渐对读书产生更浓厚的兴趣。

孩子可读的书籍，可以由父母带着去书店，自己选择感兴趣的书籍；可以是学校老师推荐的书单；也可以是父母挑选出来的好书。孩子看的每一本书，爸爸妈妈都要把好关。对于一些粗制滥造、低级粗俗、恐怖暴力的图书必须坚决禁止孩子阅读。

8 | 拥有一双灵巧的手

小鞋带，系系牢

幼儿园户外活动的时间就要到了，我准备带小朋友们去户外活动前，会检查孩子们的衣服是否穿戴整齐、鞋带有没有系牢。"老师，我的鞋带散开了！""老师，我不会系鞋带！"听见孩子们这样对我说，我就会细心地帮他们把鞋带系好。

户外活动中，有的孩子跑着跑着鞋带散开了，发现后赶紧跑回来，把脚往老师跟前一伸，让老师给系上；有的孩子干脆置之不理，就拖着鞋带到处跑，这样在游戏、活动时跑来跑去，既不方便，也不安全。

户外活动回来，我想每天帮孩子们系鞋带，不如教会他们系鞋带的方法。于是在班上开展了"小鞋带，系系牢"的系列主题活动。把学习系鞋带分解成几个循序渐进的小活动，一步一步地教孩子们系鞋带。

在练习过程中，有的孩子动手能力很强，学习后，自己练习几遍就学会了系鞋带；有的孩子需要反复地教，一遍又一遍地练，才能初见成效；有的孩子开始时完全不想动手，看见我准备的"鞋模练习板"，好奇地过来穿了几下鞋洞，觉得好难，就想放弃。在我的一再鼓励下，才又拿起鞋带慢慢练习。

在指导孩子们系鞋带的过程中，我发现孩子们的动手操作能力差别很大，原因就是孩子在家里动手锻炼的机会有的多，有的少。父母能够放手让孩子自己的事情自己做，那么孩子生活自理的能力就强，手部小肌肉的灵活性就高；父母把逐渐长大的孩子还看成是小婴儿，事事包办代替的，孩子的双手得不到锻炼，他的动手能力就差。

手指尖上的儿童智力发展

我在接待新生来幼儿园时，有些孩子的父母和祖辈一同来幼儿园送孩子，他们徘徊在活动室门口很久不愿回去，不停地嘱咐老师："老师，您多费心，多照顾照顾我家宝贝！这孩子不会自己吃饭，不会上厕所，不会穿衣服，不敢自己睡觉……"面对放心不下的家长、分离焦虑的孩子，我深深感到父母早一点放手锻炼孩子，让孩子自己的事情自己做，能够拥有灵巧双手的重要性。那样，父母轻松、放心，孩子独立、自信。孩子动手能力差，根源在父母。

在组织孩子们活动、游戏，特别是需要动手的美术活动、建构活动、科学操作活动时，每个孩子动手操作能力的差异表现得非常明显。有些人认为，孩子开始上小学的时候，是所谓的"起跑线"，其实，我认为"起跑线"从孩子出生就开始了，或是早在妈妈怀孕以前的准备阶段，就开始了！

苏联教育家苏霍姆林斯基曾说："儿童的智力发展体现在手指尖上。"手指灵活了，头脑才会聪明。大脑有许多细胞专门处理手部的感觉和运动信息。所以手的动作，特别是手指经常进行复杂、灵巧的运动动作，就能在大脑皮层建立更多的神经联系，促使手指动作更加灵活、精细和娴熟，触觉更加敏感。从而使孩子更富有创造性，反应更敏捷，大脑更聪明。所以，锻炼孩子手指灵活性，对开发智力起到至关重要的作用。

孩子2至3岁这个年龄阶段，是培养生活自理习惯的关键时期。这个时期，孩子事事都要自己做，独立的欲望非常强烈。比如，孩子学会了走路，就想自己到处走走，爸爸妈妈要用手拉着孩子走，孩子会甩开父母，坚持要自己走；孩子想要自己穿衣服，奶奶要帮忙，孩子会推开奶奶的手，一定要自己穿；孩子自己拿勺吃饭，妈妈嫌孩子吃得到处都是，要拿过勺子喂孩子，孩子不给妈妈，要自己吃。这个时期，孩子凡事都想自己动手试一试，父母一定要利用好这一时机，放手让孩子自己做。

生活即教育

陶行知先生提出了"生活即教育"的思想，即生活无时不含有教育的意义，生活教育就是在生活中接受教育，教育在一日生活的每时每刻中进行。

对孩子来说，日常生活的每一个环节都是需要学习的课堂，获得生活自理能力与劳动技能就是孩子需要学习的重要内容。洗漱、吃饭、穿脱衣服、系鞋带是学习；摆弄玩具、使用剪刀、撕纸、折纸、收拾整理玩具、铺床叠被也是学习。父母尽量为孩子提供练习的机会，适时、适当地给予指导，当孩子做得不够好的时候，父母要多一些耐心，等待孩子慢慢来，静静地观察孩子一点点的进步和成长。

　　孩子3岁以后，就可以让孩子做一些比较精细的动作，锻炼手指灵活性。为孩子选择玩具时，可以选择能拆能拼的玩具。比如拼插塑胶片、拼搭积木等，还可以让孩子做美术手工活动。

　　达达3岁的时候，我给他准备了一个美术操作台，小桌子上整齐地摆了一些美术操作材料：一把儿童安全剪刀、一盒油画棒、几张白纸、几张彩纸、一盒橡皮泥、一张泥工板。让达达自由地玩，大胆去尝试。达达经常兴高采烈地捧着"这是我自己做的"的作品给我们看，

我们都由衷地为他高兴，认认真真地请达达给我们介绍他的新作品，并期待着看到下一个作品。达达每次得到我们的赞赏，都觉得他的作品很棒，有继续做的愿望，一双小手越练越灵巧。

还有许多活动，比如使用筷子夹豆子、画画、美工活动等都会提高手指动作精细化程度。另外，妈妈做家务的时候，可以让孩子来帮忙，帮妈妈剥豆、择菜、摆碗、分水果；妈妈和面做饼的时候，给孩子一小块面，让他自己学着擀面饼，等等。孩子很喜欢和妈妈一起干活。现在，幼儿园里都有"宝贝厨房"，小朋友们和老师一起制作各种面点，做好后大家一起分享，好开心！在活动中，孩子会感受成功，得到乐趣，增强了手指的功能，使手指越来越灵巧，从而促进智力发展。

9 | 我家的涂鸦墙

为孩子做一面涂鸦墙

从达达 1 岁半开始，他看到我们经常在书桌前拿着笔写字、画画，觉得很好玩，就自己从书桌上拿支笔到处涂涂画画。当时，我家墙上低矮的、达达能摸到的墙面、柜子、沙发、门上都有达达的涂鸦作品。

孩子喜欢涂鸦，而且越画越有兴致。白色的墙面都已经画满了，再画就要重叠在原有的画面上。我想，应该给达达做一面涂鸦墙了。

在客厅比较宽敞的地方，给达达放置了一张学习桌，上面摆放了一些纸、笔等绘画材料，学习桌旁边的墙上，距离地面 10 厘米之上，粘贴了一张一开的大图画纸，作为涂鸦墙。达达从学习桌上取用画笔，画在大图画纸上。每画完一张，我就记录下绘画日期和简单的绘画说明。然后，就直接在图画纸的四周贴上双面胶，上面再粘贴一层图画纸，给孩子画，这种方法省事，孩子的作品也能很好地保留下来。

　　当时达达才刚刚开始说话，他一边在涂鸦墙上画画，一边自言自语，很专注、很开心的样子。达达在画画的时候，我在旁边做家务，等他画完了，就跑过来拉我的手，让我去看他的新作品。我蹲下来说："请达达小朋友给我讲一讲，今天画了什么？"

　　我指着达达刚画的圆圈圈说："这是什么？"

　　达达说："妈妈！"

　　我又问："妈妈在做什么呢？"

　　达达："做饭！"我就拿着笔在旁边记下：妈妈做饭。

　　我说："达达画得真好！"

　　画面上有两个连在一起的圆圈圈，我指着问："这是什么？"

　　达达回答："车！"

　　我说："我们坐车开到哪里去呀？"

　　达达说："去玩！"我又在旁边记下：开车去玩。我抱抱他，在他的额头上亲一下说："达达真棒！"达达高兴地又拿起笔继续画。

　　涂鸦是孩子表达情绪和感觉的重要方式，是孩子内心世界最真实的流露，是形象的语言，是一种游戏。孩子在涂涂画画的过程中，需要手、眼、脑的协调配合，锻炼和发展了大肌肉整合运动及手部小肌肉精细动作的灵活性。

正确引导孩子涂鸦

现代学前教育鼻祖福禄贝尔曾经说："游戏是学习的最高境界，动手制作和绘画等'造型游戏'是孩子最好的游戏。"孩子天性就喜欢乱涂乱画，把乱涂乱画作为一种自由的游戏活动。绘画使孩子好动、好奇的特点得到了极大的满足，符合孩子的天性，通过绘画活动能生动形象地表现客观事物。

涂鸦与发展观察力、记忆力、思维力、想象力、语言能力、动手操作能力等密切相关。在绘画中，孩子通过对实物的观察、比较、记忆，发展认识能力；通过分析、概括、取舍发展思维能力；通过联想、虚构发展创造能力；通过绘画过程发展动手操作能力；通过讲解自己的作品发展口语表达能力，等等。从而刺激大脑，提升智力。

涂鸦是每个人都必须经历的时期，涂鸦会给孩子带来快乐。要正确引导孩子涂鸦，而不是扼杀孩子涂鸦的愿望。在孩子涂涂画画的时候，父母可以让孩子独立画画。不用指导、不要干涉孩子怎样画，给他一个自由的"创作"空间。画完画后，让孩子讲一讲画面内容，父母会惊喜地发现，孩子的作品里有丰富的内涵。因为孩子思维的发展早于手部动作的发展，所以，孩子讲得比画得要好很多。

为孩子准备涂鸦时的绘画工具：粗马克笔、油画棒各一支（颜色不限，让孩子选择喜欢的一支）、水性笔一支、铅笔（2B）一支。不同的画笔，可以让孩子感受线条粗细的差别。使用单一颜色、粗线条的绘画工具，可以节省时间，因为孩子注意力集中的时间比较短。可尝试用彩色纸作拼贴画或直接用有底色的彩色纸作画，增加孩子绘画的兴趣。

孩子刚开始涂鸦，不会主动要求画画。为了吸引孩子来画画，爸爸妈妈可以铺好画纸，准备好绘画的笔，孩子就会过来试试"新玩具"。1岁左右的孩子不是有意识来画画的，可能是有节奏地用笔敲打画纸留下的痕迹，孩子看到笔和纸之间发生的变化会非常高兴，感觉到乐趣，就会经常来画，从此喜欢上画画。

涂鸦对于孩子来说就是一种游戏，不要在意像不像。小孩子的画，不能用成人的标准来衡量。孩子会用点、线、圆等各式图样表现自己心中的生活经验。孩子的画是需要"听"的，如果孩子不讲，父母往往看不懂画的内容。

孩子的作品完成后，让孩子来讲一讲他画中所画的事情，孩子讲得比画得好。父母要认真地、耐心地听孩子讲一讲自己的画，还可以问一问：这是什么？他们在做什么？听到孩子的解说后要及时表扬孩子绘画中的小亮点，由衷地肯定、鼓励、赞扬："你画得真好！"理解、尊重他所诉说的内容，多表扬鼓励孩子。孩子在得到大人的鼓励和支持后，会感到自己的画画得很好，对绘画的兴趣更浓，更加喜欢画画了。为了记录下孩子绘画成长的历程，可以在孩子作品的边上加注文字说明和记录绘画日期。

孩子作品整理、保留的方法：达达的实物作品有很多，不能都留下。所以，过一段时间，我和达达一起整理的时候，选出他最喜欢的作品保留下来。其他不能保留的作品是通过拍照的方法保留。我定期把作品照片归纳到一个电脑文件夹中，文件夹按照时间顺序排列。现在手机的拍照功能很高级，拍出来的作品效果好，还能随手编辑，很方便。

达达房间的墙壁上，有一块作品展示板，是用软木制成的长方形木板，达达有了满意的新作品就可以自己用图钉钉到展示板上。所以，达达房间里的装饰画常常换新作品。家里来了客人，总会赞赏一番，更增加了达达涂鸦的兴趣，他的绘画能力渐渐提高。

10 | 多读书、多思考

让孩子参与话题讨论

吃晚饭的时间，我们一家人围坐在一起，常常谈论各自在一天中遇到的有趣事情，有时也讨论近期发生的时事新闻。我们找一个孩子能够理解的话题，作为今天谈话的主题。

我们一边吃饭，一边听电视或收音机里的新闻广播。其中某一个话题引起我们的兴趣，就拿来展开讨论，每个人都发表自己的观点，锻炼孩子口语表达的能力和对事物独立的看法。再遇到事情时，孩子就会有自己的观点，有主见。

达达小学的时候，我们就这样经常在一起讨论，每个人都自由平等地表达自己的见解，孩子虽然小，也有表达自己想法的机会，我们充分尊重他的发言。他发言时，我们会专注地倾听，常常会用启发、引导的语气鼓励他充分、完整地表达自己的想法。

读书与思考，很多与很少

伏尔泰曾经说："书读得越多而不加思考，你就会觉得你知道得很多；而当你读书思考得越多的时候，你就会越清楚地看到，你知道得还很少。"在话题讨论的过程中，我们每个人能够感觉到某些方面知识的欠缺，需要及时查找、补充相关知识。现在网络信息十分发达，小的知识点，用手机就可以马上查找到答案；想要系统地获得更多知识，就要多读书。

达达从小就参与我们讨论的话题，小学、初中直到高中，我们谈论的话题越来越广泛，涉及社会生活的各个方面，开始时是被我们带领着参与谈话，后来成为我们讨论的主角，是他带领我们把话题展开、深入，引领我们做更深入的思考。随着谈论话题的增多，达达逐渐产生了自己的思想。我们也可以通过讨论的方式，把自己的想法渗透给孩子。再遇到事情时，孩子可以立即加以判断，有自己的观点和想法，比较有主见，不盲从。

我们还看到一个可喜的现象，就是孩子在写作文的时候有话说，作文内容丰富，逻辑性较强，条理清晰，层次分明，有思想、有深度。达达从小到大，写作文都比较省事，常常是一气呵成，没有厌烦和畏难情绪。每次作文的成绩都很好，常常被老师当作范文在班级展示。

现在，达达经常提醒我们要多读书、多思考。

学而不思则罔，思而不学则殆

孩子读书不能只看不想，不能一味地死读书，不用全盘接受书中的思想，要吸取书中的精华。在读书的过程中，要一边读书一边思考，养成爱思考的习惯，逐渐形成自己的观点。

爱思考的习惯要从小培养。没上学的孩子还不识字，要靠爸爸妈妈读故事听，在读书的过程中，父母可以根据故事情节向孩子提问，引发孩子思考。读完故事后让孩子想一想：

故事的名字是什么？

故事里都有谁？

故事讲了什么事情？

你觉得故事里谁做得好，为什么？

故事里谁做得不好，为什么？

…………

培养孩子辨别是非、勤于思考的能力。经常听爸爸妈妈讲故事的孩子，有机会接触各种故事内容，积累的知识经验多、词汇量大，孩子的理解能力、思维能力也能得到锻炼。在生活中能够懂礼貌、讲道理，记忆力好、口语表达能力强。

孩子上学以后，给孩子准备丰富多样的课外读物，鼓励孩子大量阅读。孩子读过的书，父母尽量也看一遍，做到和孩子同步，这一点很重要。因为这样做，父母和孩子有了共同话题，就可以和孩子一起讨论这本书了。孔子说："学而不思则罔，思而不学则殆。"学思结合，是阅读最有效的方法。孩子每读完一本书或一篇文章后都让他想一想、讲一讲：

　　书里写了什么事？

　　哪些地方最有趣？

　　印象最深的是什么？

　　觉得哪里写得好？

　　有了什么收获？

　　还想看什么书？

　　…………

　　鼓励孩子多读书、多思考。

家庭阅读氛围的营造

　　有的父母总是抱怨，自己给孩子买了很多书，孩子就是不爱看，孩子的学习成绩不好，看见带字的头疼。在阅读兴趣这个问题上，父母只看到了孩子的问题，没有想一想出现问题的源头在哪里。孩子阅读兴趣和阅读习惯在很大程度上来自家庭的熏陶、父母的影响。所以，爸爸妈妈想让孩子爱读书，平时自己也要多注意学习，提高自己的知识水平和文化修养。

　　孩子的注意力易分散，容易被比学习更好玩的事情吸引。所以，在孩子看书学习的时候，父母尽量不要让电视机、电脑等声音吵到孩子，让孩子分心。父母以身作则，在家庭中创造一种良好的书香氛围，与孩子共同学习、共同提高。

11 | 每周一部英语原声电影

达达的学英语经历

目前，人们面对的是社会生活信息化和经济全球化，国际交流日趋频繁，英语作为最重要的信息载体之一，其重要性越发突出。电脑和互联网也是建立在英语的基础上。孩子掌握了英语，就能打开通向世界的大门。

为了达达能够学好英语，我们费了好多心思琢磨，怎样才能既省事又省力，还能让孩子有兴趣呢？达达上幼儿园的时候，是看动画片学英语，孩子爱看，效果也不错；小学的时候，每天晚上放半个小时的英语录音磁带陪伴他入睡，坚持了 4 年，效果也挺好；初中阶段，达达有了一定的英语基础，我们给他买了中英文对照的图书。

达达初中二年级，阅读了两套中英文对照的少儿英语文学作品丛书，还读了一套中英文对照的讲述人文、地理的游记。成套的英语简易读物是从易到难、循序渐进地编写的。达达开始读的时候，一次只能读一两页，看一会儿左面的英文，再找一找右面的中文解释。随着单词量的增加，渐渐地越读越快，能读进去了。有时，被书中内容吸引，捧着书连续读很长时间也不愿放下。

英文读物，要从简单的开始，才容易入门。孩子能够看得懂，才容易对看英文读物产生兴趣，才可以把看英文课外读物这件事进行下去。看书的事情不能急于求成，要从短篇、简单的开始，孩子能够读懂、爱读了，再增加难度。要稳扎稳打，孩子能读英文图书，父母要及时鼓励，让孩子有成就感，产生自信心，这样就有了阅读的兴趣。达达通过阅读英文读物，单词量迅速增加。

达达从高二开始每个周六的晚上看一部英文原声电影，这个习惯坚持了两年，直到上大学。他们学校每周六上学，达达晚上看电影，周日不上学，可以晚一点起床，不影响睡眠时间。

他开始看英文原声电影的时候，听力不好，个别单词不会，需要联系上下文，才能猜出来对话的意思。高三下半年，就能无障碍、顺畅地看完一部电影了。

学校老师推荐了一系列适合学生观看的电影清单，达达从中选择自己喜欢的，我们事先用电脑下载选好。接近晚上10点，孩子回到家，马上开始播放电影。每周六看电影的时间，既是达达的学习时间，也是休闲放松的时间。

观看英文原声电影，迅速提高了达达的听力及口语表达水平。更加深入地了解语法、丰富词汇量，增加了对英语学习的兴趣，促进达达对中西方文化差异的理解，获得更多的人文、科技、自然等文化知识。

英语原声电影不仅场面宏大、震撼，给人强大的视觉冲击，吸引观众的注意力，让人目不转睛地盯着屏幕观看；故事情节的编排也精彩感人。构思巧妙的经典对白，能够紧紧抓住观众的心，心情为之跌宕起伏。

短短的两个小时，仿佛置身于生动的语言环境和异国的文化背景中。英语原声电影是孩子学习英语的比较经济、简单又高效的手段。为达达后来去国外，真正使用英语去学习和生活打下了坚实的语言基础。

如何观看英语原声电影

看英语原声电影对于学习英语是非常有利的，但是在选择影片时，要充分地考虑到孩子的学习基础和接受能力，量力而行。首先，需要做好相应的英语词汇储备。如果听不懂，需要看中文字幕，只单纯地关注影视情节的进展，就失去了学习英语的真正目的。

通过原声电影学习英语的时候，要遵循由易到难的原则。一般来说，题材轻松、内容简单、画面对语言说明作用强的影片比较好。电影内容需要父母来把关，最好是父母先看一遍，选择适合孩子观看的积极向上、文明健康的影片。看电影的目的是学习英语，影片里，人物对白要求清楚流利、语速慢一点，便于孩子听清楚。如果实在不知道看什么影片好，也可以征求英语老师的意见。

《音乐之声》《阿甘正传》等经典老电影，让人百看不厌。这些老电影语速慢，句子完整，语音清晰纯正，便于孩子理解。在电影营造的语言环境中，模仿人物角色生动地道的发音，孩子的发音也会越来越标准。电影的语言来源于生活，角色对话有大量的生活俚语，让孩子学到了在书本上学不到的语言。

观看电影的时候，手边最好准备本和笔，看不明白的地方适当记录，观影结束后及时查找资料，再重复观看，达到理解的目的。一部经典电影可以反复观看多遍，直到不用看字幕也可以完全看懂、听懂为好。

看电影，可以在短时间内高效记忆大量英语单词，迅速扩展词汇量。电影内容丰富、场面生动、有声有色、有故事情境。在声音和影像共同作用下，能充分地调动孩子的视、听等多种感官高度专注地参与学习，思维紧紧跟随剧情节奏，更容易记住电影中角色的口语表达，使学习英语的过程变得自然而高效。极大地激发了孩子学习的兴趣，提高英语的学习效率。

用看电影的方式学习英语，孩子的进步是比较显著的。在我的印象里，达达很少背单词，好多是在听磁带、看电影、读英文读物的过程中，主动发现不会的单词，查电子词典弄懂学会并渐渐掌握的。英语单词也像朋友一样，见面的次数多了，自然就记住了。

> 学英语没办法一蹴而就，必须一步一步来。看电影，只是一种学习英语的辅助方法，更重要的还是要平时下功夫努力学习！

12 | 每天阅读《人民日报》

订阅《人民日报》

达达喜欢阅读，他大部分课余时间用来看感兴趣的书籍、刊物和报纸。达达上高中后，我们又增订了《人民日报》，供他随手翻阅。

高中生能够自由支配的时间很少，在有限的时间里，快速、高效地获取信息是非常重要的。《人民日报》是中国第一大报，质量高，是中国最具权威性、严肃性，发行量最大的综合性日报，被联合国教科文组织评定为世界十大报刊之一。采编团队素质高，任何时候都能对新闻事件做出迅速、及时、有效的反映；及时、准确而有深度地报道国内外重大事件。

我觉得《人民日报》的社论具备权威性、指导性和深刻性。多关注《人民日报》既能了解国家的大政方针又能关注时事新闻，引发对社会问题的思考，是学生高效了解国家政治、经济、军事、民生最新动向的窗口，是高中阶段优选的辅助学习材料。

"画重点"

孩子上高中以后，真正体会到了"一寸光阴一寸金"。每天披星戴月，早出晚归。看报纸也不可能泛泛地读，那样既浪费时间，又抓不住重点。我们想了一个办法，我们先读报纸，把适合孩子看的重点文章用笔画出来。晚上，达达回来，直接读重点文章，如果有时间，再读其他文章。"画重点"的办法，很好地解决了在短时间内，获取重要信息的目的。

"每天一论"

每天晚上，接达达回家的路上，爸爸都会和达达讨论一个当前社会的热点话题。达达爸爸在近期《人民日报》的时事新闻中选取一篇，达达看过的、有特点的文章，作为讨论的切入点，让达达发表议论，表达思想，父子俩热烈地讨论一番。有时一个话题，一天谈论不彻底，第二天继续深入探讨。

"每天一论"提高了达达的独立思考和辨别是非的能力。面对一个社会现实问题，他能够客观地分析事实，给出自己独到的见解。

在讨论的过程中，爸爸尽量提供各种参考信息，让达达多思考，充分表达自己的观点。经过长时间的讨论训练后，他的综合、比较、归纳、概括等逻辑思维能力、社会问题分析能力得以提高，同时也促进了语言表达能力的发展。达达上大学后进入学校的第一个社团组织就是辩论队。

记得当年有一件"某快餐将过期产品加工出售"的事轰动一时，引起社会的广泛热议，爸爸和达达就这个新闻话题进行讨论，他们提出了几个主要问题：

某快餐作为经营者侵犯了消费者哪些权益？

消费者的利益受到侵害时，通过什么途径维权？

将来如何规范经营者的经营行为？

达达利用自己的所知所学有感而发，兴致极高，爸爸作为一位消费者也现身说法，把自己在消费过程中遇到的问题提出来，供他参考。在回家路上的激烈讨论中，达达了解了消费者权益的知识。知道了法律对消费者权益的维护，懂得了作为经营者要遵守国家法律法规。这些时事新闻也与高中政治课的教学内容相符合，可以弥补教材中理论多、具体事例不足的缺憾，达到了理论联系实际的目的。

"每天一论"中有许多鲜活的人物、事例、数据和资料，紧扣社会热点问题和生活实际，是孩子平时关心的事情，谈论起来更有指导性和现实意义。

他们"每天一论"的话题，都是《人民日报》上刊载的内容，主题丰富多样，涉及社会生活的方方面面。例如 2010 年 10 月中国探月二期工程先导星"嫦娥二号"在西昌点火升空；2010 年上海世界博览会的"低碳世博"等内容。

处于高中阶段的孩子，没有真正步入社会，对事物的理解还不深入。往往以个人的情感态度看待事物，看问题容易片面。同时，高中阶段也是一个人积累知识的重要阶段，是正确的世界观、人生观形成的关键时期。经常读书、看报纸，特别是每天阅读《人民日报》，能够了解正确的舆论导向，形成独立思考的能力，不断提高思想认识水平和综合评价能力。我发现，达达每天读《人民日报》后，分析、判断事物的观点也受到了潜移默化的影响。

选择合适的报刊为学习助力

现在，高考的政治试题，增加了分析社会热点、重点和难点问题的比例。在检验基础知识和理论的同时，突出了对考生分析现实问题能力的考查。达达高考的时候，政治试卷就有不少分析时事的题目，好多同学死记硬背课本的条条框框，不了解时事，答不到点子上，结果被扣了分。达达平时掌握的时事素材多，在答题时能灵活运用，准确率高，很轻松地拿到了高分。

读《人民日报》可以提高作文的写作能力，为作文提供素材。达达每天用一点时间读《人民日报》，对当前的热点新闻都有一定程度的了解，天天与爸爸讨论时事，分析问题的能力和逻辑思维的能力在不断提高，更可贵的是语言表达能力也在迅速提高。所以，写作文的时候，也如行云流水，比较顺畅。老师经常把他的作文当作范文，说他写得比较有新意、有深度。高考的时候，达达的语文得了120多分。

除了读《人民日报》，《南方周末》《参考消息》《中国青年报》《光明日报》等报刊也是不错的选择。

13 ┃ 斑马线前孤单坚定的小孩

我做得对

达达上小学时，每天要经过一个小马路的十字路口，上下班高峰时间，行人、车辆比较多。为了安全起见，我们要接送达达过马路。

从达达上学的第一天起，我拉着他过马路时，就告诉他要遵守交通规则。行人要走斑马线，遵守红绿灯的指示，左右瞭望，确认安全后，才可以过马路。

有一天，放学的时间到了，我和达达爸爸都有事，没有按时去学校门口等他。我办完事，急急忙忙地赶到达达回家时必须经过的十字路口时，正好遇上红灯，我的心里好着急呀！这时，小马路上往来的车辆不多，又是学校放学时间，斑马线两边有很多人，都迫不及待地闯红灯，穿过了马路。我看到马路对面、红绿灯下，站着一个小小的身影，孤单、坚定地等待着绿灯，是达达！绿灯亮起，他左右看看，马路两侧的汽车都已经停下来了，才快步走过马路。我迎着达达，问："别人都过马路了，你怎么一个人站在那里？你着急吗？"达达说："我看见他们都走了，着急呀！可是，老师和你们不是经常说要遵守交通规则，红灯停、绿灯行吗？他们做得不对，我做得对，是不是？"我说："你做得对！等绿灯会耽误一点时间，但是能够保障安全。如果大家都不遵守规则，那就乱套了！"

无规矩不成方圆

父母给孩子讲道理的时候，会告诉孩子"红灯停，绿灯行，黄灯亮了，看分明"，但是，却有很多成年人不懂得遵守。过马路时，很多人都毫无顾忌地闯红灯，这里面也不乏带着孩子的家长，尤其是祖辈老人。一些家长都会以上学要迟到了、要赶时间去学习班等借口，遇到红灯时，不愿意多等一会儿。这些人以为自己是省下了时间，占到了便宜。其实，自己的行为不仅给自己的孩子，也给其他过马路的孩子做出了闯红灯的坏榜样。

我经常在接送孩子的时间看到，斑马线前，绿灯还没有亮起时，穿行的车辆少了一点儿，人群中有的家长就等不及了，要拉着孩子一起闯红灯过马路，孩子不愿意跟着家长走，可是又拗不过家长。他们急急忙忙地拉着孩子的手从斑马线上穿过去，家长身上背着书包，手里拎着菜袋，拉着孩子，还要左闪右躲往来的车辆，看着就很危险。

这些家长是否想过自己不遵守规则，对孩子潜移默化的影响是什么？孩子在有家长带着过马路的时候，都可以闯红灯，那么，孩子自己一个人过马路的时候，将会是什么样的情景，家长想到了吗？是希望孩子能够遵守交通规则多等一会儿，还是希望孩子也像自己平时那样冒着生命危险在车流中穿行呢？道理不言自明。

行人闯红灯，看似小事，实则是规则意识淡漠，这次没有遵守交通法规，下次不遵守学校的规章制度，养成不遵守规则的习惯，对孩子的成长会带来不利的影响。

俗话说："无规矩不成方圆。"这也是家庭教育的重要准则之一。父母要在日常生活的小事上严格自律、率先垂范，培养孩子的规则意识，从而教会孩子知道这些规则，并自觉地按照这些规则去行动。

生活当中，让孩子懂得，任何事情都有一定之规。比如家里的各种物品、文具、玩具都有固定的摆放位置，每次使用后要物归原处、摆放整齐。每天按时就寝和起床，按时进餐，按时做各种练习与作业，等等。父母要求孩子做到的，自己首先要做到，这样才能有效地督促、提醒孩子。

规则面前，人人平等

达达小时候喜欢下棋，学了一段时间后，达达的棋艺有了长进，就经常缠着爸爸和他下棋。一次父子俩下棋，好胜心强的达达一心想胜过爸爸。好不容易想出一着，以为自己就要取胜了，就在落子的一刹那，他突然发觉这一着自己走错了，马上拿起棋子要悔棋。这时，一贯温和的爸爸却变得严肃起来，不准达达悔棋。达达非常生气，觉得爸爸没有让他悔棋是不通情理，把棋盘搅乱，不玩了！等达达的情

205

绪平复了，爸爸给达达讲，游戏都是有规则的，规则是顺利进行游戏、达到游戏目的的保证。如果不按照规则进行，就没有公平的胜负可言，在规则面前，必须人人平等，下棋就要"落子无悔"。爸爸督促孩子严格遵守规则，正是为了从小培养孩子的自制力和遵守规则的意识，为孩子将来成为遵纪守法的人打下坚实的基础。

孩子规则意识的发展经历了从"他律"到"自律"的转变。学龄前期是萌生规则意识和形成初步规则观念的重要时期。皮亚杰的相互作用论认为："儿童的认知发展是在其不断地与环境相互作用中获得的。"因此，要把创设良好的心理和物质环境放在首位。家庭是孩子最重要的成长环境，它无时无刻不发挥着教育潜能。父母的一言一行、一举一动，都是孩子模仿的内容，所以，父母身体力行最关键。

> 孩子规则意识的培养，是一个漫长的、逐渐渗透的过程。在日常生活中，要坚持不懈，持之以恒。父母需要投入更多的爱心和耐心，使孩子从小理解哪些事情该做，哪些事情不该做，逐步形成规则意识，为将来更好地融入社会打下基础。

14 | 家里就可以进行的免费教育

课外补习班 VS 家庭免费教育

达达上幼儿园的时候，班里的小朋友就开始在外面的教育机构学习各种兴趣班，有英语、绘画、跆拳道、表演、游泳、轮滑、舞蹈、钢琴、古筝、书法、经典诵读、围棋等，一个孩子同时学习几个兴趣班，父母和孩子忙得团团转，所有闲暇时间都被兴趣班占用，孩子几乎没有自由支配的时间。父母看到孩子在学习的过程中有一些进步，就更加努力地奔跑在送孩子学习的路上。

送孩子去学习班，要风雨无阻，坚持不懈。不但占用了孩子的时间，也耗费了父母大量时间、精力和价格不菲的学习费用，还剥夺了孩子宝贵的自由玩耍的时间。

达达除了工作日上幼儿园，其他时间，我们会根据他的喜好安排户外郊游、游乐园游戏、参观博物馆、体验科技馆、到楼下的小花园里晒太阳、在家里看书、讲故事、画画、玩玩具、一起做家务等，达达自己选择想做什么，我们也尊重他的选择。

这样，我们节省了送孩子去兴趣班的奔波的时间，没有作业的牵绊，免除了学费的负担，可以和孩子一起快快乐乐地玩耍，感觉孩子听话、带孩子不累。达达各方面能力发展得都不错，尤其是妈妈们都特别关注的孩子的身高和体重，达达都很好。

《3—6岁儿童学习与发展指南》的"说明"中明确指出："幼儿的学习是以直接经验为基础，在游戏和日常生活中进行的。合理安排孩子的一日生活，最大限度地支持和满足幼儿通过直接感知、实际操作和亲身体验获取经验的需要……"超前教育和强化训练是不利于孩子学习和发展的。

学龄前孩子学习的特点是直接感知、实际操作、亲身体验。孩子需要动手操作、亲身感受，才能获得直接经验；在玩耍、游戏中学习，游戏是孩子学习的主要方式。

在一日生活中学习与人交往、探索周围事物，以及吃饭、喝水、穿衣、洗手、系鞋带、如厕、收拾整理玩具等与生存相关的活动，都是孩子需要学习的内容。

现在，好多孩子到了大学，还不能自己洗衣服、整理自己的学生宿舍，与周围的人不能愉快相处等，就是在学龄前应该学习的内容没有完成。父母认为孩子在日常生活中的自理能力不重要，忙着去超前学习那些应该上学才学的课程，结果本末倒置。

孩子小小年纪就送去兴趣班、学习班学习，可能在某一方面培养出了特长。但是，不要忽略了重要的一点：孩子学习的方式是在游戏中学习，孩子失去了自由自在的游戏时间，必将影响他的全面发展。李季湄在《〈3—6岁儿童学习与发展指南〉解读》中写道："单方面突进，没有其他方面发展的配合，一定走不远的。某些方面的过分滞后，会影响幼儿整体的学习与发展质量。可以说，幼儿期全面发展的重要性超过了人生其他任何阶段，过早将可塑性极强的幼儿定型化是不妥当的。"现在的父母们由于从众心理的作用，忙着给孩子报这个班、那个班，是否权衡了利弊？到底孩子喜欢不喜欢？真的对孩子发展有利吗？这是值得父母们深思的问题。

如果孩子对某一活动很有兴趣，是可以参加兴趣班的。但是，不能占用大量的时间去反复练习，不要让孩子对学习产生反感，还没有上学就开始"厌学"。要给孩子留出自由玩耍、游戏的时间。学龄前孩子学习方式不是通过书本、通过记忆大量抽象符号来学习，而是通过"做中学""玩中学""生活中学"获得的。

达达换牙了

达达 4 岁半的时候，两颗下门齿开始松动，准备换牙了。幼儿园里的小朋友一般是 6 岁开始换牙。所以，幼儿园里的课程安排还没有关于换牙的内容，我看到达达的情况有些提前，为了让他了解这方面的知识，就和他一起围绕 "换牙" 的主题，安排了几个活动内容：

第一天：我们在涂鸦墙上画了达达的自画头像："我掉了两颗牙！"爸爸回来看到，觉得很好玩，还夸达达画得好！

第二天：在网上查找资料，了解自己的牙齿并知道换牙、防止蛀牙的基本知识，养成爱护牙齿的良好习惯。讲故事：《小熊拔牙》《换牙的故事》。

第三天：我们给达达买了一个电动牙刷，让达达体验用新牙刷刷牙，注意保护牙齿。

第四天：小实验：将鸡蛋放入醋中浸没，观察醋腐蚀蛋壳，使蛋壳变软的现象，了解龋齿蛀牙形成的原因。

第五天：绘制我们三个人的《刷牙记录表》，让达达做监督员，每天记录我们完成的情况。主要是通过这种方式，督促达达每天坚持刷牙，养成良好的卫生习惯。

孩子进幼儿园后，有了幼儿园系统的教学计划安排，有的父母认为从此可以把孩子交给老师来教育，自己就放心、放手了。这种想法是不对的，父母如何配合老师，是至关重要的。

我的经验是：孩子在家里受到的教育影响，会在学校生活中直观地反映出来。父母与学校老师配合得好，孩子各方面发展得好，在学校表现得也好。

其实，爸爸妈妈是最了解自己孩子的人，是孩子最好的老师。只要父母勤于观察孩子，乐于学习家教知识，认真思考适合孩子的教育方法，就可以胜任孩子免费的全科老师。

15 | 会不会离家出走

离家出走的孩子

达达初二的时候，有一天晚上，他一放学就告诉我们一个大新闻：他们班的浩浩同学离家出走了！浩浩妈妈一个人抚养他，自己又要管理一个工厂，工作很忙，平时根本没有时间管他。浩浩成绩不好，经常在中午吃饭的时间溜出去上网玩游戏。妈妈为了提高他的学习成绩，特意给他请了家教在家里一对一地教他文化课。浩浩这次考试又没有考好，妈妈狠狠地骂了他，浩浩一气之下离家出走了。

妈妈急得团团转，给浩浩的老师、同学打电话，请大家帮忙。大家都出去找浩浩，最后是班主任老师在网吧里把浩浩找了回来。在老师的劝导下，浩浩向妈妈承认了错误，妈妈表示再也不骂浩浩了。

家不仅仅是我们歇息、遮风避雨的地方，更是我们心灵的温暖港湾，如果家里让人感觉不到温暖，缺少爱，谁还愿意回家呢？

在孩子的教育中切忌用力过猛

一位亲戚的孩子今年上初中一年级，孩子不喜欢学校里的英语老师，私底下和同学议论起老师的时候，都称呼老师的外号。上英语课时，这几个同学起哄，给老师制造难题，不听英语老师的课。考试的时候，这孩子的英语成绩没有及格。妈妈特别着急，每天晚上看着孩子做作业，规定写不完作业，就不许睡觉。孩子本来就不会，写作业的时间拖得很长，到夜里 12 点才能睡觉。

每次老师打来告状的电话，妈妈都更生气，用最恶毒的话刺激孩子："你为什么不离家出走！你要把我气死吗？""你不听我的话，我不想管你了，我老了也不用你管！""你不能念书，就别念了，去外面打工算了，还能挣点钱！"

孩子跟妈妈说："我到了 18 岁，就再也不用你管了！""我是不是你亲生的？你为什么对我这么不好？"

亲戚跟我说："一提到孩子，我的头都大了，一天天跟他太上火了，最怕接到老师打来的电话！"亲戚诉说了半天，都是孩子如何不听话、多么不懂事、孩子是不是傻、老师也不喜欢他，等等。我听了亲戚的叙述，明白了事情的大概情况。我打断了她的话，跟她说："孩子才刚刚读初中一年级，你就断定孩子废了？我们国家的义务教育还要到孩子初中毕业，你现在就让孩子外出打工，是违反《中华人民共和国义务教育法》的，不可以！是孩子的教育出了问题，你要在自己身上找一找原因。不用给孩子讲大道理，要教会孩子具体操作的方法。"

我觉得这位亲戚自己本身缺乏教育孩子的知识，在电话里一句两句的说不清楚。于是，我给她推荐了一本家教书，建议她花一周时间读完。然后，看看有没有理出改变教育方法的思路来，我们再一同商讨孩子教育的问题。

我给她布置了两个任务，提出一个要求。

任务一：从今天晚上开始，孩子10点必须上床睡觉，保证8个小时的睡眠时间。孩子一回家就跟他讲清楚，让孩子尽量快点写作业，如果10点钟到了，他还没有写完，也不写了，上床睡觉。

这样做的原因是：13岁的孩子正是生长发育的旺盛时期，必须休息好。孩子睡得好，第二天才能集中精力上课听讲，提高课堂学习的效率。

任务二：告诉孩子，每次上英语课时，回答老师的一个问题。一个问题就可以了。回家后问问孩子，回答了老师什么问题，答得怎么样。不管孩子回答得如何，都要大力表扬他，鼓励孩子上课认真听讲，积极回答老师问题的行为。

这样做的原因是，孩子如果想回答老师的问题，那么就一定会注意听老师在讲些什么，主要目的是为了让孩子上课注意听讲，也让老师了解孩子学习的效果，和老师形成良好的互动。每一节课都回答老师一个问题，孩子的听课质量一定会提升，学习成绩也会提高。

一个要求是，从今天开始，父母要控制好自己的言行，遇事要冷静，不可以随意发泄自己的不良情绪。老师再打来告状的电话，也不能一股脑儿地全盘告诉孩子，可以通过自己的过滤，把应该让孩子知道的，用孩子能够接受的话语告诉给他。

　　亲戚充满信心地按照我的说法去做了。一周后的晚上，她兴冲冲地打来了电话，告诉我：这一招真灵，孩子听话多了，娘儿俩一周没有吵架了，孩子这两天听课可认真了，还真的回答了老师的问题，老师没有再来电话。我鼓励她继续努力。

达达的评价

　　我曾经问过达达，请他给我们家做个评价。达达说："比五星级的宾馆还要好。不但服务好，而且还有特别、特别爱我的爸爸妈妈，是打着灯笼也难找的好地方，一旦入住，别无所求！"前几天，我和达达通电话，提到了家、爱的话题，达达说："小时不缺爱，大了脾气好！"

　　　　家是一个充满爱的地方，父母全身心地爱着孩子。只是有的时候，父母用力过猛或是力气用错了地方，只要我们按照孩子身心发展规律、遵照教育原理，尊重孩子、引导孩子、陪伴孩子，做孩子的良师益友，善于帮助孩子分析面临的问题，教给孩子正确解决问题的方法，及时有效地排遣孩子内心的焦虑。让孩子感觉到父母、老师的关爱，孩子就会在和谐幸福的家庭环境里，健康、快乐地成长。

16 | 音乐的魅力

孩子天生就喜欢音乐

我在怀孕期间，就经常听轻音乐，有时自己哼唱一些喜欢的歌曲。听音乐时，心情轻松愉悦；自己唱歌，更是舒畅快乐！在怀孕后期，胎儿醒着的时候，我会给他唱儿歌、催眠曲。每当这时，孩子就动一动来回应我，让我感到好神奇！

音乐天赋是人与生俱来的，孩子天生就喜欢音乐。播放音乐时，襁褓中的小婴儿都会随音乐的节拍挥动手臂，用力蹬自己的小脚。他们能感受到音乐的节奏，沉浸其中。孩子喜欢听并试着模仿自然界的各种声音。

达达出生后，我也经常在他醒着的时候，放一段轻柔的音乐作为背景音乐，让孩子感受音乐的美好。达达听到一曲美妙动听、活泼愉快的音乐时，会高兴得手舞足蹈，做出 "天真快乐" 的反应。

达达 5 个月后，会坐起来了，解放了两只手。他一听到节奏感强

的儿童歌曲，就会随着音乐节奏挥动两只小手，身体一上一下地跟着打节拍，嘴里咿咿呀呀地跟唱，很享受音乐带来的欢乐。

1 岁多，达达会走路了。他一听到音乐就非常开心，还特别喜欢听熟悉的歌曲。熟悉的音乐响起，达达就动起来，他一边跟着唱一边挥挥胳膊、扭扭屁股、跺跺小脚，有时还会点点头、蹲一蹲。挺有节奏感的，好可爱！

2 岁以后，达达开始自己编歌曲唱。那一段时间，睡觉前，达达经常高兴地扶着小床栏杆，双脚一蹦一跳地唱自己的歌："嘎子、嘎子"，唱够了再睡觉；午睡醒来，一骨碌爬起来，双手拽着小床再唱一段自己的歌，姥姥听到他唱歌，就知道达达醒了，赶紧跑到他的房间看着他。那段时间，我们叫他"小歌星"，他也乐在其中。

音乐活动不但能够刺激大脑相关区域的发展，也可以促进肢体的协调和平衡，比如全身各部位协调配合来跳舞；训练孩子的记忆力、听力、语言和节奏感，比如学唱歌词、记忆舞蹈动作等。在参与集体表演的过程中，提高对外界环境敏锐的感知力、积极主动的探索心理、愉快的心境和活泼开朗的性格，促进孩子注意力、记忆力、想象力、思维力、创造力的发展。

为孩子创设良好的音乐氛围

孩子听力发展的关键期是 0 至 3 岁，要及早把握听力关键期进行培养。孩子出生时，大脑即处于发育最旺盛的阶段。所以，培养孩子的音乐能力也是越早越好。发展孩子的音乐能力要从培养乐感（节奏感、音高）和对音乐的兴趣入手。

日常生活中处处有音乐，随时都能听到优美的音乐，可以是古典音乐、交响曲、儿童歌曲或器乐曲。除了一些格调高雅的音乐外，自然界中、日常生活中的声音是孩子最熟悉的音乐。父母要创造条件尽量让孩子熟悉各种声音，倾听各种曲调。多听、多感受各种声音，大自然中的风声、雨声、海浪声、流水声等；小鸟、昆虫、狗、猫、青蛙、鸭子等小动物的叫声；生活中的车笛声、人们说话声、锅碗声、电话铃声、手表嘀嗒声；各种乐器的声音，等等。尽可能多地为孩子提供各种音乐素材，让孩子和音乐广泛接触，将来才会有兴趣去主动欣赏和享受各种不同风格的音乐。

适合婴幼儿时期听的音乐

小婴儿对节奏感较强的音乐比较敏感，会做出强烈的反应。孩子适合听小夜曲、摇篮曲、抒情歌曲、抒情小曲、小步舞曲、圆舞曲、节奏欢快的各类儿童舞曲，也可以听世界著名大师的钢琴小品、器乐小品、抒情歌曲等作品。父母要选择节奏舒缓、旋律轻柔的音乐作品，以适中的音量播放给孩子听。听音乐的时长以 15 分钟为宜。孩子喜欢听熟悉的旋律，可以在一周内反复播放 2 至 3 首乐曲，下周再换 2 至 3 首乐曲。这样有利于孩子熟悉乐曲，增强听觉记忆力，提升音乐欣赏力。

孩子长到 2 至 3 岁时，可以选择一些接近孩子生活经验、适合孩子心理特点的短小精悍、易记易唱、朗朗上口的歌曲。这些音乐作品更容易被孩子理解、喜爱并模仿。像《小燕子》《拔萝卜》《小兔子乖乖》《一群小鸭子》《蜗牛和黄鹂鸟》《数鸭子》等经典儿歌深受孩子欢迎。学习儿歌时，大人和孩子一同学习，一起唱歌、一起跳舞、一起表演，这样不仅有利于亲子感情交流，也增加了孩子学习的兴趣。

要注意，孩子不适合听节奏感太强、太过动感刺激的音乐，也不适合听悲伤的音乐，不要给婴儿听立体声音乐，更不要让孩子用耳机听。给孩子听音乐时音量尽可能的调小一些。因为较大的音量对孩子身心健康无益，会降低听觉敏感性，还可能损伤听力。

孩子的听觉器官非常稚嫩，还处在发育阶段，所以尽量保障孩子所处环境要相对安静，不要有强音、噪音的刺激，播放音乐的音量要适中，时间不宜过长。否则，会使孩子听觉的敏锐度降低，造成听觉疲劳，甚至损伤听觉。

准备给孩子听的乐曲、歌曲，事前都要经过父母的仔细筛选。必须是内容健康、积极向上、表现力强、节奏明快、简短悦耳、有艺术和欣赏价值，并且适合孩子年龄特征和心理发展特点的作品。

17 ｜ "我看到的都是勤奋和努力！"

达达的勤奋和努力

达达上初中时，学习成绩稳定，考试后在学校的排名都比较好，渐渐地有些飘飘然了，觉得自己很了不起。同学有不会的题，找他来问，他给人家讲完题后，还要说一句："给你讲了两遍才听懂，太笨了！"

达达回到家里，把这件事情当作笑话说给我们听，我和达达爸爸跟他说："同学能来找你问题，说明人家信任你，你不能辜负了人家对你的信任！你讲了两遍同学才听懂，是不是你讲得太快或者是没有讲清楚，下次讲题时看看同学的反应。如果同学没有听懂，那就慢一点讲，给同学讲题也是你巩固、提高的过程。还有，每个人都有自己的长处和不足，不能拿你的长项比人家的弱项。"

后来，达达经常给同学讲题。老师看到了，就让达达自己准备一些学习材料，在早自习时间给全班同学讲一讲。这样，既锻炼了他的胆识也督促他更好地掌握各科知识点。找他来问题的同学更多了，达达也能摆正心态，乐于助人。

达达上高中时，考进了省重点的实验班，这里全都是各个初中的尖子生，达达很佩服同学们，用达达的话说是：大神云集，感觉智商被碾轧！高一上学期，他感觉到来自同学的深深的压力，同学们都非常用功，班级里学习氛围浓厚，每个人都自觉自律，根本不像初中时的状态，达达在学习上需要更加努力，才能赶上老师的进度、同学的脚步。

一上高中，学校规定晚自习 9 点半放学，达达不住学校，回到家里就快 10 点了，到家后马上写作业，洗漱，最快也要 11 点半左右上床睡觉。学习和生活节奏一下子紧张起来，到了高一下学期才慢慢适应紧张的学习生活，学习成绩渐渐稳定下来。

考上大学后，达达去北京读书，同学们来自全国各地。在迎新晚会上，达达担任主持人的角色。在了解同学、编排节目的过程中，达达发现同学们多才多艺，不但学习成绩好，而且还都有自己的兴趣特长，不是死读书，没有书呆子！

周围的同学都有自己明确的奋斗目标，每一天都过得很充实，达达也深受学校、老师、同学的感染，上大学后比在高中时还要努力，一点也没有松懈。

后来，达达获得全额奖学金去国外留学，有机会和更加优秀的同学们在一起，大家都能够严格自律，勤奋、努力是每个人的常态。我们问达达："现在，你身边的同学都是那么厉害，他们都是那种不用学习，就能有好成绩的天才吗？"他跟我们说："我身边的同学确实很优秀，但是我没有发现谁是天才，我看到的都是勤奋和努力！"我知道，达达每一天都到图书馆，直到闭馆音乐响起才离开。

从达达和他的同学们身上，可以印证一点：学习上没有捷径可走，只有勤奋努力，才能出好的成绩。

"业精于勤"，"勤"在读书学习中有着举足轻重的作用。勤奋、自律是一个人的优秀品格之一，也是学习和事业成功的基本手段。在学术上、事业上取得成就的人，都是付出了超过常人几倍，甚至几十倍、几百倍的勤奋和努力换来的！

找对方法，事半功倍

有的孩子学习起来很认真、很努力，恨不得将自己所有的时间都用在学习上。但是，成绩却一直在低位徘徊。那些学习成绩好的同学，学得很轻松，好像还没有花费这么多的时间。其实这种情况，是因为孩子没有掌握较好的学习方法，所以导致学习效率低下。

如果孩子学习成绩不理想，父母应该多与老师沟通联系，了解孩子在校的学习情况，和老师一起制定出适合自己孩子的学习方法。回到家里，积极配合执行老师提出的建议，观察孩子的进步变化。之所以要与老师保持密切的沟通联系，是因为家长和老师的目的是一致的，都是为了孩子能够身心全面发展，老师和家长应该是合作伙伴的关系。另外，老师也希望家长能够理解、支持和配合自己的工作。我在工作中遇到的特别重视孩子成长的家长，都是与老师保持密切沟通联系的有心人。这些家长的孩子会受到老师和家长更多的关注，所以发展得都比较好。

孩子要取得优异成绩，就要有一套适合自己的学习方法。达达上学的时候，主要做好了三个时段的功课：课前预习、课上听讲、课后复习。

花一点时间做好课前预习。达达有一个习惯：每天做完作业，就把书拿出来，翻一翻明天要学的新知识，看一看有哪里没有看懂，用彩笔做下记号，明天老师讲课的时候，要重点听一听。这样带着问题去听课，针对性强、目的明确，便于集中注意力听讲，达达的课上学习效果很好，基本上没有听不懂的地方。所以，他不用再花费时间去补课班学习。

白天上课的时候，精神状态好，记忆力强，思维活跃，学习效率高。所以，提高听课质量，能够起到事半功倍的效果。达达上课时，眼睛紧紧看着老师，思维能够跟随老师的节奏，需要同学讨论发言时，他会第一时间举手，即便是想错了，也没有关系。举手发言，可以让老师了解学生学到了什么程度。另外，一个学生只有上课认真听讲，才能回答出老师的问题。

按时独立完成作业。写作业，就是在复习巩固老师上课时所讲的内容，如果作业能够独立、顺畅地写完，也说明今天学习的知识点已经掌握了。如果遇到不会的题，就要引起注意了，马上看看教科书里的概念、原理是否弄明白了，自己的解题思路错在哪里，实在不会的地方要做好记号，明天去问问老师或同学，一定要把它弄懂弄会，不留欠账。

达达常说："聪明的学生，因为勤奋而变得更优秀，我有什么理由不努力呢？"

第四章

父母应有的教育智慧

1 | 家长和老师是最好的合作伙伴

在工作中，我是一名教师；在生活中，我是一名家长。所以，我既能了解教师的心理，又能理解家长的心思。

现在，越来越多的家长重视孩子的教育问题，并且已经认识到和老师之间互动的重要性。孩子每天早晨醒来就来到学校，与老师相处的时间很长，老师是除了父母以外最了解孩子、最关心孩子的人了。

家长和老师沟通顺畅的话，孩子各方面发展就比较好，成绩也会有所提升；双方沟通不畅或误会、抵触的话，孩子夹在中间，问题就很多了。孩子年龄小，遇事容易感情用事，父母对老师的态度，决定了孩子对待老师的好恶。所以，父母尽量用阳光正面的态度影响孩子。

聪明的家长，与老师会形成合力

带班教师工作繁忙，一般在孩子出现问题时，才会主动找家长。聪明的家长会经常与老师保持联系，既能与老师形成教育合力，共同影响孩子，又能及时了解孩子在校情况，做到防患于未然。

在达达成长的过程中，我与达达的历届老师始终保持着很好的关系，达达也喜欢他的每一任老师。初中以后，达达与老师更是相处得亦师亦友，对老师充满崇拜、尊重、喜爱之情。试想，孩子与老师有这样的感情，怎么好意思不听老师的话，上课时捣乱呢？

父母都希望自己的孩子健康快乐、成绩优秀，在激烈的竞争中屡屡夺冠、脱颖而出，所有老师都盼望自己培养出来的学生品学兼优、成人成才。所以，家长和老师辛苦付出的目的是一致的，在本质上没有分歧。父母渴望与老师保持良好的关系，配合老师教育好孩子；老师也希望能与家长保持教育一致性，得到家长的认可、配合和支持。

我在工作中的体会是：特别希望家长常常过来找我或通过电话、微信等方式聊一聊，互相交换孩子在校、在家的情况，看看孩子有哪些方面进步了，哪些方面还存在不足，下一步我们一起需要做些什么来促进孩子的发展。

事实证明，越是关心孩子成长的家长，越愿意主动找到老师；越是主动找到老师的家长，他的孩子越优秀。

家校联系的途径

目前，家校联系的主要途径为家长会、家长学校、家庭教育咨询、联谊活动、家长接待日及家校通信、便条、校报、家校热线、家校联系手册、教师家访、班级微信群、学校网站等方式，这些方式都在不同程度上取得了一些效果。但是，以上的种种形式只具有普遍性，要想知道自己孩子的个别情况，还需要与老师进行单独联系。

家长看孩子是从小到大，往往是纵向比较；老师看孩子既有一段时间的纵向比较，又可以把孩子放到班级学生中比较，放到学校年级学生中比较，甚至可以放到自己曾经教过的学生中进行比较，是横向比较。老师通过横向比较，再结合自己多年的教育经验，会更有发言权，更能给家长提供切实可行的、个别化的教育建议。

家长在与老师进行个别沟通时，可以向老师咨询教育孩子的方法，不仅可以了解孩子在校的表现，还可以从中发现自己在教育孩子时存在的不足，及时调整教育方式，是最具针对性和个性化的高效方法。

家长与老师沟通时的建议

首先要信任、体谅、尊重、支持、配合老师的工作。孩子在老师的引领下学习、生活，得到知识、学会做人的道理。老师在孩子心目中是至高无上、知识渊博的人。家长要在孩子面前维护老师的威信，多体谅老师的辛苦，多赞美老师，让孩子更加尊重老师、崇拜老师，形成以老师为荣的意识。

遇到孩子被老师批评的时候，更要保持良好的心态，理解老师的良苦用心，引导孩子看到自己的缺点错误，及时改正。千万不可以曲解老师的意图，一味地在孩子面前说老师的坏话，破坏老师在孩子心目中的形象。一旦孩子认为老师不喜欢自己，偏袒别人，就会在心里产生与老师的对立情绪，时时事事与老师作对。最后，受损失的是自己的孩子，家长不要做这种傻事。

老师在接班后，会把自己的手机号码、微信号码告诉家长，以方便与家长及时联系沟通。现在，每个班级还建立了班级微信群，老师会把孩子在校学习的情况用照片、视频的形式传送到班级微信群里，让家长及时了解孩子在学习生活中的表现，既快捷又方便。

家长可以利用微信与老师私下里进行交流，把孩子在家的情况或者孩子学习生活上出现的一些疑问，通过微信传递给老师，向老师请教。在我的工作中，这种用微信交流的方式是最普遍、迅捷、高效的好方法。

家长在看到孩子进步的时候，发一条称赞老师工作、体谅老师辛苦的短信或微信，会使老师备受鼓舞。

老师和家长联系通常是"报忧不报喜"，孩子并非一无是处。家长接到老师对孩子的负面消息时，不要全部转述给孩子，更不要数落孩子，这会让孩子不自信，家长也不要在别人面前批评孩子，要帮助孩子分析成绩、问题背后急需解决的学习习惯和品格问题。

现在，我们还定期组织家长开放日、家长会、家长进课堂、各种联谊会，把家长请进学校，实地参与孩子们的学习、生活，了解孩子在校的日程安排。家长要尽量参加这样的活动，让老师感受到家长的重视和支持，让孩子感受到父母的爱和关心。

> 和老师沟通多了，家长与老师的感情就会加深。逐渐建立平等、信任的相互理解、相互交流、相互合作的伙伴关系，达到配合一致的教育目的，受益的是孩子。

2 | 和 1 个月的宝宝 "对话"

值得重视的前语言期

达达出院回家后，我和达达爸爸在他醒着的时候就总是和他说话、抱抱他，拿着玩具逗他。满月的那天，我准备了几块彩色积木慢慢地一块一块地拿给他看，动作慢是为了让孩子能够看清楚。我自说自话地告诉他这块是什么颜色，那块是什么颜色，等我说完一句，他就"呃、呃、呃"地回应一句，他说完停下来等我说，我又说，我说完停下来等他，他又"呃、呃、呃"地回应我，这是达达第一次回应我，我非常惊喜。我们俩这样说了好一会儿，都非常开心。

孩子的反应，更加激励了我们多和孩子说话的决心，我们全家人都积极参与到多和孩子说话、交流的这件大事情中来。

从 0 到 1 岁的小婴儿还不会说话，处于前语言时期，这个时期正是孩子学习语言最关键的敏感期。这一时期最重要的是储备大量的语言信息。父母不要认为刚出生的婴儿还不具备语言功能，就忽视对孩子的语言刺激。对孩子进行语言启蒙要尽早开始，不能等到孩子已经开口说话了，才开始教说话，要从孩子出生的第一天就开始，给孩子一个逐渐积累的过程。

其实，在孩子还没有出生前，早在妈妈怀孕 28 周以后，胎儿就能够通过妈妈的腹壁，听到外面的声音，已经懂得辨认声调、感受声音了。从这时起，准妈妈就要有意识地和胎儿说话，进行交流。刚出生的新生儿对妈妈心跳的声音更熟悉，更喜欢听到妈妈说话的声音。妈妈每天和新生儿说话，可以刺激孩子大脑的语言中枢神经，促进大脑发育。

语言环境的营造

孩子学会说话，首先要有语言的环境，让孩子听到说话的声音。听周围人讲话和日常生活中的各种声音，能够发展孩子听的功能。爸爸妈妈要抓住时机多和孩子说话，妈妈是日常照料孩子最多的人，所以妈妈更要提醒自己多和孩子说话。

新生儿的注意以无意注意为主，爸爸妈妈和经常照顾孩子的人最容易引起孩子的注意，所以这些人要多逗引孩子，多抱抱孩子，多和孩子轻声说话。和新生儿说话的时机可以是刚睡醒时、喂奶时、喝水后、换尿布时、洗澡时等孩子情绪愉快的时候，随时随地都可以进行。

爸爸妈妈和孩子说话时，要面对着孩子，让孩子看着说话人的脸以及口形变化；眼睛看着孩子，吸引孩子的注意，与孩子有眼神的交流；语调有高有低，语气亲切温和。经常对孩子说话，很快他就会发出呃、呃的声音来回应父母了。

布置儿童房时，为孩子准备吸引注意力的玩具。材料要采用活动的（动态的玩具更能吸引孩子的注意）、色彩鲜艳的（容易引发孩子愉悦的情绪）、图案简单优美（便于记忆）的悬挂玩具。

拿玩具给孩子看时，距离孩子要近一些，避免其他视觉干扰。爸爸妈妈一边拿着玩具一边反复告诉孩子玩具的名称。重复说物品的名称，会让孩子的大脑因经验重复加深印象，帮助孩子建立正确的词汇概念。和孩子讲话的时候，语速一定要慢，展示的玩具在孩子的视线中停留一段时间，让孩子看清楚。

爸爸妈妈要经常逗引新生儿发声。开始时，孩子没有掌握"对话"的要领是一人说、一人听，他会和妈妈爸爸同时发出声音或同时停下来。到孩子1个半月至2个月左右大的时候，孩子渐渐学会了"对话"，爸爸妈妈要配合孩子练习轮流发声。例如，孩子发出呃、呃、呃的声音，爸爸妈妈就对他发出一样的声音。他做出挥舞手臂的天真快乐反应，爸爸妈妈也马上照样做。孩子呵、呵、呵地笑，爸爸妈妈也用呵、呵、呵地笑来回应他。

与孩子"对话"时，孩子发出声音，爸爸妈妈一定要停顿下来，专注地倾听。孩子也会模仿父母的样子，等轮到爸爸妈妈说话时，孩子也会停顿下来，专注地倾听。这种语言交流对刺激婴儿神经系统的语言加工能力是很有必要的，也为今后说话时，懂得倾听奠定基础。

想让孩子早一些开口说话，父母、家人就要每天多跟孩子说话交流。另外，还有一种见效快的好办法，就是每天给孩子念儿歌、读古诗、讲故事。10 个月左右的孩子，就可以和爸爸妈妈一起看书了。

达达 10 个月大的时候，还不会说话。姥姥每天给他念一些朗朗上口的绘本小儿歌，比如《排排坐，吃果果》《等妈妈》等。达达特别喜欢看着绘本重复听儿歌，经常拽着姥姥读给他听，很快就能跟着姥姥说出儿歌每一行的最后一个字，过一段时间，就能跟读出儿歌每一行的最后几个字，直到把整首儿歌跟读下来。

给孩子念儿歌、读古诗、讲故事是很好的促进孩子说话的方式。父母不用每天更换一个故事、儿歌，在一段时间内固定讲一个故事和儿歌，故事或儿歌要短小易记。每天多重复几遍，重复一段时间，就会在大脑里留下深刻印象，孩子很快就能记住、学会，能够模仿出来了。

> 爸爸妈妈和孩子说话，要亲切温柔、语句简短，慢一点说；发音要标准、清晰，不要重复孩子错误的语音。说话的时候多重复几遍，让孩子听清楚以便更好地记忆。还要注意创造一个轻松的说话环境，不能强迫孩子说话，引导孩子愉快地主动说话。

3 | 彩虹下的小水坑

雨后的小水坑

有没有发现，小孩子都喜欢玩水。大雨刚过天空放晴，一道彩虹挂在天上，空气里弥漫着清新的味道。我带着达达到外面去玩，看到院子里有很多小水坑，都汪着一层薄薄的积水，水坑的表面被轻风吹得微波粼粼。达达兴奋地跑过去，看到水坑就要踩，两只小脚交替使劲地踩水，踩得水花四处飞溅。看到他快乐无比的样子，我也参与到踩水的游戏中，达达看见妈妈和他一起玩，兴致更高，踩得更高兴了。

玩了一会儿，达达累了，跑过来拉着我的手，我们一起在院子里散步。达达发现平静的水面上有我们俩的倒影，奇怪地跑到另一个小水坑边仔细观察，看到这个小水坑里也有他的影子，就一个一个地看其他的小水坑，看看有没有照出自己的样子。观察一遍后，像发现了新大陆一样兴奋，着急地跑到我身边，喊道："妈妈，小水坑里有我！

小水坑是镜子，能照出我的影子！"我说："是吗？我来看看！"我们站在小水坑的边上，往小水坑里看，果然看见我们俩的影子，我们动一动胳膊，影子也动一动胳膊。达达高兴地说："跟照镜子一模一样，太有趣了！"

达达发现了这个奇妙的现象，自己特别得意，说要回家把爸爸叫来，让爸爸也来看看小水坑里的影子。我说："达达，你看看院子里，泥土地面能不能照出影子？"我这么一问，达达就琢磨开了，一会儿跑到小水坑那里照一照，一会儿跑到泥土地面照一照。

过了一会儿，跑来说："妈妈，为什么水面能照出影子，泥土地面就照不出来影子呢？"我说："没有风的水面很平静，就像镜子一样，能够反射图像，照出我们的影子，还能照出楼房的影子；有风的时候，水面有波动，影子也会波动，看不清楚，等水面平静时影子又出现了。泥土地面，表面坑坑注注不像镜面那样平整，不能够反射图像。所以，泥土地面不会照出我们的影子！"达达一边听我讲解，一边用脚尖去点小水坑里的水，把水搅出涟漪，我们俩的影子一会儿就随着涟漪波动起来，等水面平静下来后，我们俩的影子又渐渐清晰起来。

这时，小水坑里照出的彩虹吸引了达达的注意力，他抬头看看天空中的七色彩虹，问我："为什么下完雨后才有彩虹？彩虹是怎么做出来的？"我对他说："外面刚刚下过雨，空气中会有大量的小水滴飘浮在空气中，当太阳的光线照到小水滴时，光线就会出现折射现象，在光线的折射过程中，我们就会看到红、橙、黄、绿、蓝、靛、紫等颜色的光，就形成了彩虹。"达达很满意我的回答，张开双臂在院子里又跑了一圈。

马拉古奇曾说："如果成人不加限制的话，这一池的积水可成为一个让孩子尽情探索的世界。"在雨后地面的小水坑里，达达发现了水中倒影、七色彩虹；我的支持和鼓励，增强了他主动探索的欲望和信心。

天生的小科学家

在水里玩的科学游戏有很多。达达洗澡的时候，在洗澡盆里放满水，把用不同材料折叠的小船放进澡盆。观察哪种材料折成的小船会一直坚持不沉，最后是用塑料包装纸折的小船始终漂浮在水面上。达达发现塑料不吸水，而其他的纸吸水。所以，塑料纸船能够取得胜利。

在幼儿园里，我们用木块、塑料块、铁块、泡沫块、石块来做水的浮力的实验，孩子们玩得很开心；把塑料瓶子里装进沙子当成潜水艇，在水中上下浮沉，让孩子们比较装进沙子多少与瓶子在水中沉浮的关系；我们还利用虹吸效应来给鱼缸换水。就是把水管里灌满水，两端按住不放，一边放到鱼缸里，另一边放到高度低一些的水盆里，最后同时松开两端，鱼缸里的水就流到水盆里了。孩子们看了，都感觉非常神奇，想知道为什么。

孩子通过思考提出问题，再去探索问题，这是一种宝贵的科学素养。每当孩子提出问题之后，父母不要急于告诉他答案，而是先让孩子大胆想象问题的答案。然后，有目的地观察事物，自己动手探索或和爸爸妈妈共同查找资料，寻找问题的答案。

　　日常生活中，经常会出现一些偶发的科学现象，父母要善于发现并把握住机会，激发孩子的探索欲望和学科学的兴趣。比如，"要下暴雨时，会先看到闪电、后听到雷声"，"要下雨了，蚂蚁搬家、燕子低飞"，等等。孩子看到这些自然现象，会不由自主地对这些现象提出问题，父母要鼓励孩子的发现，耐心地给予解答。遇到父母也答不上来的问题，不可以随便应付孩子，一定要查找资料，得到正确的答案后，再告诉孩子。

　　孩子天生是科学家，他们对周围世界充满了好奇心和探究愿望，充满热情、不知疲倦地发现新鲜事物、尝试解决问题。在探索的过程中，孩子的大脑神经高度兴奋、思维活跃、注意力集中。孩子们通过积极参与科学活动获得的知识，印象深刻、记忆效果好，是真正有意义、有价值的学习。

4 | 把幼儿园的玩具带回家怎么办

工作中，我经常遇到孩子把幼儿园里的玩具带回家的情况。晚上，家长给孩子换衣服的时候，发现了幼儿园的玩具，都会对孩子进行教育。第二天早晨送孩子来幼儿园时，跟老师说明情况，让孩子向老师道歉，并主动把玩具放回原处。

幼儿园里三四岁的孩子，还没有形成物品的所属概念，他不关心这个物品"是谁的"。只是觉得这个玩具好玩、喜欢，还没玩够，就把玩具揣在口袋里带回家，准备回家后接着玩。孩子把玩具带回家的行为与成人意识里"偷、盗"的行为不是一回事。

带回家的小汽车

一个早晨，冬冬妈妈推着冬冬进活动室，示意冬冬把一件藏在背后的东西拿给我。冬冬不好意思地从背后拿出一辆小汽车递给我，说："老师，对不起，我把幼儿园里的小汽车带回家了，现在拿回来，我以后不把幼儿园的玩具带回家了！"

我问冬冬："你为什么要把小汽车带回家呢?"

冬冬说："昨天,我和齐齐一起玩小汽车,齐齐说这个小汽车是他先看到的,齐齐就一直玩,一直玩,我没有玩着!"

原来,昨天进行分组活动时,冬冬和齐齐一组玩"马路上的汽车"游戏,冬冬和齐齐争抢这个小汽车,最后被齐齐抢去,冬冬游戏时间里没玩着,就把小汽车拿回家去,准备一个人玩,不给齐齐玩。

幼儿园里每天都有这样争抢玩具的现象,孩子把玩具带回家的现象也时有发生。这种行为发生在小、中班孩子的身上,大多是无意行为,所以父母不必惊慌失措,对孩子严厉斥责。孩子有了一次这样的经历,就不会再拿不属于自己的东西了。

冬冬妈妈的做法很合适,回家发现孩子把不是自己的东西带回家后,及时进行教育,第二天让孩子马上归还。我和冬冬妈妈连着观察、教育了冬冬几天,确认孩子再也没有这样的事情发生。

消失的头花

10多年前,我带过一个大班的小女孩茜茜,茜茜长得很漂亮,妈妈每天都给她换着花样穿好看的衣裙,头上的发夹也是比较漂亮的款式,把茜茜打扮得像一个小公主。

茜茜知道自己很美,很在意别人对自己的夸奖。早晨入园时最喜欢听的就是老师夸她漂亮,新衣服好看。经常对小朋友说妈妈又给她买来什么好玩的东西。

茜茜平时喜欢到表演区和小朋友一起玩角色扮演,表演区里有我们准备好的各种服装、头饰、乐器等表演用的道具。小朋友玩的时候，可以自己根据角色需要装扮。

一段时间以后，小朋友跟我说：表演区里的头花不够用了，被茜茜拿走了。我打开装头花的盒子，发现原来盒子里的 6 朵头花，就剩下颜色不太好看的两朵了！

我忽然想起来，茜茜早上来园时，头上就戴着一朵粉色的头花，当时我觉得很眼熟，和我们班表演区的道具有些相像。

我没有声张，悄悄地把茜茜拉到一边，小声问她："茜茜，你戴的头花很漂亮，是妈妈给你买的吗？"

茜茜低着头，想了想，犹豫了一下说："嗯！"

我说："茜茜，妈妈给你买了几个呀？"

茜茜又想了一会儿，说："3 个，不是！是 4 个。"

我说："茜茜，你的头花都是什么颜色的啊？"

茜茜抬起头，想了好一会儿，对我说："有红的、金色的、黄色的，"茜茜摸摸自己头上戴着的头花说，"还有一个是粉色的！"

我取来表演区的头花盒子，打开盒盖给茜茜看，盒子里有一朵绿色的、一朵蓝色的头花。我说："我们表演区的头花，不知道跑到哪里去了，这个盒子就是它们的家，剩下的这两朵花就是它们的小妹妹。这两天那四朵头花没有回家，这两个小妹妹真着急呀，去哪里能把小姐姐找回来呢？真急人啊！"说完，我用期待的眼神看着茜茜，做了一个着急的表情。

茜茜看到我着急的样子，低下头想了想，拉着我的手说："老师，我知道头花姐姐在哪里！"

我说："太好了，这下，头花姐妹就可以回家了！"

茜茜连忙从头上摘下粉色的头花，递给我，小声对我说："这个就是，还有那些，在我家里，我明天就带回来！"

我一把抱住茜茜，把粉色的头花戴在她的头上，说："茜茜，你是个好孩子！你戴着头花很漂亮！但是，这些头花，还有活动区里的那些玩具都是幼儿园的东西，只能在幼儿园里玩。在幼儿园里，每个小朋友都可以戴、可以玩，再漂亮的头花、再喜欢的玩具也不可以带回家去！你把幼儿园的东西带回家，别的小朋友就没有玩的了，是不是？"

茜茜点点头。

我说："这个头花，你现在还戴着，等一会儿，表演结束了，要记得把它放回家里啊！"

茜茜又使劲点点头，说："一会儿我就放回去！"

晚上，妈妈来接茜茜，我和茜茜妈妈单独说了今天的情况。茜茜妈妈开始挺震惊，茜茜妈妈说，孩子说头花是班里小朋友送给她的，妈妈就没有在意。经过我的解释，妈妈表示回家后也要好好给茜茜讲一讲"不是自己的东西不能拿"的道理。

第二天，茜茜和妈妈早早来到幼儿园等着我，茜茜自己把那几朵头花整整齐齐地摆到盒子里。我鼓励茜茜做值日生，帮助老师把活动区里的玩具都摆放好，迎接小朋友入园。茜茜再也没有拿过幼儿园的玩具。

大班年龄的孩子，已经懂得了物品所属的关系，知道这样做是不对的。但是，有时他们的自我控制能力比较差，才会悄悄地拿了不属于自己的东西。

对待孩子的这种行为，年龄越大的孩子越应引起父母的注意。父母还要注意教育的方式方法：明确要求孩子不是自己的东西不能拿；及时满足孩子合理的物质需求；密切观察孩子的表现，注意是否还有这样的事情再发生；不要羞于告诉老师，要与老师保持教育的一致性，采取正面教育的方式，共同帮助孩子，改掉不良行为。

5 | 孩子要不要去学前班

幼小衔接，家长的困惑

又到一年毕业季，父母们开始忧心孩子是否上学前班的问题。孩子目前在中班，即将进入大班的家长犹豫：孩子要不要在幼儿园的最后一年去学前班；大班毕业的家长在考虑：让孩子利用暑假两个月的时间去短期学前班突击学习一段，提前感受一下小学的学习节奏。

大班毕业的天天5岁半了，到今年9月，他的年龄还差几个月才够上小学。天天的妈妈说："现在，重点小学入学都要考试，光靠幼儿园里学的那点知识根本考不上。"妈妈担心天天在幼升小的入学竞争中落榜，给他报了一个学前班，准备让他学习一年拼音、识字、写字、计算等课程，为明年考上重点小学铺路。

大班家长小张的儿子今年刚满5岁，明年到上学的年龄。小张最近一直在发愁，刚上大班的儿子是继续留在幼儿园读大班，还是去外面的学前培训班呢？从暑假开始到新学期开学，班里陆陆续续有孩子退园。暑假刚开始，班上就有三四个孩子退园，开学后又有八九个孩子退园，到外面的学前班学数学、英语、拼音等小学一年级的内容。

原来小张想让孩子大班毕业后，直接进入小学学习，没有想过让孩子去学前班。现在，看着班里有退园的孩子就着急了，他担心儿子上小学一年级时，别的孩子都学过了，自己的孩子跟不上学习进度，考虑着是不是也让孩子退园去学前班。

超前教育不可取

幼儿园与小学顺利衔接，是父母高度关注的热点问题。让孩子继续留在幼儿园上大班，还是去专门的学前班，是摆在每位家长面前的重要选题。到底如何选择才更加适合孩子身心发展的特点，让孩子顺利度过幼小衔接，适应小学生活呢？

幼小衔接是幼儿园和小学两个教育阶段平稳过渡的教育过程。这一过程，是从幼儿园大班开始，一直持续到小学一年级，要经历两年左右的时间。需要从心理、知识、物质、身体等方面着手准备，心理方面的准备尤为重要。短期培训班不可能解决幼小衔接的全部问题。

幼儿的身心发展有阶梯化规律，必须遵行循序渐进、因势利导的教育原则。幼儿阶段以游戏为主的教学方式最适合孩子身心发展特点，学龄阶段以课堂教学为主的教学形式更适合孩子发展。在孩子5到6岁的阶段超前学习小学的知识内容，有些孩子对学习方式的改变可能不适应，是揠苗助长的行为，最终是会扼杀孩子的想象力和创造力。

学前阶段，如果把知识学习作为当前主要任务，一味给孩子提前灌输课本知识，忽略了孩子学习兴趣、学习习惯和行为方式的培养，是本末倒置的事情。会使孩子在正式上学前，就对将来的学习产生厌倦心理，丧失学习动力、不利于孩子可持续发展。

"万物皆有时"，超前教育是不可取的。幼儿园是严格按照3年学前教育来实施的，小、中、大班的教学安排是根据孩子身心发展规律，科学合理制定的，让孩子顺利完成幼儿园3年的学习，是最好的选择。

目前，社会上的学前班和正规幼儿园相比较，存在着一些问题：

1.学前班的课程设置多，学习方法和形式单一，作业较多，容易让孩子产生厌学情绪，不利于学习兴趣的培养。

2.办学场地有限，活动场地少，孩子户外运动受限制，不利于孩子身体健康发展。

3.学前班的师资力量不如正规幼儿园雄厚。老师流动性较大、教学不够规范、教学经验不足，不利于孩子形成良好的学习习惯。

学校的优劣，教育的成败，关键看师资。所以，父母在给孩子选择学校时，一定要了解教师的水平。

小学老师说

我读师范时的同学在小学当老师，她说学前班的超前训练使孩子入学后表现为：刚上学时，感觉自己都会了，上课不专心听讲，形成了不良的学习态度和习惯；到了三年级以后，随着学习内容和难度的加深，缺乏学习后劲，学习成绩渐渐下降，加上学习习惯不好，对学习失去了兴趣。最后，往往被"零基础"的学生赶超，反而不如没有上过学前班的孩子。

我的同学还说：学习好的关键，是养成良好的学习习惯和浓厚的学习兴趣，提前学习不能保证以后学习好。一些学前班教得与学校不一样，致使孩子牢牢记住了错误的内容，进入小学后，老师们要去纠正错误，需要花费更多的时间和精力，还不如不学。

正规幼儿园

正规幼儿园是严格按照教育主管部门的要求，杜绝"小学化"倾向，在大班阶段，开展一系列幼小衔接活动，准备在一年的时间里，循序渐进地开展各项活动。

教学活动安排：

1.大班上学期、下学期，两次参观小学，了解小学的学习生活和学习常规，培养孩子入小学的愿望。

2.培养良好的学习能力，为上小学打基础。正确看书、写字，掌握握笔姿势，知道做事要有始有终，专心听讲，专心做事等。

3.养成良好的生活习惯，有独立性。培养时间观念，增强独立意识，学习整理自己的物品，逐渐减少成人的直接照顾。

4.培养良好的社会性，发展人际交往能力。自觉遵守纪律和各项常规、规则，能控制自己的情绪、行为，有责任感，能够承受小挫折，有集体荣誉感，愿意为集体做事，能够解决简单的问题和困难等。

5.家长学校。大班下学期期末，请小学老师向家长介绍小学的情况，建议家长做好各方面准备工作，做好家长和孩子的心理调整。

6. 大班下学期期末，请去年毕业的孩子来园与大班孩子座谈，介绍自己的学习生活和自己的进步，激发幼儿的入学愿望。

7. 培养孩子的安全意识，学会处理同伴之间的小矛盾。

8. 制作毕业纪念光盘，收集孩子 3 年来在幼儿园生活、学习、活动的视频和照片，制作成光盘赠送给孩子，留作纪念。

9. 隆重的毕业典礼，发放毕业证书。让孩子们感受到自己长大了，激发即将成为光荣小学生的愿望。

> 教育，是为孩子一生的成长和发展奠定基础，把教育重点放在培养孩子终身受益的能力、习惯、品格等方面，能力比知识更重要。孩子在面临幼升小、小升初、中考、高考等选择时，要遵从孩子身心发展的规律和孩子自己的想法，父母也要多学习，了解相关的教育知识，与孩子共同成长。

6 | "总是催着我去玩，催我睡觉的爸爸妈妈！"

游戏中的学习

达达 1 岁多的时候，正是开始说话的关键时期，我们买来《看图说话》，每天和达达一起看图画书。图书色彩鲜艳，对话简短，我们用讲故事的方式，声音抑扬顿挫地讲给他听，达达很喜欢看图书，对学说话也越来越感兴趣。有时我们说一句，他会跟着学一句，连语调、表情都模仿得一模一样。

熟悉了图书的内容后，我们一起玩"找东西"的游戏。当时，我们看的是一本认识水果的书，我把书合上，让达达翻书，把藏起来的西瓜找出来，当他把书翻到有西瓜的那页时，我就给他鼓掌并夸奖他。通过这个游戏发展孩子语言的理解能力、手眼协调能力，训练手部的精细动作。达达每次玩的时候，都是全神贯注，整个身心都融于游戏之中，特别是要轻轻地一页一页地翻书，这个动作对于 1 岁多的孩子来讲，是有难度的，他必须控制好手部肌肉的力道，达到精准翻页的目的。

孩子是在游戏中学习的，我们不仅不能阻挠孩子玩游戏，而且还要创造条件引导孩子游戏，父母要参与到孩子的游戏当中来，和孩子一起玩游戏。

达达3岁以后，我们就带着他到大自然中玩耍、学习，让达达用多种感官参与学习，亲身感受各种事物，获得直接经验。小孩子自己亲自看到的、听到的、摸到的、闻到的、尝到的事物，会深深地印刻在大脑里，形成知识储存在"记忆库"中，永远不会忘记。每次学习新知识时，大脑的"记忆库"会随时调出原来掌握的内容，帮助理解、消化新知识，使新知识变得简单，好理解。知识储备较多的孩子，上课学习的时候会表现出比别的同学学得快，成绩好的特点。

户外郊游、旅游给孩子探索世界的机会。达达从小到大，我们带他去过周边和国内很多地方。现在，他自己也有机会到更远的地方走走看看。通过旅行中的所见所闻，学习用不同的角度去看世界，收获远比书本里的文字生动、有趣、多元。行万里路，读万卷书。知识存在于我们真实的生活中，小时候的游玩、长大后的旅行，让一个人更加独立、自信、睿智。

见缝插针地学习

达达上初中后，课业负担越来越重，每月有月考；期中、期末有大考；平时也是小考不断，天天都有做不完的作业。我们觉得孩子天天闷在家里学习，实在是无趣，即便是把书本上的习题都做会了，也不过是在吃"别人嚼过的馍"。达达没报补习班，有很充裕的时间外出游玩。我们要带着达达去自己发现新鲜事物，学习更好玩的生活常识。

五一劳动节的假期到了，老师又留了很多作业，过了"五一"就要月考，要求同学们假期好好复习功课，月考要考出好成绩。可是，我们家早就安排好假期的行程，准备出去玩了。

假期第一天的早上，我们催促达达，让他快点收拾好书包，带好要看的书和作业，准备出发。达达知道我们的安排，他心里特别想跟我们出去玩，可是又担心学习完不成，心里忐忑不安。

他怕作业做不完，早晨早早就起来写作业了。听见我们催他，就说："我们同学的爸爸妈妈都怕孩子只顾着玩，不学习。你们可好，总是催着我去玩！"爸爸说："没关系，我们带着学习任务，在路上学，不会耽误你的学习，放心吧！"

旅途上，达达把需要背诵的课文拿出来大声地背，由于时间有限，达达只能全神贯注地学习。所以学习效率很高，很快就背会了。我考了一遍，又问了一些词语解释，确认都会了，就收拾好书包。让他把命题作文的思路讲一讲，我和达达爸爸提了一点建议，达达又重新理出了作文思路，打好腹稿，准备晚上到住宿的地方写出来就好了。一路上，我们用大块时间游玩，见缝插针地学习，既没有耽误行程，也没有耽误学习，达达很高兴有机会出来玩。

父母高质量的陪伴

大自然像万花筒，为孩子提供了看不完、认识不完的新鲜事物。我们安排外出旅游的时候，已经把沿途的景点了解清楚了，做好了前期知识准备。带达达游玩的时候，能够很好地做达达的导游，回答达达的提问。

经常带孩子游玩，让孩子接触自然，释放天性。多看看山、水、海、天，各色花草、小动物、昆虫等，孩子的各种感觉器官都参与工作。看到五彩缤纷的美景，听到风声、水声、鸟声、欢笑声，感受到阳光和煦、清风拂面，接触到平时在家看不到的新事物。

一路上，孩子会不停地问这问那，父母要认真回答，遇到答不上来的不要随口乱说，一定要查找到确切的答案，再告诉孩子。每次出

去玩，孩子都会有很大收获，锻炼了身体、增长了知识、收获了快乐、发展了智力，让孩子变得更加勇敢、自信。

孩子的健康成长离不开父母的用心陪伴。现在，很多父母还是长不大的孩子，在儿童游乐园里，常常看到坐在一边低头看手机的年轻父母。幼儿园里的小朋友经常抱怨说，爸爸妈妈光顾着看手机、玩电脑，不陪他们玩。

爸爸妈妈要给孩子高质量的陪伴而不是"陪同"，用心思考孩子现阶段最需要的是什么，积极回应孩子的情感需求。其实，孩子需要父母陪伴的时间还是很短暂的，他们很快就长大了。要珍惜能够陪伴孩子的美好时光，专心做孩子的玩伴，与孩子共同游戏。同时，父母还要和孩子一起学习，储备丰富的文化知识。你会发现，孩子成长进步的速度飞快，父母的脚步很快就追不上孩子的步伐了。

7 ┃ 教会孩子解决问题的方法

现在孩子在家中的地位，是全家人的中心，是父母长辈的掌上明珠，备受关注、照顾周全、百般呵护！孩子遇到困难的时候，父母会在第一时间伸出援手扫平孩子前进路上的障碍。所以，孩子基本没有机会自己解决问题。

由于家长的过度保护，孩子缺乏解决问题的经验，遇到困难就退缩或马上求助于老师、父母，养成了依赖他人的习惯。但是，孩子会一天天长大，父母不可能一直陪伴着、保护着孩子，漫长的人生道路需要他们自己一步一步地走下去。所以，父母应该教会孩子解决问题的方法，培养孩子独立、自信，让孩子自己主动尝试，寻找解决问题的答案。

学着自己解决问题

在幼儿园的一日活动中，孩子们会遇到这样那样的问题和矛盾，比如争抢玩具、别人撞了我、别的小朋友占了我的位置等，每天孩子们之间都上演无数次的矛盾冲突。

地上有一支彩笔，孩子捡起来，说："老师，这里有一支彩笔！"画画的时候，常常有孩子告状："老师，×××把颜料盒都拿走了！"开饭的时候，突然孩子喊："老师，他把不吃的胡萝卜都扔到桌子下面了！"玩拼插积木时，有的孩子说："老师，他把我们建的大风车弄倒了。"户外游戏时，有孩子告状："老师，他不跟我玩！"……

孩子已经养成了依赖成人解决问题的习惯。所以，只要出现问题，自己不想办法解决，第一反应就是找老师，带班老师每天要用很多精力忙于解决这些琐事。我召集孩子们一起来讨论，遇到这样的问题，你该怎么办？结果，孩子们七嘴八舌，想出了许多解决问题的方法。我跟孩子们约定，遇到问题先自己想一想：应该怎么办？想不出办法了，再找老师帮忙。自从这次讨论以后，孩子们再要喊老师的时候，我会用鼓励、期待的目光给孩子加油鼓劲，他们马上停下来，想一想，自己找到好办法去做了。

孩子学会自己解决问题，需要一个漫长的过程，而且孩子的进步是呈螺旋式上升的，会有反复。因此，老师和家长都要有足够的耐心等待孩子慢慢成长。

有一年初夏，我带的大一班孩子即将毕业，马上就要上小学了，我们大班组正在进行幼小衔接的主题系列活动。这一天，我们要组织孩子们去附近的小学参观。

小学里有各种专项活动教室，孩子们来到图书阅览室，可以在这里坐下来，像小学生一样阅读图书。大家都感到很新鲜，马上跑到书架前，挑选自己喜欢的图书。

　　这时，我看到毛毛和小睿两人手里同时攥着一本书，互相撕扯起来。我走过去小声地问他们怎么回事，小睿说："老师，是我先看到这本书的，毛毛跟我抢！"毛毛着急地红着小脸说："不是，是我先看到的！"我觉得这个问题应该由他们自己来解决，于是就说："你们俩都说是自己先看到的，到底应该怎么办呢？你们自己想想有什么好办法可以解决？"毛毛看看我，又看看小睿，抢着书的手松开了："我们轮着看吧，就让她先看，我等一会儿再看吧。"小睿这时也不好意思了，把书又推向了毛毛："还是你先看吧，等你看完了我再看。"俩人你让给我，我让给你了，小睿这时突然说道："毛毛，要不我们俩一起看吧，行吗？""嗯，好的！"两个小朋友拿着书找到座位，一起看起来。一件小事就这样解决了。

　　像这种同伴间的矛盾在幼儿园的班级里天天发生。我的处理方法会看矛盾的情况而定，一般的小摩擦，我会先观察一会儿，看看孩子们能否自己解决。如果矛盾有升级的趋势，我会让孩子各自讲一讲事情的经过，用提示的语言帮助孩子们理清事实，然后再引导他们协商解决，这样有助于培养孩子自己解决问题的能力。孩子有了这样一次自己协商解决的经验后，增长了自信心，以后再遇到类似的情况，也会学着自己解决。同伴之间增加了友谊，也学会了与人相处的方法。

给孩子们提供解决问题的机会

　　今天，我在网上看到一段视频。孩子玩滑梯时发生碰撞，双方家长大打出手，两个孩子吓得哇哇大哭。其实孩子之间玩耍，有自己的相处方式，成人不要用自己的观点去揣度小孩子之间的关系。孩子处于群体之中，就会有摩擦、碰撞，这是必然发生的事情。双方父母在处理孩子碰撞这件事时的方式是错误的，一定会给两个孩子留下很深的心理阴影，影响到以后人际关系的处理。

对待孩子之间的争执，家长应冷静、理智地进行处理，不能偏袒自己孩子，更不能粗暴地对待别人的孩子。每一位父母都要时刻提醒自己，父母是孩子的榜样。对自己孩子的错误，要批评教育，让孩子认识到自己的错误，及时给被伤害的小朋友道歉。教育孩子与小伙伴友好相处，做一个懂礼貌的好孩子，还要教会孩子自我保护的方法。

日常生活中，每个孩子都会遇到困难，同伴之间也会因为意见不合难免发生争执。当孩子出现争执的时候，父母怕自己的孩子吃亏，急着出面解决问题。可是，结果往往不尽如人意。当孩子出现矛盾和纠纷的时候，我们要多一点等待，多一分耐心和关注，从旁观察事态的发展。要相信孩子，给孩子一个自己解决问题的机会。

8 | 父母都去参加"家长会"

达达的家长会

达达上学期间，每学期一次的家长会，都是我和达达爸爸一起参加。刚开始，老师还有些诧异，我跟老师解释说：我们两个一起来参加家长会，是为了保持教育的一致性。老师微笑着表示理解，热情欢迎我们参加。老师安排我坐在达达的位置上，达达爸爸坐在后面的空位置上。如果哪一次达达爸爸出差没有赶上家长会，老师还要特意问问怎么没来。

我们去开家长会，各自准备一本记事本，认真地把学校和老师的要求记录下来。回家的路上，我们俩互相交流自己的体会，统一思想：以鼓励、加油为主，正视存在的问题和不足，改进为辅。把要跟达达传达的事情一件一件想好，不需要让他知道的事情，我们就不说了。

回到家里，我们仨坐在一起，一个人向达达传达家长会的内容，另一个人作补充。我和达达爸爸的思想一致，与学校的要求也是高度契合，对达达的教育要求没有分歧。达达学习上、生活中遇到问题，不管是问爸爸还是问妈妈，得到的答案是一致的。达达养成了言行一致、表里如一的行事风格。

父母去学校给孩子开家长会之前先想一想，孩子存在什么问题需要向老师咨询。参加家长会时，认真地把老师发言的关键内容记录下来，如果涉及自己孩子，最好把有针对性的实施方法也写在旁边。

家长会结束后，留下来跟老师聊一会儿。了解孩子在学校的表现，向老师反映孩子在家中的表现。这时，可以虚心地向老师请教，自己在教育孩子时的困惑，并探讨解决问题的方法。父母的教育理念和教育方法要与学校、老师保持一致，积极配合老师的工作，孩子在各方面的进步会很明显。

苏联教育家苏霍姆林斯基说："两个教育者——学校和家庭，不仅要一致行动，要向儿童提出同样的要求，而且要志同道合，抱着一致的信念，始终从同样的原则出发，无论在教育的目的上、过程上，还是手段上，都不要发生分歧。"

父母是家庭教育的实施者，家长会是联结家庭教育与学校教育的纽带。父母能否领会家长会传递的信息，重视家长会、参加家长会，认真聆听老师的发言是非常重要的。

我们这里是每学期的开学和期末召开两次家长会。家长会的流程基本是向家长介绍本学期工作重点；本班级孩子的现状分析，让家长了解孩子在校情况；针对本班级的具体情况，介绍需要家长联手配合的教育内容；教师与个别家长进行沟通，共同制定切实可行的教育方案等几个部分。

父母对待家长会的态度，也体现了他们的教育理念与教育智慧。能够很好地领会家长会的精神，要让孩子在家长会后对自己充满信心，对学习生活充满渴望，使学校教育与家庭教育有机地结合起来，这样才达到了参加家长会的目的。

孩子的教育，没有"如果……"

我在组织班级家长会的时候，遇到过因为各种原因不来赴会的家长。有的是真有事情脱不开身，有的家长在电话中问我："老师，有重要的事吗？有重要的事我就去，没重要的事我就不去了。"

孩子的教育不论成功或失败，都是不能再重来一遍的。孩子的坏习惯养成了，改起来很困难；孩子的学习有了欠账，补起来很困难；最佳的教育时机错过了，再去弥补也是收效甚微。有的家长跟我说："如果重新再来，我一定不会再……"可是，时间一去不复返，没有"如果……"看似简单的家长会，能够明确给出很多教育孩子的提示，家长要引起足够的重视。转瞬之间，孩子就长大了，父母自己掂量掂量，关乎孩子成长、学习的事情重要不重要呢？

家庭教育的一致性原则

家庭教育中，家庭不同成员之间在教育观念、教育态度上要保持一致，配合默契，形成教育合力。这样才有利于孩子健康成长，这就是"家庭教育的一致性原则"。

如果父母在教育孩子时要求不一致，甚至唱反调，一个要管，一个要放；一个要严，一个要宽，就会造成家庭矛盾。孩子判断是非的标准和价值尺度混乱，削弱了教育效果或造成不良的教育效果。

孩子要做一件事情，爸爸说："这样做对，可以做！"妈妈说："这样做是错的，不行！"孩子从小生活在这样的家庭环境中，会养成两面性，形成心理障碍，甚至导致畸形人格。

正确的做法是，遇到小事情时，只要父母一方处理得合理，另一方就应当予以支持，决不能在孩子面前互相"拆台"；遇到大事情时，父母应先商量好，取得共识，再向孩子表明态度。

教育是漫长的系统工程，是一刻也不能松懈的细致工作，父母对孩子的影响是潜移默化地深深印刻在脑海里的。因此，父母要重视学校召开的家长会，不要错过这么难得的、良好的教育机遇，对孩子进行引导和教育，让孩子能够在老师和父母共同呵护下天天进步，健康、快乐地成长。

9 | 挑食的父母剥夺了孩子品尝的权利

单位里的午餐时间到了，同事们陆陆续续地端着餐盘盛饭菜。邻座的吴老师没有选带香菜的凉拌菜，我知道她不吃香菜。我们随意闲聊，我说："吴老师怎么不喜欢吃香菜？"吴老师说："我妈妈不吃香菜，她做菜从来不放香菜。不但香菜，连芹菜也不做、不吃！"吴老师的女儿是姥姥带大的，我就问："你的女儿也不吃香菜啦？"吴老师说："是啊！现在我女儿也不吃香菜、芹菜。你说是不是'不是一家人，不进一家门。'"旁边的李老师接过话茬儿说："那，我要感谢我妈妈了！她做菜时，什么都做，我什么都吃。只有更爱吃的，没有不爱吃的！"听了李老师的话，大家都笑了起来。

摆在床下的饺子

我们班有一位小朋友小林，长得又瘦又小。每天吃饭的时候，他都要特意提醒老师少给他盛点饭。我为了让他多吃一点，总是先给他盛上饭，让他先吃。可是，等我把全班小朋友的饭盛完后，小林已经坐直了身体，吃完了！看到餐盘里没怎么动的饭菜，我问他："多好吃的饭菜，怎么不吃了？"小林回答说："都尝过了，哪个都不好吃！"

有一次幼儿园中午吃饺子，小林为了瞒过老师，竟然把吃剩的四个饺子揣到兜里带到寝室，悄悄地摆在小床的下面。下午，保育老师收拾卫生时，才发现了他床底下的饺子。父母知道小林挑食，怕孩子吃得少，晚上，爸爸妈妈常常带着小食品来接小林，孩子一看到他们，就接过小食品吃起来。

小林在幼儿园里吃不好，长得瘦弱，常常生病。我们找来孩子家长了解情况。小林妈妈说："小林从小身体不好，全家人对他是倍加呵护，他要吃啥就给他买啥。刚开始添加辅食时，他不吃就换一种喂他。后来发现他不吃青菜、胡萝卜、西红柿、鱼、鸡蛋……现在，吃点肉类、油炸食品还可以。孩子挑食的毛病让全家人伤透了脑筋！"妈妈又说："其实，我也不太爱吃这些东西，青菜有股怪味儿，咽不下去；胡萝卜不好吃；鱼做起来费劲还有股腥味儿。去菜市场买菜时，我尽量不买这些东西。"

孩子挑食不是天生的，和周围环境尤其是跟家里一起生活的家长的饮食习惯有着直接关系。家长自己对食物的好恶，直接或间接地影响着孩子，比如，妈妈喜欢吃素，平时去菜市场买菜的时候，很少买肉，在家里也不太能做出好吃的肉菜，孩子接触肉菜的机会就少，时间长了，就不爱吃肉了；喜欢吃肉的妈妈，每次去菜市场都会挑选好几种肉品，回到家里精心烹制出美味的肉菜，孩子接触肉菜的机会多，就爱吃肉菜。

现在，生活条件越来越好，人们想吃什么都可以买到。可是，孩子们挑食、浪费的现象也越来越多。家长不喜欢某种食物的味道，会在孩子面前不经意间提起，对孩子起到心理暗示的作用，导致孩子也不喜欢这种食物了。所以，为了不让孩子挑食，家长要注意从孩子添加辅食时，就给孩子尝到各种味道。做饭的时候，不管自己是否喜欢的食材，都要买来做给孩子尝一尝，注意食物的多样性原则，尽量不要因为自己的好恶，影响到孩子的饮食习惯。

"小茄子包"转变记

我带过的一位小朋友家长来幼儿园里，当着孩子的面，特意告诉我："老师，我的孩子就爱吃茄子，我们家里都叫他'小茄子包'，除了茄子，啥青菜也不爱吃，吃饭的时候，您就少给他盛点青菜吧，拜托老师了！"我问这位家长："孩子吃了青菜有什么反应吗？过敏吗？"家长连忙摆手说："不过敏，就是从小不吃青菜，一吃就吐出来！"

我给孩子们讲了一个关于各种蔬菜、水果、主食营养成分的故事，让孩子们知道，我们身体的生长发育离不开各种营养，需要变着花样地吃各种食物，才能长得结实、健康。开饭的时候，我先给这个孩子每一样菜盛一小勺，让他尝一尝，感觉好吃再盛一小勺，这样慢慢地试着吃，两个月以后，这个孩子就能和班里其他孩子一样吃菜了，他的家长也感觉到孩子的可喜变化，再也不叫他"小茄子包"了。

孩子的年龄特点决定了他们好奇、好动的特点，父母在家里准备饭菜时，可以让孩子参与餐前准备工作或直接参与制作过程，让孩子体会准备餐食的辛苦，更加珍惜粮食。我们幼儿园有"宝贝厨房"，每个班级每周有一次厨房体验活动，孩子们在老师的带领下自己制作糕点、包饺子、做牛轧糖、拧麻花、擀面片、制作三明治……制作完成后，老师负责加热做熟，然后孩子们品尝自己制作的各种美食，都特别开心、爱吃，没发现一个孩子拒绝品尝。孩子们都感觉没吃够，说要回家教给爸爸妈妈做。

> 孩子挑食的习惯会随着年龄的增长越来越严重。所以，父母要多注意培养孩子独立进食、不挑食，全面均衡饮食的好习惯。遇到孩子不爱吃的食物时，父母要给孩子做出

好榜样，自己先津津有味地带头吃，孩子也会学着爸爸妈妈的样子尝一尝；父母再给孩子讲一讲吃这种食物的好处，孩子自然会慢慢接受的。平时多参加户外活动，少吃零食，可以纠正挑食的习惯，增加孩子的进食量。

10 | 爸爸带的孩子更聪明

培养孩子，才是父母最重要的大事业

一提到爸爸，就让人联想到家里的顶梁柱，给人的概念化形象就是整天忙于工作、忙着挣钱，很晚回家、疲惫不堪！在传统的观念里，认为带孩子是女人的事情，所以爸爸即便是有时间和精力，也不想带孩子。

无数实践证明，孩子是家庭的希望。培养孩子，才是父母最重要的大事业！家里有一个让人操心的孩子，会牵扯父母很多精力，工作上肯定会分心；有一个健康懂事又聪明好学的孩子，父母出去工作时，也会信心百倍，觉得生活有奔头。

在孩子人生的最初阶段，爸爸妈妈要多用心陪伴孩子，经常和孩子一起玩耍、探索、学习，共同进步。父母是港湾，孩子就像一艘船，在短短的 18 年里，会逐渐武装自己，不断完善装备，等到设备齐全，就会扬帆起航！从那以后，爸爸妈妈再想和孩子在一起，都要看看孩

子是否有时间陪着我们。到那时，和孩子在一起，都是一件奢侈的愿望了。所以，父母要特别珍惜和幼小的孩子在一起的宝贵时光，想方设法地多陪伴孩子吧！

父母与孩子的情感维系

"日久生情"。人与人之间的亲密感情，需要在一起的朝夕相伴来慢慢培养。父母从孩子呱呱坠地到长大成人，每时每刻都在关心、呵护、操持孩子的全部生活。所以，世界上最牢固的情感莫过于父母与子女的亲情了。

孩子的情感是谁带他多，就跟谁亲；父母的感受是谁陪伴孩子的时间长，谁的责任感就强。聪明的妈妈会在孩子出生的那一刻开始，让爸爸马上参与到带孩子的事业中来，建立起父子之间强烈的、相互吸引的感情纽带。爸爸一旦参与到带孩子这件事中来，会欲罢不能、逐渐占据到教育孩子的主导地位上来。有了爸爸这个坚强有力的后盾，妈妈就可以与爸爸形成互补的教育合力，那么，要培养出一名品学兼优的好孩子就指日可待了！

妈妈十月怀胎，与腹中的胎儿已经建立了深深的感情。怀孕期间与胎儿的互动，还有身体内激素水平的变化让妈妈逐渐产生了"母爱"。"父爱"需要爸爸和孩子见面后慢慢培养。

达达与爸爸

达达出生的第一时间，护士就抱给爸爸去看，爸爸兴奋得不得了，飞奔着跑上五楼我住院的病房，把喜讯告诉给同病房的人们，大家都替我们高兴。达达出生的第三天，我们就出院了，达达爸爸把自己收拾得像要参加重要典礼一样，双手紧紧地抱着包裹着红被子的达达，我们一家从此踏上了培养一名"人才"的道路。

达达爸爸也有10天的产假，我们一起对照着育儿书"鼓捣"小孩子。新手爸爸妈妈有些手忙脚乱，可是我们都很享受带小孩子的乐趣，几天的工夫，我们就熟悉了带孩子的流程。爸爸也能熟练地给孩子洗澡、换尿布了，爸爸有劲，跑得也快，孩子一哭，爸爸马上就能出现在达达的小床前，所以达达最先认识的人是爸爸，最先开口叫的也是"爸爸"。

达达爸爸上班比较远，可是，每天到了下班回家的时间，肯定会传来开门的声音。达达是爸爸心中最牵挂的人，爸爸回到家里马上换衣服、洗手，过来看达达，这时，也是达达最开心的时候，必须由爸爸抱着，谁都不能取代爸爸的怀抱。

达达喜欢和爸爸一起玩的原因是爸爸很少束缚他，他可以想干什么就干什么。比如，我带着达达去外面玩，总怕他摔跤，走路时要牵着达达的手；达达玩的时候，我就站在旁边看着，对达达的活动指指点点，画定活动范围，保证绝对安全、卫生。叫达达回家时，达达还没有玩尽兴。

爸爸带达达出去玩，跑得比达达还快，孩子都追不上他；爸爸比达达的主意还多，基本上是带着孩子去探险，达达特别愿意跟着爸爸玩，每次都玩得精疲力竭才回家。

　　从达达3岁开始，我们就带他长途旅行。达达和爸爸各自背着背包，一路走，一路看，一路讲解，爸爸恨不得把自己知道的知识全部教给达达。达达对沿途看到的新鲜事物都有兴趣，看见什么问什么。每次外出游玩，都是达达增长见识、丰富知识的活课堂，达达在游玩的过程中，了解了各地不同的风土人情，品尝当地的特色美食，感受到南北气候差异，学习到教科书中学不到的内容。

　　孩子自己的亲身体验是最直接的知识经验，会形成永久记忆保存在大脑中，一生都不会忘记。坐在教室中听老师讲课的时候，每当教科书中有涉及他曾经经历过的情景时，大脑会自动调出相关信息，作为教科书的补充资料，帮助达达更好地理解课堂内容。所以，达达在学习上一直比较轻松。

父爱与母爱在家庭教育中有着同等重要的作用，缺一不可。爸爸经常陪伴孩子，孩子更有责任心、有主见，情绪稳定，更加独立、坚强、大度、幽默。由于爸爸的知识面更广，思维逻辑性强，所以，有爸爸陪伴玩耍的孩子更健康、更聪明。

11 | 做个弱势的妈妈

经常有家长跟我控诉自己孩子种种顽劣行为，我仔细听过后，常常会跟家长说一句话："发现孩子有这么多问题，你是怎么对待孩子的？有没有认真思考一下你自己在教育孩子这件事上，是不是也有问题呢？"

教育专家曾经说："没有种不好的庄稼，只有不会种庄稼的农夫；没有教不好的孩子，只有不会教孩子的妈妈。"

孩子在行为上表现出来的问题，往往可以从家庭教育中找到原因。

我在几十年的一线教育工作中，接触到很多孩子和家长，深深体会到家庭教育对一个人的影响是全方位的。孩子将来的成长发展，都带着家庭教育的深深印记。

父母是孩子的第一任老师，也是教孩子最久的老师。家庭中教育孩子的责任，一般由妈妈承担得比较多。妈妈是陪伴孩子成长的重要角色，妈妈的教育理念和教育方法直接影响着一个家庭的教育水平。

家有强势的妈妈

我的好朋友、读师范时的同学小梅，是上得厅堂、下得厨房的女强人。在学校里做领导，工作中作风强硬干练，性格坚强、果断，办事雷厉风行；在家里，大小事情全由小梅一手安排，家庭管理得也是井井有条，丈夫、儿子都很敬畏她。

小梅在工作中是顺风顺水、事业有成。可是，她只有一件烦心事，就是孩子都读高中三年级了，性格正好与妈妈相反：优柔寡断、自由懒散。事事都不上心，做什么事情都没有主见。现在，孩子学习比较累，小梅天天早晨起来还帮孩子穿衣服、收拾书包！

小梅的儿子马上就要高考了，同学们都在考虑自己将来要报考的大学、专业，这个孩子完全没有主意，跟妈妈说："我听妈妈的，妈妈最了解我了，妈妈选啥专业，我就读啥专业。"我的同学现在正在忙着咨询孩子高考的事情，准备给孩子选学校、选专业。我跟同学说："选专业的事情，关系到孩子一生从事的职业，要孩子喜欢、有兴趣才能干好。应该让孩子根据自己的兴趣爱好来选择，不能由妈妈包办代替！"小梅说："我也知道是这样。可是，我的儿子从小到大什么都不管，这么大的事情，我也不放心让他来定！"小梅又补充说："他让我定挺好的，如果他自己定的专业和我想的不一样，最后也得听我的，更麻烦！"小梅的想法让我很惊讶。

生活中这种妈妈大有人在，她们有的在工作中精明干练、事业成功，回到家里也沿用工作时的行事风格；有的在工作中业绩平平，但在家里是绝对的权威。认为自己的想法就是最正确的选择，很少听取其他家庭成员的意见。要求孩子也像要求手下员工一样严厉，孩子做得不够完美，就会遭到妈妈的责骂。

这种妈妈，看到的往往是丈夫和子女身上的缺点，希望大家都能对自己俯首帖耳地听话，经常数落家人的不是。妈妈的这种"强势"情绪，给孩子心理健康造成不利影响，是形成孩子"弱势"的重要因素。妈妈什么都替孩子想、什么都包办了，不需要孩子自己去想、去做，孩子失去了主动思考、实践的机会，孩子得不到锻炼，必然会养成依赖别人的习惯。孩子这种"弱势"性格会一直伴随着他，影响到孩子将来的人际交往和事业发展。

做一名"懒"妈妈

我在达达的面前就是一个"懒"妈妈，只要他具备自己做的生理条件，就放手让他自己去做，孩子做得不好没关系，这次没做好，多锻炼几次就会做了。

记得达达学穿套头衫时，是在他刚上幼儿园的时候，班里要求孩子们自己穿衣服。老师给孩子们示范讲解了穿衣服的顺序，达达在幼儿园里没有学会，回到家里要我教他。我又分步骤给他讲解一遍，确认他记住了，只是需要多练习几遍。就把衣服摆在达达面前，鼓励他自己穿，我在旁边只动嘴给他鼓劲、加油，不动手帮他。看着达达吭哧吭哧地费力地穿衣服，我心里也在替他使劲，可是，我还是忍住不去帮他。因为我相信，这点小困难他要是克服不了，将来遇到更大的困难该怎么办呢？

后来，达达上学了。别人的妈妈都陪着孩子学习，给孩子检查作业、收拾书包，督促孩子完成任务。我接达达放学后，告诉他晚饭大约几点开饭，现在可以写作业了。然后，我就去做晚饭，达达开始写作业。等晚饭做好，达达的作业也基本做完了。

刚上小学时，达达写完作业，我会不定时地问他："你的作业都写完了？自己检查了吗？"偶尔我会抽查他的作业，如果发现问题，就帮助他分析原因，找出改进的方法，让达达知道错在哪里并且高高兴兴地改正错误。

写作业、检查作业，是孩子自己理应负责的事情，放手让孩子去做，相信孩子一定会做好。如果父母总是提醒、督促，孩子就认为这是父母应该负责的事情，自己做不好，反倒会埋怨父母的失职。现在，父母看着孩子写作业的情况非常普遍，每天弄得家长筋疲力尽、孩子心情不好，原因就在这里。

孩子在学习中遇到困难、发生错误，并不是自己有意为之，父母不要责罚孩子，要切切实实地帮助孩子分析原因，给予具体的改进指导意见。这样，孩子才会从心里接受父母的建议，心服口服地改正错误，提高正确率。

达达因为我的"懒惰"没有去过学习班；因为我的"懒惰"学会自己查资料；因为我的"懒惰"自己动手整理房间；因为我的"懒惰"学会做饭；因为我的"懒惰"自己决定报考学校和专业；因为我的"懒惰"而勤于思考。现在，达达所有的事情都由自己做主。

聪明的妈妈会假装弱一点，慢一点，让孩子感觉到身边有一位"懒"妈妈，从而激发出孩子爱思考和勤动手的潜能，充分体会到了成功的乐趣。妈妈乐得清闲，何乐而不为呢？

12 | 支持孩子的发现、创造、创新

著名教育家陶行知先生曾指出："处处是创造之地，天天是创造之时，人人是创造之人。"每个孩子都有创造的潜能，他们都是小小发明家。只要老师和父母顺势引导，不限制孩子的想象和创造，提供丰富的操作材料以及给予鼓励和支持，孩子就会有所成就。

孩子具有发现、创造、创新的思维特点

经常陪伴孩子的爸爸妈妈会发现，自己的孩子天真烂漫，善良又富有爱心，他们喜欢幻想，富于想象。要知道，人的创造性思维常常来自于天马行空的想象。但是，孩子的创造性思维又受兴趣爱好和材料、环境的影响，具有很强的随机性。往往是灵光一闪、瞬间即逝。因此，父母要善于保护孩子的兴趣爱好，调动孩子创造的热情。

细心的父母能够观察到孩子对很多事情有强烈的好奇心，有比较广泛的探究愿望，比如，喜欢拆卸玩具，看看里面到底有什么；喜欢拼插玩具，能拼建出独特的房屋、舰船；喜欢画画，画面充满奇妙的

想象；喜欢讲故事，能自编、自演出故事情节；喜欢音乐，能随音乐节拍编排舞蹈；喜欢小动物，赋予它们人类的情感……父母对孩子的一些表现，能够认可、支持；对孩子的"破坏"行为，有些父母就不能容忍了。

拥有教育智慧的父母很少阻止孩子的探索行为，孩子们经常听到的是表扬和鼓励的话。孩子的每一次发现、创造行动，都很在意爸爸妈妈的反应。爸爸妈妈的一个眼神、一句话、一个表情，都会对孩子产生心理暗示作用，孩子为了讨得父母的喜欢，会朝着父母希望的方向发展。父母对自己的行为肯定、支持，孩子下一次还会继续探索；父母对自己的行为厌恶、斥责，孩子就不敢再去探索了。

孩子正在专心地做一件事时，爸爸妈妈尽量不要去打扰他，可以在旁边观察，如果孩子有与人合作的需要，就及时参与到活动中，用提问的方式了解孩子的想法，表现出浓厚的兴趣，提出建设性意见，让孩子感受到父母对自己探索活动的欣赏和支持。最大限度地保持孩子敢想、敢做、敢创造的个性，使孩子的创造潜能得到发展。

在孩子的眼中，父母、老师的态度是孩子探索发现、创新想象的"红绿指示灯"，鼓励、支持孩子的结果与斥责、禁止孩子的结果是截然不同的。

四个太阳

前几天，我带着大班的孩子们画水墨点子想象画，孩子们用毛笔蘸上墨汁往四张摞在一起的宣纸上甩，甩出不规则的墨点痕迹，墨点

　　渗透到下面的宣纸上，然后掀开四张宣纸，看一看、想一想墨迹像什么，最后根据想象添画。

　　我巡回观察孩子们的作品，其中洋洋的四幅画很有趣。

　　我问洋洋："你这四幅画，画的是什么，能给我讲一讲吗？"

　　洋洋说："我看墨点像一个一个的小葫芦，我画的是春、夏、秋、冬。春天，奶奶种的葫芦苗发芽了；夏天，葫芦藤开花了；秋天，结出了好多个大葫芦；冬天到了，葫芦叶子蔫巴了！"说完，洋洋抬头期待地看着我，等待得到老师的认可。

　　洋洋的四季葫芦画里的四个太阳，引起了我的好奇。我问洋洋："洋洋，你能给我讲一讲，为什么春、夏、秋、冬四季里的四个太阳，你画了不同的颜色呢？"

　　洋洋说："春天的太阳是黄色的，我觉得春天的太阳照在身上暖暖的，就像小鸡的羽毛，所以，我画的是黄色；夏天的太阳照在身上像火一样热，我不喜欢，所以，我画的是红色；秋天的太阳像熟透的橘子，很可爱，所以，我画的是橘红色；冬天的太阳冷冰冰的，看着都直打冷战，所以，我画的是蓝色的。"

　　"洋洋说得太好了！"我的赞扬不禁脱口而出。

　　我又说："我感觉你画的太阳好像是四个性格不同的小孩子一样。我来猜一猜，你是不是最喜欢秋天的太阳，感觉很甜，很好吃；第二喜欢春天的太阳，照在身上热乎乎的；夏天的太阳太热，冬天的太阳太冷，你都不喜欢，我说得对不对？"

　　洋洋笑着点点头说："老师，你怎么知道？我就是这样想的！"

我让洋洋站到前面，把作品拿在胸前，给全班的小朋友讲一讲自己的作品。也让其他的小朋友来讲一讲自己的作品，大家互相学习。

陈鹤琴先生曾经说："儿童本性中潜藏着强烈的创造欲望，只要我们在教育中，注意诱导，并放手让儿童实践探索，就会培养出创造能力，使儿童最终成为出类拔萃的符合时代要求的人才。"孩子的想象力非常丰富，他们的思维没有受到约束，所以，比我们成人的思维更丰富、更大胆、更有创意，从孩子们画的作品中就可以略见一斑。

可以说，孩子的美术作品具有大师级作品的想象力。

研究表明，孩子 5 岁左右时，是创造力发展最为迅速的时期，培养孩子的创新能力的关键时期是在幼儿期。这一时期，孩子有旺盛的好奇心和求知欲，思维开阔，容易接受新鲜的事物，探索未知的领域，有无限的创造能力，因此，千万不可以斥责、阻止孩子的探索行为，扼杀了孩子的创造性思维的萌芽。我们要好好呵护、支持、鼓励和推动孩子们的发现、创造、创新思维，使孩子摆脱模仿那些千篇一律的统一模式，成为有独立见解的创新型人才。

13 | 不要折断孩子"想象的翅膀"

小画家

小杜的儿子淘淘 5 岁了，对画画产生了浓厚的兴趣，经常拿着笔东涂涂、西画画，有时还把幼儿园里发生的趣事画成连环画，讲给爸爸妈妈听。最近，我去小杜家做客，正看见淘淘坐在书桌前画画，小杜让我给看看。

淘淘用弯弯曲曲的线条画了一条小河，河边上圈圈点点的应该是小花吧，草地上还画了三个人物形象。我问淘淘："你画的是什么？给我们讲一讲好吗？"淘淘说："我画的是爸爸妈妈带我到内蒙古大草原去玩，见到了看不见边的绿草地，草地上开着很多好看的小花。"淘淘指着画面上的小圆圈说："仔细看，这里还有小蘑菇呢！"淘淘又指着三个人物形象对我们说："看！这是我和爸爸妈妈。"

我笑着说："太有趣了！这是你们前一段时间去大草原的事情吧，你能把好玩儿的事情画出来，特别是能把草地上的小花、小蘑菇都画出来，你观察得很仔细哟，淘淘真棒！"淘淘听了我的话很自豪。

我说："淘淘，以后还要继续把有趣的事情画出来啊！"淘淘使劲地点点头。我对小杜说："这么好的画，一定要珍藏起来哟！"

小杜看见我夸奖淘淘，谦虚地说："淘淘，你画的人一点也不像，你看，我都分不清哪个是爸爸，哪个是我。还有，你把脚画得比脑袋还大了……"

淘淘顿时不高兴了，皱着眉头噘着嘴说："我不画了！"我连忙拽拽小杜的衣襟，示意她不要这样讲。我对淘淘说："这条小河边，有没有好看的小石头呢？"淘淘歪着头想了想说："有圆圆的鹅卵石！"于是，淘淘又拿起笔，仔细地添画上鹅卵石。

想象力比知识更重要

想象力是智力的一种发展，甚至比知识更重要。想象力能拓宽孩子的思路，打下创新思维的基础，为将来的学习、工作带来不可估量的潜能。

爱因斯坦说："想象力比知识更重要，因为知识是有限的，而想象力概括着世界上的一切，推动着进步，并且是知识进化的源泉。"想象力是创新能力的翅膀。孩童时期想象力旺盛，有无限的想象潜力，他们天生自带"想象的翅膀"！

独创想象，是孩子特有的想象能力，是没有受到客观影响的、纯真的想象。老师和父母要善于发现，并要多关注、多引导、多鼓励，往往会启迪发明创造。不可嘲讽、斥责、打击孩子的想象，不要人为地折断了孩子"想象的翅膀"。

独创想象多在幼儿绘画中表现出来，有时游戏中也有表现。如天空中落下白面（小麦粉），树上长出西瓜；玩过家家时没有饭吃只用小勺在空碗里假装舀饭吃；对天上飞来坏人的飞机，用手一指便能击落，等等。

如何呵护孩子的想象力

想象力发展的水平如何，取决于原有知识和经验的积累是否丰富。所以，孩子生活内容越丰富，积累到各类事物的形象就越多。孩子在见多识广的情况下，容易把各种事物的某些特点联系起来进行想象，有助于想象力的发展。

1.创设条件，经常带孩子去感知客观世界，启发孩子认识自然事物，让孩子尽量多看、多听、多模仿、多观察、多玩耍、多交流、多接触、多想、多画、多动手做、多编故事。开阔孩子的视野，积累感性知识，丰富生活经验，加深对事物的理解，为想象增加素材。

2.孩子都比较喜欢听故事、复述故事、续编故事，充满想象的童话和神话故事最能引起孩子的遐想。可以多看些儿童画册，听美妙的歌曲、唱儿歌、画画等，充分利用文学艺术活动，激发孩子的想象力。

例如续编故事。多给孩子读一些配图优美的故事书，这样可以通过语言的描述，在头脑中进行再造想象。孩子对故事熟悉以后可以复述故事，或者将故事讲到一半停下来，让孩子续编故事结尾，提高语言表达能力和想象力。

又如，绘画可以充分地发挥孩子的想象力。在画画前，先和孩子谈论今天想画什么，就这一主题展开丰富的想象。画画前的谈论，会调动绘画的积极性，让孩子构思出奇特、新颖的作品来。孩子的画不要光看作品画得好不好，还要听孩子讲一讲，再问一问这是什么？他们在做什么？孩子的画往往是讲得比画得好，其中充满天马行空的想象。

3. 自己的事情自己做，经常动手操作的孩子想象力更丰富。随着年龄的增长，孩子会有更加主动地参与做事的愿望，他们在动手操作的过程中会想办法自己解决问题。自己动手做事越多，积累的经验就越多，解决问题的思路就越广。所以，父母要鼓励孩子自己的事情自己去做。

4. 游戏活动促进幼儿想象力的发展。游戏是孩子的基本活动，玩具材料为想象活动提供了物质基础，玩具容易再现过去的经验，使想象处于积极状态，展开各种联想。孩子的想象力是在各种游戏活动中逐渐发展起来的。

当我们抬头仰望蓝天上朵朵白云或夜晚浩瀚的繁星时，每一个人的想象和感受是完全不同的。孩子的想象力是非常活跃的，父母不要用成人思维的条条框框去要求孩子，人为地扼杀孩子丰富的想象力。在日常生活中给孩子提供多感受、多体验、多观察的机会。要理解、支持、鼓励孩子的探索、想象，精心呵护孩子的想象力。

14 ┃ 潜移默化，身正为范

达达三年级的寒假，快要过春节了，朋友几家人聚在一起玩。几个孩子的年龄差不多大，大人们提议锻炼锻炼孩子们，让他们一个一个上台讲一讲年末感言，达达被安排第一个发言。达达上台给大家鞠了一躬说："今年，我又长大一岁，学习上有了很大进步。爸爸妈妈带我去了一些好玩儿的地方，我觉得旅游很有趣，能收获很多新知识。一年就要过去了，我最感谢的人，是我的爸爸妈妈，他们不辞辛劳地关心我、照顾我。我还要向爸爸学习，因为，我的爸爸是天才，他什么都会，无所不能，我要好好学习，将来成为爸爸那样的人！"说到这里，朋友们都向达达爸爸投去了羡慕的目光，大家都给达达爸爸热烈鼓掌，弄得达达爸爸都不好意思了。

达达一句令人忍俊不禁的童言，却道出了孩子心中的秘密：爸爸是他崇拜的偶像，生活中的榜样。

父母是孩子心中的偶像

在幼小孩子的心中，爸爸妈妈都是无所不能的"超人"。孩子生病的时候，爸爸妈妈24小时全天候一级护理；平时生活中的疑问，爸爸妈妈能够一一解答；家中电器、玩具坏了，爸爸简单动动手就能修复；外出游玩时，爸爸既是司机、向导，又是讲解员。在小孩子的眼中，爸爸妈妈身材高大、力大无比。对一个幼小的孩子来说，爸爸妈妈就是他崇拜的偶像，是孩子希望成为的人！

教育家马尔库沙曾经说过："孩子的目光就像永不休息的雷达一样，一直在注视着你。"我们的一言一行都被孩子看在眼里、记在心中，复制模仿出来，所以，父母一定时刻提醒自己：我是孩子心中的偶像，要严格自律，还要不断学习，努力提高自己，逐渐与孩子心目中偶像的身份相符。明确自己努力的目标，希望自己孩子成长为一个什么样的人，父母首先要成为这样的人。

达达3岁左右的时候，看见我们刷牙，也要学着我们的样子刷牙。我就给他买来儿童牙刷和牙膏，教他刷牙。一天，达达刷牙的时候，一边走一边刷，走到电视机前面停下来，一边看电视一边刷牙，牙膏滴到胸前的衣服上，走过的地上也滴了牙膏。我刚要批评达达，就发现达达爸爸也站在电视机前面，一边看电视一边刷牙。原来达达是在模仿爸爸的样子，以为刷牙就是要一边走一边刷。

孩子的大部分时间都是生活在父母身边的。父母的言行举止对孩子起到了耳濡目染、潜移默化的教育熏陶作用。家庭教育对人的影响最深刻，给孩子身心发展打上深刻的烙印，在孩子的一生成长发展过程中起着重要作用。

爱打人的小智

小智是我带过的中班孩子，他爱说好动、思维活跃、自控能力差，长得虎头虎脑，很可爱。可是小朋友都不喜欢他，有的家长还告诉自己的孩子不要和小智玩。

原来，小智有个坏习惯，喜欢欺负其他小朋友。看见别人有好玩儿的玩具，一把就抢过来，抢不过就打人；玩游戏时，谁挡了他的道，一把就推开；上课时随便溜达，有时需要保育员老师单独看着他。

小智是健康正常的孩子，但是他的表现让我们很担忧，这么小的孩子就如此暴力，这样发展下去，将来怎么办？我要与小智的家长谈一谈，看看哪里出了问题。

小智的爸爸是公司的销售经理，长年在外工作，妈妈全职在家照顾他。由于爸爸忙于工作，很少在家，所以小智很少有机会跟爸爸沟通交流，爸爸回家时对小智比较严厉，小智还有些怕爸爸。

妈妈对小智百依百顺，小智在妈妈面前可以随心所欲，偶尔犯错，妈妈也管不了他，妈妈经常拿爸爸吓唬小智。等爸爸回家，妈妈会把小智这一段时间犯的错误一股脑儿地告诉爸爸，爸爸一生气就抓来小智打一顿来解决问题。爸爸在外工作忙，妈妈一个人照顾小智和家也很累，有时爸爸妈妈因为教育孩子的问题意见不一致，产生矛盾，小智生活在一个教育观念不一致、家庭气氛不够和睦的家庭环境中。

　　小智出现这样的问题，源于对爸爸行为的模仿。当孩子有错误时，父母没有找到出现问题的原因，而是用最简单低级的暴力行为来处理问题。其实，暴力只能压制孩子，并不能疏导情绪、解决问题，不能让孩子"心服口服"。导致孩子再遇到事情时，仍然不会用情感、语言来沟通解决，以为暴力可以解决一切问题，于是就对别人施暴！我在工作中观察过很多有动手打人习惯的孩子，发现他们的家长就有这样的行为，孩子的这种坏习惯就是模仿了父母的样子。

　　父母如果始终以暴力解决孩子的问题，孩子心理储积下来的负面情绪，就会找到其他渠道发泄，出现攻击同伴的行为。如果负面情绪得不到宣泄，还会造成心理障碍，影响孩子的心理健康。

当孩子犯错时

　　当孩子犯错误时，正确的做法是，心平气和地与孩子谈一谈，认真听听孩子的想法，寻找产生问题的根源"对症下药"，使孩子心悦诚服地接受父母的指导，改正错误。

　　从孩子的学习、成长、言行举止上，不仅能看到父母的教育成果，也能看到父母的影子。孩子身上，不论是长处还是弱项，都无一例外地会从父母的言传身教中找到出处。在养育孩子的过程中，遇到问题要多思考，找出问题的症结所在，纠正教育偏差，那么孩子的问题就迎刃而解了。

"真正的教育就像一棵树摇动另一棵树，一朵云推动另一朵云，一个灵魂唤醒另一个灵魂。"教育是潜移默化、日积月累的点滴渗透，是润物细无声的过程，父母要求孩子做到的自己要先做到，时刻提醒自己要身正为范。

15 | 怎样给孩子买书

达达 3 个月大的时候，我就开始给他读书了。达达睡醒了，吃饱了，开开心心地躺在小床上。我就拿起图案精美的《中国童谣》给达达读几首儿歌。刚开始，我读，他眼睛盯着我看，认真听，表情也随着我的表情变化。

达达 5 个月大的时候，能够坐起来了，我就抱着达达，让他坐在我的怀里，我读书的时候，握住达达的小手，读到哪里，就用手指着书上相对应的图案。达达觉得很好玩儿，开始喜欢我给他读书了。有时候，达达会主动拿着书示意我读书给他听，达达认为读书是一种好玩儿的游戏。

孩子特别喜欢反复读熟悉的故事内容，达达也喜欢翻看经常读的那几本书。他 1 岁多的时候，有一天，姥姥给他读儿歌，发现达达能接着说出儿歌的最后一个字！很快就能接出儿歌的最后两个字、三个字直到整句背诵，语调跟我们一模一样，表现出很强的语言能力。在这之前，达达只会说出爸爸、妈妈，因为读儿歌，达达开始开口说话了，我们全家人都增加了给孩子读书的信心，更加积极地给达达买书、读书。

如何筛选好书

父母给孩子准备的图书必须是经过筛选的、适合孩子年龄特点的好书，决不能让孩子接触质量低劣的图书。给孩子选择图书，我喜欢手绘的精品绘本，让孩子在读书的同时，欣赏美好的色彩柔和的画面，不买电脑填色的、颜色特别艳丽的图书，使孩子从小就受到美好的熏陶。

阅读是一个日积月累、厚积薄发的过程。孩子看的绘本，文字要少一些、精炼一些、优美一些、经典一些。因为，孩子反复读书后，这些文字会深深地印刻在大脑中，可能一辈子都不会忘记。所以，孩子最初接触到的文学作品，最好是文学精品，这就考验父母选择图书的功力了。

图书种类的选择可以是经典著作。如童话故事、儿童科普、名家名作等；根据孩子的兴趣还可以选择历史、自然地理等书籍。图书作品的知识内容准确、健康，有教育意义，图书制作精美，色彩鲜艳，形象美好，能够吸引孩子的兴趣。

给孩子买书，一次不要多买，先买两到三本，看看孩子喜欢哪种类型的书。投放图书，一次投放两到三本，等孩子反复阅读，熟悉图书的内容后再买新书更换。

有些书可反复阅读，有的还可背诵下来。给孩子读书时，要看孩子的情绪，孩子喜爱的故事内容，读几遍后还可以一家人分角色表演。读书可使孩子长知识，锻炼孩子的听力、视力，丰富词汇，培养孩子的专注力，发展语言表达能力。

达达小时候，我们经常带他到图书馆、书店去看书，达达到儿童图书区自己看书、选书，大量的图书引起达达读书的兴趣。自己选择喜欢的图书，买回家后更珍惜爱护，读书也很仔细，养成了爱读书的好习惯。读书过程中达达常常会提出一些问题，我们也根据书中内容向达达提出一些问题，通过问答、讨论加深达达对阅读的理解和思考。

通过阅读增加了达达的识字量。图书中出现频率比较高的汉字，达达慢慢就认识了，能够看懂或大概猜出图书的内容。不认识的字，他也会愿意加紧认识。随着识字量的增加，达达能够自己看书了，有时自己看书时，还会大声地读出图画下面的汉字，体验到读书的乐趣，有长大了自己能看书了的成就感。

我国古典的、独有的唐宋诗词，是祖辈留给后人的精神财富。达达上小学的时候，学校给孩子准备了小学生必背书单。当时，达达自己背诵时，由于不理解诗词内容的含义，靠死记硬背的方法，背得比较费劲。我就给达达一字一句地讲解其中的含义和意境，给孩子描绘一幅充满情境的诗意画面，便于孩子理解诗词的意思，加深记忆，达达很快就理解了古诗词的内容含义，记忆速度加快，记忆效果很好。

孩子的记忆力好、记忆深刻，小时候背诵的诗词能够记忆一生，将来用时会随时提取，为孩子打牢文学修养的根基，可以永远受益。父母可以挑好理解、好背诵、朗朗上口，有正面意义的、句子少一些的诗词先教给孩子。

如：唐诗《静夜思》（李白）、唐诗《春晓》（孟浩然）、唐诗《登鹳雀楼》（王之涣）、唐诗《回乡偶书》（贺知章）等等都是朗朗上口、便于记忆的好诗。

故事有古代的、现代的、自编的、国内的、国外的，不管哪种故事，都要选择有正能量、真善美的内容，绝不要给孩子讲述迷信、暴力、恐怖的故事。

比较常见的给孩子讲的经典故事有很多，如《三个和尚挑水吃》《乌龟和白兔赛跑》《乌鸦和狐狸的故事》《撒谎的放羊娃》《东郭先生》《狐假虎威》等。还有现代科学知识的故事，尤其是结合现代科学、现代生活，讲些现代故事，如互联网故事、航天故事等，都是很好的故事素材。

给孩子选择的故事书，篇幅要短小，不能长篇大论，语言要简明、易懂、优美。书本上的童话故事、流传广泛的有深刻教育意义的经典故事，都可讲。孩子愿意听的故事，可以反复讲，孩子懂了、记住了，可以让孩子讲给父母听，也可讲给周围的小朋友听。孩子复述故事可以提高记忆力，锻炼口语表达能力，也为将来打下演讲能力的基础。

16 ｜父亲母亲是终身学习的职业

　　大部分家长都是在毫无准备的情况下就职上岗的，家长这种"职业"的特点是：其他人无法替代；孩子不停在成长，家长不断遇到新问题，家教知识更新快；涉及领域繁杂，包含教育学、心理学、卫生学等学科的知识；工作时间长，需要 24 小时不间断上岗，连续工作几十年。

　　虽然没有经过培训，但是，要求家长随时应对各种最重要、最复杂、最棘手的突发事件。在家教过程中，由于方法、措施不当引发的失误，会造成很严重的后果，而且家庭教育的失败是很难弥补的。

　　现在，很多家长遇到孩子成长过程中出现的各种问题，只有在问题很明显、很严重时才能够发现。发现问题后急得不得了，想不出问题的根源在哪里，也不知道如何处理。说明父母没有防患于未然的教育理论储备，也没有主动学习家教知识的愿望，培养、教育孩子全凭自然而然的本能来进行。

如何做一名好家长

做合格的好家长要主动学习家庭教育的相关知识。提前了解孩子每个年龄段的心理、生理特征，预先掌握孩子即将到来的变化进程，知道应该注意哪些问题，防范可能发生的风险，顺势引导，才能省时省力地培育出优秀的人才。

我每天都有机会接触家长，与家长聊一聊孩子的教育问题。我发现很多家长都会不自觉地当着别人的面，数落孩子的种种不是。孩子在旁边听着，看似不在意，其实他们都听进了心里，认为自己在父母的心中就是有这么多缺点的坏孩子。

不要让你的"谦虚"伤了孩子

晚上离园的时候，几位家长带着孩子跟我聊孩子的情况。小帅的妈妈很"谦虚"地夸身边的几个孩子这方面比小帅强，那方面比小帅好，说小帅胆小，学东西比别人慢，不如别人有礼貌。小帅依靠在妈妈身边，看着我们谈话，表情越来越不自然，妈妈正说得起劲儿，小帅突然大声对妈妈说："欣欣没有我跑得快，我画画比小智好！你不喜欢我，我晚上去姥姥家睡觉，不跟你回家了！"

小帅的妈妈只是谦虚几句，没想到伤害了孩子的自尊心，孩子信以为真了。有很多家长喜欢拿自己的孩子和别人的孩子做比较，每一个孩子都是颜色不一样的花朵，人与人之间存在着个体差异，每一个孩子都有自己的优点和缺点，兴趣和爱好也各不相同，家长一味"谦虚"地抬高别人，贬低自己的孩子，会伤害孩子的自尊心，他会认为自己处处不如别人，遇事畏缩不前，养成胆小怕事、缺乏自信的习惯；还会养成攀比、嫉妒的心理，将来在与人交往的过程中不受欢迎，被人孤立。

大家可能都知道罗森塔尔效应。美国著名的心理学教授罗森塔尔到我国某中学考察，他在班主任提供的学生名单上随机点出 5 个学生的名字说：经过研究，这 5 个学生将来一定能成才！这其中有 4 个是调皮、学习成绩差的学生。现在，老师心里认为他们是天才，再对待这些孩子时的语言、行动和眼神中充满了激励和期待，学生接收到的心理暗示是"你能行"，于是，孩子们对自己充满了信心。3 年以后，他们全部考上了重点大学。这个就是著名的"罗森塔尔效应"。

孩子会不自觉地接受父母、老师的影响和暗示，父母、老师对孩子充满鼓励和期待的暗示，孩子就会越来越自信，朝着父母的愿望发展；反之，父母经常贬损、斥责孩子，孩子会自暴自弃，失去努力的动力，变得越来越自卑。

孩子每天和父母生活在一起，他们具有超强的模仿能力和接受心理暗示的能力，所以父母的一言一行都会深深印刻在孩子的大脑中，反映在孩子的语言、行动和思维意识中。

父母需要不断地学习

父母要不断学习，及时更新家庭教育的知识内容，不断地充实新知识，来适应孩子各方面迅猛发展的知识需求。在教育孩子的过程中遇到新问题，一定要及时查找资料或咨询专家，找到解决问题的最佳方案，不要随随便便应付了事。

父母应该是最了解孩子的人，要及时了解孩子在校、在家的学习、生活、情绪、想法等情况。可以在一家人一同吃晚饭或外出游玩的时候，轻松愉快地一起讨论：孩子在学校里遇到了什么好玩的事情；老师又讲了什么新知识；说一说好朋友、同学的趣事，等等，经常和孩子保持顺畅的沟通，多倾听孩子讲述，看看孩子有什么想法，尽量成为孩子的好朋友。

父母才是孩子任期最长的老师，父母的言行直接影响着孩子的发展。想要培养出优秀的孩子，父母也要成为孩子的表率。孩子身上出现的问题，都能在父母身上找到原因。所以，父母只有不断学习、不断思考，才能与孩子一起成长，成为合格的家长，培养出成功的孩子！

17 | 父母要自己带孩子

自己带孩子的好处

我和先生是双职工，平时需要上班工作。达达 3 岁以前，白天由姥姥代为看管，晚上一下班，我们就把达达接回来自己看管。达达 3 岁开始上幼儿园，就由我们带着了。

我的体会是：父母要自己带孩子。

父母自己带孩子，能增加亲子感情，给孩子留下许多美好的童年回忆。父母更了解孩子，更容易贴近孩子的心理，更能体会孩子的心情，了解孩子的需求，父母会思考针对自己孩子的具体教育方法。因为每个孩子都是不同的，存在个体差异，所以教育方法也要因人而异，不可能用一把钥匙打开不同的锁。

家里有一个孩子，顿时多了很多事情。夫妻俩要忙碌起来，合力照顾孩子、照顾家。两个人的心往一处想，劲儿往一处使，增加了夫妻俩的责任感，觉得生活有奔头儿，家庭更有凝聚力，日子越

过越红火。

与祖父母教育观念冲突时

我的父母在带达达的过程中尽心尽力，减轻了我们的负担，让我们能够安心地工作。我的父母精心地带达达，感觉他们比养育我的时候付出了更多的耐心和精力。

但是，我发现他们对达达更加溺爱。有时我父母的教育观念与我们不一致，他们会坚持自己的教育方式，让我感到心累。

达达小时候不爱睡觉，我们哄他睡觉的时候，给他讲故事，拍一拍让他睡觉。可是，往往把我们自己都哄睡着了，他还没睡。姥爷就想了一个办法：抱着他悠着睡。这个办法很有效，就是太累人了，所以，姥爷承担了大部分哄达达睡觉的任务。姥爷有事不在家的时候，哄达达睡觉就变得更累人。

姥姥白天带达达，尽心尽力，哄得达达高高兴兴，尽量满足孩子的各种要求。我们带达达，孩子稍有不高兴，哭了，姥姥、姥爷马上跑来察看。有时，当着孩子的面批评我们没有带好孩子。所以，达达渐渐发现，家里的权威人物是姥姥和姥爷，有事情跟他们说就能得到满足。

达达2岁半，快到上幼儿园的年龄了，我们开始锻炼达达自己穿脱鞋子。我们在家里给达达讲解了穿鞋的方法：先把鞋子摆放好，然后把脚踩进鞋里，粘好粘扣。让达达反复练习了几次，达达穿得很慢，但是能够穿上。每次出门前，我们都鼓励达达自己穿鞋，耐心等待达达自己完成任务，孩子穿好鞋子，我们会在他的小脸蛋上亲一亲，达达踩着自己穿的鞋子走路，很自豪。

我们把达达送到姥姥家，告诉姥姥达达会自己穿鞋了，以后出门的时候，就让达达自己穿鞋吧。姥姥也很高兴，夸达达真能干。晚上下班回家，我问姥姥："今天，达达是自己穿鞋吗？"姥姥说："达达还不会自己穿鞋，也分不清左右脚，穿得又慢，还不如我帮他穿上。等达达大一点，自己就会穿鞋了！"

姥姥的这个想法阻断了达达继续学习穿鞋的机会，使我们前期学习的努力也付之东流。家庭教育方法不一致，会导致孩子思维混乱、无所适从，给孩子的成长带来困扰，对孩子健康发展造成不利影响。

现在，很多家庭在养育孩子方面都存在教育不一致的问题。有的家庭中父母和祖父母教育观念不一致；有的家庭中父亲和母亲对孩子的要求不一致。孩子在成长的过程中规则不清、是非不辨，会使家庭教育力量抵消，降低家长的威信，利用家长教育观念等方面的矛盾钻空子，容易使孩子形成两面性的性格，对孩子的健康成长是非常不利的。

所以，家庭中祖父母与父母对孩子的教育态度、要求、方法要保持一致。遇到意见不一致时，可以避开孩子，及时召开家庭会议共同商量、统一思想，达成共识后再告诉孩子。孩子就可以目标明确、规则清晰，少走弯路。

我们对达达学习穿鞋的事情，出现教育要求不一致，使达达刚刚开始自己穿鞋的事情出现退步。我提议召开家庭会议，统一教育思想，姥姥、姥爷也觉得达达就要去幼儿园了，现在正需要锻炼孩子的生活自理能力，为入园做好准备。而且，达达现在具备了自己穿鞋的能力，只要坚持练习，就能自理。所以，我们达成共识：正确示范、耐心等待，积极鼓励达达自己的事情自己做。达达在全家人的共同支持和鼓励下，愉快、顺利地学会了穿脱衣裤、鞋子等事情，为他顺利入园做了必要的准备。

祖父母和父母对待孩子的初衷都是为了孩子好，遇到教育观念不一致时，家庭成员之间要及时沟通，统一思想，不要让孩子产生困扰，影响了孩子的健康发展。

目前，由于父母忙于工作，没有足够的时间照顾孩子，祖父母成为照看孩子的主力。但是，祖父母由于知识、体力、精力方面不足等原因不能完全取代父母的角色，父母在养育孩子的问题上有着得天独厚的优势。对于年轻父母而言，还是应该以亲自带孩子为主、家里老人协助照看为辅。父母无论工作多忙，都应该多抽些时间、多付出些精力陪伴孩子成长，不要错过了孩子成长发育的黄金时期。

第五章

每天经历的成长故事

1 | 孩子在幼儿园没有吃饱是什么原因

幼儿园一天的饮食

每个幼儿园门前的宣传栏里，都会展示出幼儿一周食谱，上面写着从周一到周五一日三餐及水果、点心、酸奶等营养配餐的明细，供家长参阅。

早晨入园的时候，我们幼儿园的家长带着孩子，陆陆续续地来到宣传栏的食谱前，用手机拍照，给孩子介绍今天食谱的内容。我最常听到父母对孩子说的一句话是："今天的饭菜好吃，你要多吃点！"

我们幼儿园三餐两点的时间安排是这样的：

早餐：7 点 50 分

上午间点：9 点 30 分

午餐：11 点 10 分

下午间点：14 点 30 分

晚餐：16 点 10 分

　　每次开饭，教师和保育员负责给孩子分饭、添饭。我们盛饭、菜、汤的时候遵循"少盛、勤添"的方法，一般只盛半碗，这样做，首先是考虑安全问题。可以保证碗里的食物温度迅速下降，不会过热，如果哪个孩子弄洒了汤、饭不会被烫着。

　　其次，是为了培养孩子良好的卫生习惯。碗里的饭菜不满，方便孩子吃得干干净净，养成不浪费粮食的好习惯。同时，半碗饭，方便锻炼孩子自己吃饭，尽量不把饭粒弄到桌子上、衣服上和地上。

　　还有，就是为了培养孩子良好的进餐习惯。半碗饭，孩子很快就能吃完，吃完后再添，孩子会有成就感。

　　孩子吃饭的时候，班里的老师和保育员巡回观察孩子的进餐情况，鼓励孩子不挑食。看到哪个孩子的饭菜吃得差不多了，就要及时再添一点，保障孩子吃饱吃好又不浪费。

　　一般情况下，在孩子入园一周左右的时间，老师就会对班级里每个孩子的进食量有了基本了解，掌握个别孩子对食物偏好的情况，在分餐的时候，做到心中有数，对个别吃得慢的孩子更加关照。

　　现在，孩子对食物过敏的现象较过去多了不少，家长会告诉我们，自己孩子对某种食物过敏，我们幼儿园每个班级都专门有一个记录本，记录孩子的身体状况，提示老师在工作中时刻注意。

　　我们幼儿园在孩子进餐的时段里，播放轻松、舒缓的音乐，让孩子们在愉悦的氛围中进餐。

新入园的壮壮

在我的印象里，新生入园初期，家长反映孩子在幼儿园没有吃饱的现象比较多。

我曾经带过一个男孩子叫壮壮。刚入园的时候，被妈妈抱在怀里的壮壮，又瘦又小，我抱过来的时候，感觉壮壮身体很轻，与同龄的孩子有差距。壮壮妈妈对我说："老师，我家壮壮吃饭慢，麻烦您让他多吃点。"壮壮妈妈的话，我记在心里，每次开饭、发餐点的时候，我都会关照壮壮，提醒他多吃一点。

进餐时间，班里的小朋友吃得都很香。壮壮看着碗里的饭菜，好像没有什么食欲，他慢慢舀起一点饭菜尝一尝，就开始东张西望地玩开了。

我给小朋友们添好饭，就坐在壮壮的旁边喂他。喂壮壮吃饭很费劲。一小勺饭菜刚放到他的嘴里，他就用舌头使劲地把饭菜顶出来，把头别向一边说："不吃不吃！"我发现，壮壮喜欢吃汤泡饭，肉片、胡萝卜、青椒等硬一点的菜都不吃。

晚上，壮壮妈妈来接他的时候，我把壮壮的情况跟家长做了沟通，了解到家里对壮壮照顾得格外细致，从小到大都是单独给壮壮做饭，饭菜做得比较软烂，壮壮基本不用咀嚼。因为孩子长期吃软烂的食物，咀嚼能力下降，嚼东西对他来说是一件困难的事情。

问题的根源找到了，我和壮壮妈妈约定，从提高孩子咀嚼能力开始，解决壮壮不爱吃饭的问题。我专门设计了"好吃的饭菜和水果"

系列活动，介绍各种食物的营养，让孩子们懂得吃了有营养的食物才能长得高、长得壮；家长进课堂时，请来一位做牙科医生的家长为孩子们讲解牙齿嚼东西的重要性，壮壮睁着好奇的大眼睛，看得特别认真。

壮壮妈妈在家里做饭的时候，尽量让壮壮和大人一起吃饭，还把水果泥换成水果块，锻炼壮壮的咀嚼能力。

在幼儿园，每次吃饭、吃水果，我都鼓励壮壮咀嚼食物。经过2个多月的努力，壮壮从汤泡饭慢慢过渡到能和小朋友吃一样的饭菜，壮壮长高长胖了。

孩子没有吃饱，可能会有以下情况：

幼儿园开饭的时间、流程是固定的，开饭时孩子们都是分组进餐，老师不会落下某个孩子。所以，不会出现孩子没有吃饭的事情。

刚入园的新生，不会自己吃饭。有些孩子入园前准备工作没做好，自己吃两口就下桌玩去了。这样的孩子，在家里都是大人喂饭，到了幼儿园，老师需要照顾全班小朋友，可能顾不过来，容易导致这样的孩子进食量不够。

孩子吃饭慢。在相同时间内，吃饭快的孩子进食量多，吃得慢的孩子进食量不足。幼儿园孩子进餐时间一般在25分钟左右，过了30分钟，伙房的师傅就来把餐车推走了。

孩子挑食。家里做饭菜一般都是挑孩子爱吃的做，幼儿园的食谱是营养师经过计算食物营养量、多种食物合理配比后制定出来的，可能会出现个别孩子不喜欢吃的食物。所以，幼儿园里每次吃像猪肝炒青椒这道菜的时候，一些孩子就不爱吃；胡萝卜也经常被孩子们挑出来剩下。

孩子在幼儿园的活动量比较大，幼儿园里的作息时间安排得满满的。每天至少有两小时的户外活动，室内活动也比较多，孩子的活动量大，新陈代谢快，能量消耗就大，加上幼儿园孩子没有零食吃，所以孩子会常常有饥饿感。

幼儿园吃晚饭的时间比较早。离园后孩子们可能在操场上玩一会儿，跑一跑。所以，到父母吃晚饭的时候孩子又饿了，这是一件很正常的事情。

孩子晚上回家后说没吃饱，家长可以先观察几天，如果一直这样说，就要和老师聊一聊，看看问题出在哪里。

2 | 商场里的儿童乐园适合孩子去玩吗

商场里的儿童游乐园

我最近特意关注了商场里的儿童乐园，逛街的时候发现好多商场内都开设了室内的儿童游乐园。

一个飘雪的午后，我去超市买东西，在通往超市入口的二楼大厅里，有一处儿童游乐园。设置了旋转木马、淘气堡、钓鱼、玩沙、蹦蹦床、海洋球、陶泥、涂色手工、书吧等区域，里面有很多的小孩子在玩。

活动区门口有工作人员看守、售票。玩游戏的孩子年龄在两三岁到六七岁不等。大部分区域不允许家长进入，有的家长在围栏外面远距离指挥孩子；有的家长坐在外面玩手机，任由孩子自己玩。

下午1点多，正是幼儿园孩子午睡的时间。我看到，有的家长抱着已经睡着的孩子在椅子上休息。孩子的头上已经睡出了汗，家长把自己的衣服盖在孩子身上，可能是怕孩子感冒吧。

我真是为孩子们感到着急！这么小的孩子，不应该在这样嘈杂的人群、混沌的空气中睡觉、玩耍。

对于游乐园，家长们如是说

我在幼儿园班级中做了一个调查，问孩子们放假休息的时候，去过商场里的儿童乐园玩过吗？孩子们纷纷举手，说经常去玩，可好玩了！我向家长询问，家长说，孩子们都喜欢去玩，还给孩子办理了年卡，能省不少钱。我粗略统计，大约有百分之八十的孩子去过商场里的儿童乐园。

鹏鹏的妈妈跟我说："天气特别炎热的夏季，孩子总在开着空调的家里，怕孩子得'空调病'，想带孩子外出游玩，天气又太热，怕孩子遭罪，正好附近商场里有儿童游乐园，就带孩子去玩了，孩子特别高兴，喜欢玩，就办了年卡，随时都可以去玩。"

淘淘妈妈说："到了冬天，天气好冷。小孩子在家里没有小伙伴玩，没意思，到外面玩又怕孩子冻感冒。商场内的游乐场比较大，温度不冷不热的，还有很多小伙伴一起玩，就成了冬季孩子玩耍的好去处。我也给孩子办了游乐园的次数卡。"

萌萌妈妈补充说："我经常带萌萌去一个品牌家具装饰店的儿童乐园，那里可以免费玩，还可以暂时托管孩子，很划算。中午，我们一家在那里吃了饭再回家，还省了做饭。就是那里的儿童游乐园里的孩子比较多，孩子玩得不尽兴。"

小美妈妈持反对意见："过去带孩子去过几次商场的游乐场玩，发现孩子一回来就不舒服，可能是交叉感染，鼻塞、流鼻涕，睡觉不安稳，要感冒的样子。吓得我们再也不敢带她去玩了。"

我在幼儿园工作多年，对孩子们生活环境的消毒工作比较熟悉，发现商场里设置的儿童游乐场，存在着不同程度的卫生、安全隐患。

以我们幼儿园为例，在幼儿园里，孩子们接触到的玩具、用品、餐具、空气等都有严格的消毒制度，确保孩子们生活的环境洁净、安全，保障孩子们身心健康发展。

幼儿园主要采取物理消毒、高温消毒、化学消毒、消毒灯消毒等方法。

室内空气：白天，开窗自然通风消毒；晚上孩子离园后，紫外线灯进行空气消毒。

桌子：两餐前、两点前用消毒液擦拭。椅、柜、把手、床边、窗台、扶手、水龙头、墙面、地面及厕所等在每天午饭后、傍晚孩子离园后消毒液擦拭或喷雾。

餐具、水杯：每餐用完后，高温煮沸消毒。

毛巾：每天一次消毒液中浸泡，然后清洗干净日晒晾干。

玩具：每天晚上消毒液中浸泡，然后清洗干净日晒晾干。

被褥、图书：每周一次户外日晒，每晚紫外线消毒。

遇到幼儿园某个班级出现传染病患儿时，要对患儿接触过的物品进行更严格的全面消毒。

去游乐园需要注意的事项

孩子身体的抵抗力弱，容易感染细菌、病毒，太小的孩子最好不要去商场内的游乐园。大一点的孩子可以去，但是也不要经常去，因为这些游乐园卫生条件不确定，往来人员比较多、杂。最好带孩子到户外去呼吸新鲜空气，亲近大自然，比室内的游乐园好太多了。

家长带孩子在游乐园玩的时候，不要在游乐场里吃东西，更不能乱丢垃圾，那样容易给孩子养成不讲卫生的坏习惯。

注意孩子的安全，不要让孩子离开自己的视线。家长不要在看孩子的时候玩手机，不顾孩子，要时刻关注孩子的活动，确保孩子玩得开心、安全。

孩子的年龄小，易疲劳，家长要把握好动静交替的原则。在孩子刚刚显得疲惫的时候，就带孩子离开游乐场，不要让孩子在人员密集、空气浑浊的地方睡觉。

3 | 贵的电动玩具就好吗

每个孩子都有属于自己的玩具。不过，这些玩具可能是高档的电动玩具、昂贵的城堡玩具、精美的芭比娃娃……可能是廉价的拼搭积木、塑料玩具、七巧板……或者是生活中随处可见的泥巴、麦秸、沙子、石头……

达达与电动玩具

孩子对身边的一切新奇事物都充满了强烈的好奇心，达达小的时候，我们给他买过几件比较贵的电动玩具：电动坦克车、遥控小汽车、电动机器人、电动摩托车、电动轨道小火车。刚买回家的时候，达达被电动玩具可爱的外观、闪烁的声光效果所吸引，兴奋得不得了，马上就拆封开始玩了。

电动玩具的普遍特点是，只需简单的操作，玩具就能自己运动起来！孩子动手参与的机会少。所以，达达玩了一会儿，发现没有什么新花样，就不爱玩了。现在的电动玩具设计得非常精细，不过也只是几个按钮来回切换，孩子很快就玩腻了。

其实，电动玩具虽然昂贵，但却不利于孩子的智力发育。因为孩子按几下按钮就能控制玩具了，基本不需要孩子动脑筋思考，不具有创造性功能；又不需要孩子反复操作，没有起到锻炼到这个年龄段孩子最需要的发展手、眼、脑协调性的作用。

研究表明，按钮式的电动玩具，其单调的声、光效果刺激孩子的感官，反复多次后，就对孩子失去了吸引力。孩子如果经常接触这样的电动玩具，会使孩子习惯于即时满足的思维模式，逐渐失去耐心，对不能马上得到满足的事情表现出急躁、不耐烦的情绪状态。

我发现，电动玩具"不耐玩"。达达的电动玩具摔了几次就坏了。达达对我们给他买的电动玩具，很快就失去了兴趣，扔到一边不闻不问了。后来，我们带着达达把这些电动玩具都给拆卸开，让达达了解它们的内部结构，也算物尽其用，没有白白浪费。

玩具不是越贵越好

在给孩子选择玩具时，最重要的一件事就是玩具必须安全。玩具产品，一定要符合产品质量标准。自制或自备的玩具，要考虑到安全性。另外，选择的玩具要适合孩子的月龄、年龄，有的还要考虑性别，符合孩子身心发展的特点。

玩具结构要安全，不能有伤害孩子的棱角、毛边、尖顶等，零部件不能易脱落、不能易坏、不能掉落，体积不能太小（选择不易被孩子吞入口中、塞入鼻中、塞入耳中的体积），充填物要无毒、易清洗等。

玩具不是越贵越好。其实，有时一块泥巴、一根绳子、一盒积木，都能让孩子开心快乐，从中学到很多知识。

DIY 玩具乐趣多

我记得达达 4 岁的那年新年，幼儿园的孩子们要准备新年活动，班级老师发动家长自制乐器，我和达达上网查找资料，发现一种简单易做的打击乐器：饮料瓶沙锤。

我们把 4 个塑料饮料瓶洗干净、控干，两瓶放进一些干黄豆；两瓶放进一些沙子，让达达随着音乐节奏摇一摇，感受声音的高低不同。后来，带到幼儿园参加了新年的表演活动，还受到老师的表扬，达达可高兴了。看似简单的做法、玩法，由于孩子的参与度大，孩子会很有兴趣。

寻找身边的玩具

自然界的万事万物各具特色、变化无穷，对于好奇好动的孩子来讲，充满了积极、主动探索的欲望。孩子喜欢玩沙、玩水、玩泥，沙、水、泥等免费的自然材料，可以任由孩子自由摆弄，做成城堡、小动物的家，挖成隧道等，是发挥孩子想象力、创造力最理想的自然材料。草丛中的蚂蚁，空中飞的蜻蜓、蝴蝶，树上的蝉、天牛、毛毛虫等，更是孩子观察、摆弄的对象，孩子在玩中取乐、乐中探究。

给幼儿提供充分思考的机会。幼儿能做的、想到的，让孩子自己去做，大人不要包办代替。如玩安静的智力游戏，玩拼插建构积木等，

让孩子充分思考，做出独创的各种形象。在活动中，孩子自己动脑去想，独自解决问题，最后做出自己满意的作品，会非常有成就感，锻炼了孩子的思维能力。

如拼图游戏，孩子在一堆混杂的拼图块中找出正确的一块拼图，拼凑成一个完整的图案，这就需要具有敏锐的观察力和稳定的耐力才能完成。又如搭积木、拼七巧板智力游戏等，都需要动脑筋思考才能完成，也能够较好地锻炼孩子的思维能力。

玩具陪伴孩子度过整个童年，给他们带来无穷快乐。

玩具也是孩子学习的辅助材料。孩子在操作玩具的过程中，

会通过视、听、触摸等多种感官参加感知，用头脑去思考，

用双手去操作，用语言去表达自己的感受。在游戏活动中孩子的感觉、知觉、注意力、记忆、思维、想象都在积极活动着，双手不停地摆弄玩具材料，积极解决游戏中出现的各种问题，这使幼儿思维活跃起来，有力地促进幼儿的注意力、记忆力、思维力、想象力的发展，使孩子越来越聪明。

4 | 让人忐忑不安的分数排名

考试真正的目的

达达上小学四年级时，弄明白了分数和班级排名的关系，知道分数考得好，在全班级的排名就高；分数低，排名也低，开始关注自己每次考试的分数和排名了。每次考试后，回家就跟我们说：今天自己考了多少分，排名是多少，班里 × × × 比自己分数高。考得好，就开心；考得不理想，就会闷闷不乐，渐渐开始患得患失。

有一天放学时间，我去学校门口等他，班里的同学陆陆续续地走出校门，等了好一会儿，也不见达达的身影。我就走进学校，来到教室门口，看见几个同学还伏在书桌上写卷子，达达正在检查卷子。老师看见我站在门口，就走过来，跟我说："达达最近分数一直很高，学习成绩比较稳定。但是，他怕考不好，总是反复检查卷子。这不，还在检查卷子呢！"老师走到达达身边，对他说："检查好了吗？交卷子吧，你妈妈来接你了！"达达把卷子交给老师，看着老师把卷子判完，得到了他满意的分数，高高兴兴地收拾书包跟我回家了。

我感觉到，这些分数、排名，已经对达达造成了困扰，增加了孩子的负担。这样下去，会让他过于关注考试成绩，心情也会随着成绩的高低而波动起伏。久而久之，会产生考试焦虑，对学习有不利的影响，享受不到获得知识的乐趣。一旦考得不好，会对自己的能力产生怀疑，丧失自信，对学习这件事失去兴趣。

教育就是让孩子从"无知"到"有知"的过程，波兰教育家说："要尊重孩子的无知。"允许孩子犯错，允许孩子有不完美，孩子正是在试错的过程中吸取教训，获得经验，逐渐成长的。

父母和教师的教育机制就是要让孩子在面对未知的事物时，乐观从容、充满自信，有敢于挑战、不惧失败、敢于胜利的信心。

我们跟达达说："考试的目的，是要检查一下自己学习的内容掌握到了什么程度，不是为了给别人看分数、名次。卷子上哪里答错了，就说明这个地方没有弄懂，还需要进一步学习。没有考满分没关系，只要把答错的题弄懂了，你就是一个满分的好孩子！"

即便是孩子的成绩不理想，也不要慌了神，没有了主心骨，这不代表孩子的智力有问题。父母过于看重分数、排名，只会对孩子施加压力，让孩子感到自己不如别人，每次考试后都会有深深的挫败感，对学习越来越没有兴趣。

"最近发展区"原则

在看待分数、排名的问题上，家长比孩子更纠结。一看到孩子成绩下降，就会想方设法地给孩子安排学习班，买来大量的练习册，让孩子学习。占用了大量的课余时间，挤占了其他科目的学习精力，导致这一科成绩上来了，别的科目成绩又下滑了，真是"按下葫芦浮起瓢"。

一位家长跟我说，她的孩子今年上初一。期中考试数学没考好，孩子回来说，老师上课的时候，自己听不懂，写作业很吃力。这位家长说，自己也想给孩子辅导，可是书上的题，她也不会做，真是感到力不从心。

我建议她：首先，要把近一段时间的数学卷子梳理出来，看看孩子都错在什么地方，如果能够找出问题所在，就可以有针对性地补习；如果自己做不到，就要去学校找老师咨询，老师是最了解这个孩子的专业人士，请老师帮助"诊断"出孩子真正不会的地方在哪里，给出改进的建议，然后再"对症下药"地学习。这样，可以避免书山题海地花费大量时间，解决问题。

每一个孩子都是不同颜色的花朵。孩子受到遗传、环境、教育等因素的影响，学习成绩自然会有所不同，父母给孩子制定目标的时候，尽量是小幅上升、循序渐进，让孩子跳一跳能够得到，体验成功的喜悦，注意"最近发展区"的原则。

班级里的第一名只有一个名额，不可能每个孩子都考第一。孩子考得不好，自己已经很懊悔、很难过了，父母要站在孩子的角度上体谅孩子，理解孩子此刻的心情，不能一看到孩子落后，就责骂、讽刺、挖苦孩子。这样的家庭氛围，只会让孩子更烦躁，从而失去自信，对提高成绩没有一点帮助。父母的正确做法是安慰孩子，让孩子感受到父母的爱和关心，帮助孩子分析问题，教会孩子解决问题的方法。要尊重孩子、细心呵护孩子的学习兴趣。

孩子的成长进步还有一个特别的现象，就是呈螺旋式上升。所以，面对孩子起起落落的考试成绩，父母也要保持淡定，不必忐忑不安。家长对孩子的态度会直接影响孩子的学习成绩，父母对这些事情有了正确的认识，调整好自己的心态，孩子自然也会走出考试分数、排名这些虚荣的困境。

5 │ 离开父母也能生活得很好

在达达大二那年，考取全额奖学金去美国插班留学，自己租房、做饭、洗衣，帮同学去宜家买家具，回到宿舍组装好。他们还自己组建了留学社团，达达担任社团的第一任会长，开展校际文化交流工作。他自己的生活全部自理，生活、学习、工作都安排得井井有条。

1年后，达达所有学习的科目都得了满分 A+，获得了学校颁发的、获奖率极低的"最佳学术"奖，得到了留学学校老师、同学们的认可，为国家和母校增光。我们去机场接他的时候，他对我们说："我已经尽力了，不能再好了！"

为了孩子的成长，不妨做个"懒"妈妈

孩子离开了爸爸妈妈也照样生活得很好，这让我们很放心。相较于达达的勤快，我这个做妈妈的就很"懒"了！

从达达1岁多，开始蹒跚学步第一次甩开我的手时，我就明白：达达要独立了！这个阶段的孩子能够独立行走，手的动作也更加灵活

准确。从这时起，孩子就有了独立完成事情的愿望，说明已经具备培养生活自理能力的生理基础和心理条件了。但是，由于此时孩子骨骼、肌肉发育还不完善，所以，会出现动作缓慢、不协调的现象，表现出做事容易出错，摔碗、洒水等事情常常发生。

虽然达达自己做事时常常给我添乱，但是，孩子有要自己做事的愿望，我就准备好工具、材料，在确保安全的情况下，放手让他自己吃饭、喝水，请他帮忙拿东西。达达喜欢自己吃东西，家里人想喂他，他会把头扭向一边，不吃。

达达吃饭的时候，我给他只盛一小碗底的饭，吃完后再添。这样盛饭，碗里的饭少，孩子能端起饭碗吃饭，少掉饭粒、吃得干净、不浪费，达达很快就掌握了自己吃饭的要领。

自从学会了自己吃饭，达达好像一下子就长大了。我们每次从市场买回来东西，达达都会好奇地过来看看我们买来什么好玩儿的东西。我请达达帮忙分一分，哪些是蔬菜？把蔬菜拿到厨房；哪些是水果？把水果放到果盆里。看到达达小小的个子在屋子里穿梭忙碌，我们马上就表扬他勤快、能干，达达听了可高兴了，乐呵呵地干得更起劲了。

人的一双手，就是用来做事情的。有的父母怕孩子做不好，自己收拾起来更麻烦；有些家长觉得小孩子不会没关系，等到孩子大了自然就会了。其实不然，生活自理能力越早培养越好，因为孩子独立意识的发展也是有关键期的，过了这个关键期，孩子养成了懒惰的习惯，再去改正就困难了！

我身边的朋友、亲戚家的孩子上了大学，放假的时候，还要把大包小包的脏衣服托运回家让妈妈给洗。有的小夫妻结婚以后，谁都不愿意做打扫、清洁的事情，需要娘家妈妈和婆婆，定期轮班去家里打扫。小夫妻只管生孩子，把养育孩子的任务交给自己年老的父母，我们幼儿园里的孩子大多是由祖辈来接送、照顾。

现在，从幼儿园的孩子到已经为人父母的小夫妻，缺乏独立精神和自理能力，过度依赖父母、啃老的现象很普遍，年迈的老父亲、老母亲活得挺累。

父母爱护孩子、心疼孩子没有错，但是过度的爱、保护就是溺爱了。把孩子自己能够做的都包办代替，剥夺了孩子动手锻炼的机会，孩子就失去了独立解决问题的能力。只能让孩子越来越缺乏独立性、自信心和基本的生活技能，等到父母老去，留下一个没有生活能力的人，会是什么样的情景！

培养孩子自理能力，从现在开始

培养生活自理能力，首先是孩子力所能及的事情，尽量让他们自己动手来做。父母可以在旁边观察、指导，及时鼓励孩子的进步，给孩子鼓劲、加油。当孩子体验到自己动手劳动的乐趣后，会乐此不疲、越做越好的。

其次，父母不能太惯着孩子，要放手让孩子去做。比如自己收拾玩具、整理书包、打扫自己的房间、帮助父母做家务，等等。孩子经常做事，会熟能生巧，做起事来就能够越来越快、越做越好，慢慢培养出孩子的生活技能和独立、自信的品格。

　　达达的身体比较好，从初中开始，就主动承担班级换水的任务，天热的时候，每天要从学校一楼大厅往三楼的班级扛好几桶水换上。上高中后，个子又长高了，所以达达继续在班级里做换水的工作，我们很赞赏他这种为大家服务的自觉性。我感觉，经过几年换水的锻炼，达达身体更结实了。

　　达达上大学之前，由于学习比较紧张，没有机会学习做饭。出国之前的暑假，达达主动跟我说要学习一些简单饭菜的做法。我们就一起实地练习，炒菜的先后顺序、煮饭的流程、炖菜的方法等，他都自己实战了一番。在书上看菜谱和自己做菜完全不是一回事儿，达达在实际操作中，还创新出自己做菜的一些小窍门。出国后，一帮同学里，只有达达在家里做过饭。所以，大厨的位置就当仁不让地落在他的身上。

　　父母要"懒"一些，才能培养出勤快的孩子。小时候勤快，干得多，就能掌握生活技能，长大了才会成为独立、自信又有能力的人；成为离开父母也能生活得很好、让父母放心的孩子！

6 │ 尊重孩子自己的选择，青春不叛逆

达达上小学前，没有学过拼音、写字、计算、英语等科目。认识的一些常见汉字，也是自己看书时，这些字出现的频率比较高，才顺便学会的。

尊重孩子的每一次选择

刚上学的时候，同学们互相交换家里的电话号码。达达记了满满一页纸的号码给我看，由于不会写字，同学的姓名用学号代替，后面的电话号码一看就知道，没有几个能打通。当时的电话号码是七位数，达达记下的数字四位、五位、八位、九位的都有。我觉得，孩子一下子认识这么多朋友很开心，能够有交换电话号码、希望经常联系的想法值得鼓励。我跟达达说："你下课的时候，经常和谁玩啊？"达达说："小志、肖涛，还有轩轩。"我说："明天，你再问问他们几个的电话号码，和你写的号码对一对，看看一样不？电话号码是七位数，你检查一下啊！"后来，达达找同学核对电话号码，把错误的一个一

个改对了。

自然发展

我们尊重孩子的自然发展，不去超前教育。刚刚进入小学，达达觉得学校里的一切都是那么新鲜有趣。偶尔，上课的时候下地溜达；下课10分钟还没有玩尽兴，上课的铃声响起，同学们都站好排回教室了，他才想起来往回跑；傍晚放学时，忘记抄写作业等等事情经常发生。虽然达达显得有点儿幼稚，但是，他对学习生活充满了好奇，探究欲望强烈。小学和幼儿园不同的是：幼儿园老师是全科教学，一名教师能教所有科目；学校老师是专科教学，一名教师上一门科目。在学校里，每上完一节课就换一名老师带他们玩，他感觉特别好玩，学习兴趣顿时被点燃。

达达觉得学校里有那么多老师、新同学，还能学习新知识，学校里还有兴趣小组。中午不用睡觉，可以在操场上跑一中午，下课了想玩什么都行，没有老师看管……自己更加自由自在，体会到自己长大了。我们每天观察达达的表现，适时适当地帮助他，达达很快就适应了学校的生活，渐渐地有了责任感，学习不用人督促也能跟上老师的节奏。

达达上学的时候是"纯天然"新人，没有经过各种学习班的雕琢。有些父母怕孩子"输在起跑线上"，使劲地带着孩子进行超前、超强教育，结果，孩子还没有上学，就已经厌学了，觉得学习是一件无聊的、要牺牲玩耍时间还不一定能做好的事情。一提到学习，就像要吃药、打针一样痛苦。在未来漫长的学习生涯中，将是怎样一种煎熬！

实践证明，经过超前学习的孩子，小学低年级阶段学习成绩比较好，但是，往后就没有后劲儿了。小学低年级的课程比较简单，父母不用太在意孩子的学习成绩，决定将来成绩好坏的，是孩子的学习兴趣和阅读量。

家里面谁说得对，就听谁的

达达小学四年级的时候，同学们都开始在外面补课了，我觉得达达的学习能跟得上，所以没想过要给他报补习班。一天，达达说他的同学就在我们小区里的一个学习班补课，我觉得反正也不远，他想去看看，我就带着他去了。

补习班的老师热情地接待我们，说可以试听一节课，如果孩子觉得好就交钱，孩子觉得不适合，也没关系。班里有十几个小孩，我坐在后面听老师上数学课。达达很认真地听课，积极举手发言，老师特意多提问他。我发现，老师讲的内容达达都会了，没有什么难度，也就是说达达参加补习班对提升他的学习没有什么帮助，就是在浪费时间。

一节课很快就结束了，达达拉着我的手往门外走，老师把我们拦下来，对我们说："孩子挺聪明的，上课注意力集中，我教的内容他都学会了。"又对着达达说："达达，你觉得怎么样？"我感觉到达达拉着我的手在往外使劲，就笑着说："谢谢老师的夸奖，孩子表现得不错。我们回去再商量商量，谢谢老师了。"

　　走出单元门，达达说："这个老师讲的，我们老师也讲过了。"我说："上课时不认真听，就要到补习班来补课了，你觉得哪样更合适？"达达回答说："当然是上课时认真听讲好了，还不耽误玩！"我问达达："咱们去哪里玩？"达达说："去小河边的公园吧！"从那以后，达达再也没有提过去补习班的事情了。

　　父母们以为自己经历得多，知道得多，为了避免孩子走弯路，总是不问孩子的感受，喜欢自作主张地替孩子安排学习和生活。孩子听话，就变本加厉地控制孩子；孩子不听话，就一遍一遍地唠叨，还说孩子到了逆反期，事事与父母对着干。父母们有没有静下心来，仔细倾听孩子的心声，从孩子的角度考虑问题呢？周围的亲戚朋友都问我们：达达的青春叛逆期是怎样度过的，有什么表现？我们的回答是：达达没有叛逆期。一直以来，我们家谁说得对，就听谁的，要以理服人。达达说得对，我们就听他的，他说了算，还跟谁逆反啊！

　　达达自己的事情自己做主，家里的大事也和达达商量，充分考虑孩子的意见，达达逐渐成长为独立、有主见的孩子。初中末期，达达对政治经济产生了浓厚兴趣，开始大量收集、阅读这方面的书籍，我们很支持他的选择。后来，达达的人生道路，都是由他自己做主选择，我们的意见仅仅作为他决断时的参考。

7 | 不做让自己后悔的事

教育孩子，没有后悔药可吃

暑假期间，朋友几家人结伴外出旅游。晚上，我们坐在一起，聊起来教育孩子的话题。有人问："如果时间可以重来，能够弥补的最后悔的事情是什么？"

一位朋友说："我后悔因为工作太忙，陪伴孩子时间少，对孩子太过严厉，错过了孩子成长的很多关键时刻。如果时间可以重来，我一定要参加孩子学校组织的各种活动，还要认真地给孩子开家长会！"

另一位朋友说："我后悔对孩子耐心不够，孩子一犯错误，我就控制不住情绪，狠狠地打过孩子。每次打了孩子，又心疼得不得了。唉，孩子是越打越不听话！如果时间可以重来，我要尊重孩子的想法。孩子再犯错误时，我要好好听听孩子是怎么想的，肯定不会再打他了。"

一位朋友说："我后悔在孩子小的时候太忙于工作、挣钱，把孩子交给老爸、老妈带，老人太疼孙子，惯着孩子，孩子想干什么就干什么，养成了蛮横、霸道的性格，现在谁的话也不听。如果时间可以重来，再忙再累，我也要自己带孩子！"

在教育孩子的这个问题上，是没有后悔药可以吃的。时间一去不复返，转眼之间，孩子就长大了，白白错过了最佳的教育时机。我相信，如果时间真的可以重来，我的这几位朋友一定是合格的家长。只可惜，他们懂得有点晚了。

尊重孩子的"慢"

一天，邻居小金带着上小学一年级的女儿茜茜来我家做客，茜茜背着小书包，她有书法作业要写，我就让茜茜到书桌上写作业，我和小金小声聊天。小金和我说起茜茜学习的事情。

小金特意压低声音跟我说："茜茜上书法课时，我就坐在教室后面，听老师上课。茜茜一会儿低头玩铅笔，一会儿翻一翻桌子上的书，眼睛就是不看老师，气人不气人！我恨不得过去打她！"说到这里，小金高声叫茜茜："茜茜，把你写的作业拿过来让我看看！"茜茜跑过来，让妈妈检查作业。

小金指着茜茜刚刚写下的一行字说："告诉你多少遍了，这个字的偏旁不能这么写！上课时你就不听课，老师是这么讲的吗？擦掉！重写！"说着，小金就拿起橡皮把茜茜刚写的一行字都擦掉了。茜茜拿着本子慢吞吞地回去重写了。

小金又小声跟我说："写字太慢了！每周就一页书法作业，磨磨蹭蹭得写半天。这孩子心里净想着玩，不赶紧写完作业，哪有时间去玩？姐姐啊，你说我得怎么办呢？”

还没等我说话，小金又喊茜茜：“茜茜，把作业拿来，我看看你的偏旁写得对不对，别等都写错了再改！”茜茜拿着作业，噘着嘴走过来。

小金接过本子看了一眼，使劲拽过茜茜，在孩子的后背上捶了两下，提高嗓门说：“怎么又瞎写！我给你写一遍，你看仔细啊！一会儿再写错，我就把本子撕掉，咱们什么都不用学了！”茜茜眼泪汪汪地不敢大哭，使劲点头，又回去重写了。

平时看小金礼貌周全、文质彬彬，完全不是刚才凶神一般的模样。我笑着说：“你不要这么凶，控制一下自己的情绪。如果你单独跟我说孩子写作业慢，我可能就相信了。可是，今天你们娘儿俩这么真实的情景再现，我已经知道问题出在哪里了！”小金迫不及待地问：“茜茜的问题严重吗？”

我说：“我觉得是你的问题！”

小金瞪大眼睛追问：“我的问题？我有什么问题？”

我说：“首先，不要当着孩子的面，跟别人诉说孩子哪里不好。你以为我们这样小声说话，茜茜就听不见吗？你越是小声说话，孩子越觉得神秘，就越想听到。父母在无意中把许多负面的、消极的信息传递给孩子，这是对孩子不良的心理暗示，孩子会认为，我就是妈妈说的那样不好。所以，不要当着孩子的面说孩子的不是！”

我说：“孩子的成长进步是要经历很多的过程和体验的，我们要尊重孩子成长的自然规律，不要急于求成。茜茜写书法也必须自己亲自经历由慢到快、由不熟练到写好的过程。孩子刚刚开始写字，你就要5分钟一检查，不允许孩子出一点错误，不停地打击孩子学习的积极性，茜茜学习的专注力和学习的动力就是这样被妈妈的好心给破坏掉了，弄得孩子都不敢写了，还怎么能写得快呢？"小金点点头。

我又说："我们应该做的是耐心地等待，心平气和地、适时适当地指导，等待孩子自我调整。这个时候，孩子需要的是鼓励和支持，我们要多说一些鼓励孩子的话，千万不能批评、打击、挖苦孩子。有了足够的爱和尊重，孩子甚至会有自我学习、自我教育的能力。"

1个月后，我又看见小金，小金笑眯眯地过来跟我说："茜茜进步可大了，写字速度加快了。现在，学校作业也写得很快！"小金还悄悄地告诉我："我们娘儿俩最近关系可好了，一直没有吵架。"

其实，最让父母后悔的事莫过于对孩子的教育方法不当，对待孩子脾气不好、没耐心，甚至打孩子。事情发生后，父母也会在心里检讨自己，不过再遇事时，仍然控制不住情绪，反反复复地后悔。

父母再遇到孩子有问题时，不能一味地发脾气，要把正确的做法告诉孩子。然后，给孩子一段时间消化理解，慢慢等待孩子的成长进步。在养育孩子的过程中有一个原则：与孩子相处时，凡是做了后会让自己后悔的事，以后就再也不要做了。做事前想一想：这件事，我这么做了以后，会不会后悔？用几秒钟的时间考虑一下，然后再决定是否继续做下去。这样，可以避免做出让自己后悔的事。

8 ┃ 时时处处皆教育

雪后的操场

昨天，外面纷纷扬扬下了一天的大雪，今天早晨雪停天晴了，地面上积了厚厚的一层白雪。早晨一上班，上午不带班的老师就带着扫雪工具来到操场上扫雪。昨天的雪下得太大了，老师们辛辛苦苦干了2个小时，才把厚厚的积雪扫到院子边上，留出干净的操场给孩子们户外活动时使用。

上午10点、下午2点半的户外活动时间，各班老师带着孩子们陆续来到操场上做操、玩游戏，有的班级还把大雪堆做成了雪人，孩子们玩得可开心了。

傍晚，孩子离园的时间到了，有好多家长带着夹雪球用的玩雪工具来幼儿园接孩子。个别家长接到自己孩子后，带他们到操场上玩雪。一会儿的工夫，操场上就沸腾起来，一群家长聚在一起聊天；孩子们跑到操场边的雪堆上，用夹雪球的工具做出很多小雪球，互相打雪仗、追逐嬉闹。我从三楼活动室的窗户向外望去，孩子们满操场奔跑，小雪球夹杂着雪花在人群中飞舞。

不长时间，操场里的雪人、雪堆都不见了，白天老师们辛苦清扫的积雪又重新回到了操场地面上。而且，积雪被家长和孩子们反复踩踏得结结实实，更不好清扫了！

白天，老师带着孩子们到操场上玩，能够井然有序，懂得尊重老师们的劳动，珍惜老师们的劳动成果；傍晚，个别家长带孩子到操场上玩的时候，他们的关注点是孩子的快乐，没有注意到这里蕴含的教育因素：尊重他人的劳动，爱惜他人的劳动成果。看似简单微小的一个细节，却没有做到随机教育、正面引导，在培育孩子的过程中被父母忽视了。

时时处处的教育

父母在对待孩子教育的问题上，往往是有心无法，空有一腔热情而苦于没有适当的方法。

我在工作中经常遇到，家长对我们非常信任地说："老师，我工作很忙，常常要出差，孩子也顾不上。这个孩子在家可淘气了，不听话，这回全交给您了，怎么管都行。老师，您别有顾虑，交给您我们就彻底放心了，您好好给管管。"看到家长如释重负的样子，我说："我们会对孩子负责的，您放心。但是，您是孩子的家长，是一直陪伴孩子成长的亲人，教育孩子才是您现阶段最大的事业。在幼儿园里我们老师会尽职尽责，在家里爸爸妈妈也要负起教育孩子的重任。

希望我们相互配合，经常沟通孩子的情况，共同努力把孩子教育培养好！"

有一些家长认为学校是教书育人的地方，把孩子送进学校就可以高枕无忧了，孩子的教育责任自然而然落到学校老师的身上。其实，家庭教育的责任也同样重要。我们经常在备课的时候讨论某个孩子的教育案例，大家都有一个共识：每个孩子的身上都带着父母教育的痕迹。孩子的成长进步，时时处处受到家庭教育的熏陶影响，是学校教育无法替代的重要教育因素。

教育是时时刻刻、随时随地进行的，爸爸妈妈和孩子在一起的时候，就是教育的时间。有些父母认为教育孩子就是说教，把道理讲给孩子听就可以了。其实，孩子的学习是在生活中进行的。吃、喝、拉、撒、睡、玩的每一个环节都蕴含着学习内容，孩子是通过观察、模仿、游戏的方式进行学习的。

父母在教育孩子的时候不能有时紧、有时松，大到外出旅游，小到洗手、吃饭，平时的为人处世、礼貌用语等，都是教育的好时机。比如，我在接达达放学的路上，我们可以一起认识路边的树木、花草；让达达像走平衡木一样走马路边石，人行道的方砖可以练习单、双脚交替跳房子；认识盲道，教育达达要尊重、帮助残疾人；到了交通灯处，和达达讨论遵守交通秩序、建立安全意识的话题，引导孩子走斑马线；有时我们还谈论学校里发生的趣事，等等。随便一件小事都能引发教育话题。

随机教育是把孩子生活环境中的事、物作为素材，这些教育素材就在我们身边，容易被孩子理解和接受。随机教育的内容比学校里设置的所有学科内容还要广泛、全面，只要引导适当，教育效果是非常显著的，是一种积极的、事半功倍的教育。

父母言行的榜样作用

孩子的模仿能力强，父母的一言一行、一举一动都要严格自律，处处做孩子的表率，给孩子树立正面良好的模仿榜样，父母希望孩子做到的事情，自己要首先做到。

比如，父母希望孩子喜欢阅读，自己就要多买些书来看。家里有了很多书，孩子经常能够接触到书，随手就可以拿起一本阅读，才能激发孩子读书的欲望，渐渐喜欢上读书。

又如，房间整理得过于干净，父母在这方面对孩子要求严格，实际上限制了孩子的自由和学习的欲望。家里看似干干净净，连一本课外书都没有，孩子没有机会接触到书籍，怎么能够喜欢上阅读呢？这样家庭培养出来的孩子很难在学业上成功。

在教育孩子的过程中不能"抓大放小"。父母不要小看了日常生活中点点滴滴的小事，大事都是由一件件小事汇集而成。和孩子在一起的每时每刻，每个细节之中都蕴藏着教育契机。成功的家长都有自己教育好孩子的独门秘籍：父母心中时刻装着教育目标，细心发现，用心引导，认真对待生活的每个环节，学习、思考教育孩子的方法，把握住生活中闪现的教育契机，做到时时处处皆教育，让孩子每天都有所收获。

9 | 自己的事情自己负责

吃一堑长一智

九月份开学季，有几位同事的孩子进入小学一年级，开始了全新的学习生活。新生妈妈的焦虑比孩子还要严重，妈妈想要把所有的事情掌控得井井有条，但往往事与愿违。孩子做事磨蹭、作业拖沓，字迹潦草、记不住老师的要求……妈妈这边急得火烧火燎，孩子那里不慌不忙。妈妈每天晚上看着孩子做作业，都像守着火药库，随时可能引燃，妈妈们每天都处于崩溃的边缘。

同事跟我抱怨孩子没有时间概念，做事磨磨蹭蹭。我也经历过这样的折磨，能够理解这些妈妈的心情，但在抱怨孩子的同时，我建议同事先看看自己的教养方法哪里出了问题。

达达刚上学的第一周，就因为上课铃声响了，他还在操场上玩，等到同学们都排好队回教室了，他才明白过来，自己使劲往回跑，跑到教室门口，还是迟到了。被老师留在教室外面，罚站10分钟。有了这次教训，达达再也没有犯这样的错误。孩子自己的事情，要由他自己"吃一堑长一智"才能记忆深刻，吸取教训。

同事跟我说，孩子放学回家后，要吃水果、吃饭，看一会儿动画片，玩一会儿玩具，时间一点点过去，看着太着急了。妈妈开始还和颜悦色地提醒，后来就忍不住生气、斥责，孩子还没有开始写作业，家里的气氛就已经充满了火药味了。孩子才开始上学，母子关系就这样紧张，以后漫长的岁月，要怎样煎熬。

孩子自己的事情要由孩子自己做主。父母经常提醒、催促孩子做这做那，孩子会认为这些事情是父母的，应该由父母负责。一旦事情没有做好，孩子会自然而然地觉得是父母的错，把责任推给父母。

刚上学的孩子，还没有适应学校的学习生活，做事慢一点，是可以理解的。孩子刚开始做功课、做家务，安排自己的生活，效率低、速度慢，并不是因为拖拉，而是不熟练、能力有限，孩子们需要时间来练习。

父母要给孩子时间，让他慢慢地形成自己的做事节奏，发挥自身潜力，逐渐成长。如果爸爸妈妈急着催促、批评孩子，迫不及待地帮着孩子把所有的事情都包揽了，就剥夺了孩子锻炼、成长的机会，以后孩子仍然什么都不会干也不想干。不仅生活自理能力得不到提高，而且孩子的责任感也得不到发展，孩子会变得更懒、更不负责任。

我建议同事：孩子放学回家后，和孩子一起把要做的事情订一个计划，什么时间写作业、什么时间吃饭、什么时间玩、什么时间睡觉。孩子心中有了计划后，妈妈就去做自己的事情，不要催促孩子。到了睡觉的时间，提醒孩子洗漱睡觉。写作业、检查作业都要由孩子自己负责，如果孩子做得不好，会有老师监督，孩子会把老师的要求放在心上的，上学、学习和吃饭、睡觉一样都是孩子自己的事情，必须由孩子自己负责才行。

同事将信将疑地回家试了试这种方法，开始时，孩子不相信妈妈真的不管他了，后来发现妈妈确实不唠叨了，也不帮自己干活了，就只能自己的事情自己做了。同事反馈说：初见成效！

拒绝包办

几天前是大班的家长开放日，我给孩子们组织了一次美术活动，孩子们做手工，家长围着孩子们观看，一组孩子的不同表现让家长们看得清清楚楚。有的孩子做得又快又好，家长自然高兴；有个孩子就显得笨拙，努力了好半天也没有做好，还把活动材料弄坏了。这个孩子的家长觉得自己的孩子不如别人，自己很没面子，有些着急，就蹲下来催促、批评孩子，上手帮着孩子又剪又画，孩子靠在椅背上一动不动，好像眼前的活动跟自己一点关系都没有。

其实，家长完全没有必要拿自己的孩子与别人做比较。每一个孩子的生理和心理发展进程是不一致的，不要拿来横向比较。家长会发现每一次比较的结果，都会让孩子觉得不如别人，因为一个团队中的第一名只有一个，其他人都不如第一名。

家长开放日的目的之一，就是让家长了解孩子在园的真实表现，家长可以从中发现孩子的长处和不足，与老师共同商议制定个性化的教育方案。

上面那个孩子在家长开放日中的表现，显现出平时父母给孩子动手实践的机会少、包办代替的比较多。所以，孩子在做手工的时候没有别的小朋友快。可是，家长出于虚荣心理，没有意识到问题的根源所在，只看到了孩子做得慢的表象，还一如既往地帮孩子做，事实上再一次剥夺了孩子发展的权利。

要使孩子获得成功，就要全面了解孩子身心发展的实际水平，遵循发展规律，循序渐进，给予孩子充分的锻炼机会，放手让孩子自己的事情自己做，学会自己管理自己的事情，这样才能培养孩子对自己的行为负责的意识。

10 | 如何处理在学校发生的矛盾

与同学发生摩擦怎么办

达达小学三年级的一天，放学的时候，我站在学校门口等他，达达像往常一样高兴地绕过小伙伴向我跑来，我高兴地拉起他的小手准备回家。这时孩子甩开我的手，叫了一声："呀，疼！"我赶紧上下打量并问他："哪里疼？"达达皱着眉头说："手疼！"我低头一看，达达双手的手掌都擦破了皮，涂上了药水，有的地方还没有干透，一定很疼！我又问他："还有哪里疼？"他说："没有了！"再查看身体，发现裤子膝盖处有磨损，就给他揉揉膝盖，问他："这里疼不疼？"他说："不疼了！"知道达达的身体没有大碍，我就放心了。

我想了解情况是怎么发生的，就说："怎么弄的？"他说："下午体育活动的时候，小健追着我跑，他把我推摔了，他也摔了，还压在我身上。"我说："是谁给你涂的药水啊？"他说："医务室的李老师给我涂的药水！"我又问："你哭了吗？"他自豪地说："没有！"

我说："没事，过两天就好了！这两天洗手的时候要注意，不要让伤口沾上水，伤口沾上水会感染的！"达达听了认真地点点头。有了这次受伤的经历，孩子再玩的时候一定会更注意保护自己的。

孩子活泼好动，在学校里，难免会和小伙伴发生不愉快，甚至肢体冲突。接孩子回家的路上，我经常和孩子聊一聊在学校的一天里发生了什么事情、学习了什么新知识。达达也乐于跟我们讲一讲白天学校发生的有趣的事情和遇到了什么烦心事。

如果与同伴发生了摩擦，应该和孩子了解事情发生的经过，一起分析发生矛盾的原因。与孩子讨论的时候，父母不要急于发表意见，多倾听孩子的想法。让孩子平心静气地想一想，在这件事中自己有什么做得不好的、不对的地方。下次再遇到这样的事情，应该怎么处理，如果自己没有把握处理好，可以求助于老师来解决。让孩子充分表达自己想法的目的是，可以了解孩子对待纠纷的真实态度，培养孩子独立处理问题的能力。

坚持正面教育的原则

达达五年级的时候，一天下午，达达爸爸打来电话说，达达在学校里和同学玩闹，同学把他撞倒，脑袋撞了一下，有些头晕，现在同学家长和达达爸爸一起送达达去医院了。我听后顿时特别紧张，连忙问："孩子现在怎么样，还有什么症状吗？"达达爸爸安慰我说："现在达达只是有一点头晕，医生刚才看过说现在看没什么事，如果不放心可以做头部核磁共振进一步检查。不做检查也可以回家观察，不舒服再来医院。"达达爸爸接着说："我看达达现在的状况还不错，我们还是先回家观察观察再说吧！"同学的家长一直陪同检查，还要给拿医药费，被达达爸爸谢绝了。达达回到家里，我们细心地观察、照顾，孩子休息一个晚上，第二天就没事了。事后，我们提醒达达说，玩耍的时候，要注意分寸，既不要伤害到别人，也要学会保护好自己。

同学之间在一起玩时产生矛盾与冲突，是学校里经常发生的事情。正确处理孩子们之间的冲突，不仅有助于形成良好的人际关系，而且有助于提高孩子处理问题、适应未来生活的能力。

遇到孩子可能吃亏的事情，家长往往先着急了，导致情绪失控。家长首先要查看孩子是否受伤，如有受伤先检查处理。一般情况下，只是孩子之间的小摩擦，并无大碍。这种情况，我们要帮助孩子分析产生摩擦的原因，多在自己身上找原因。让孩子说一说再遇到类似的情况会怎么做，还可以怎么做。多想出几种办法，尽量让孩子学会自己解决学习和生活中遇到的问题。家长可以帮助孩子分析问题，适当地给出自己的建议。

家长是孩子的表率，父母解决问题的态度直接影响孩子为人处世的方法。父母怀着善良诚恳的态度，孩子也会有原谅对方的胸怀。家长千万不要打骂、训斥孩子，这样做会让孩子产生逆反心理，更加听不进家长说的话。

我们也要心平气和地看待摩擦"这点小事"，家长处理问题的观念、方式会潜移默化地被孩子模仿。坚持正面教育的原则，重点是教会孩子正确处理问题的方法。这样教育，将来孩子在外面不会惹事，长大成人后也会有良好的人际交往能力，与周围的同事、朋友相处融洽。

11 | 玩耍放松的课间 10 分钟

合理利用课间 10 分钟

上学的时候，大家都盼着下课铃响。下课铃声一响，有的同学迅速离开自己的座位，跑出去结对玩耍；有的同学依然坐在自己的座位上看书，回忆老师课上讲的内容；有的同学在匆匆忙忙地赶写老师留的作业；有的同学趴在桌子上补觉；有的同学三三两两地围在一起聊天；有的同学去厕所方便。下课 10 分钟，怎么度过，才能真正发挥它的作用？

在每天紧张的学习过程中，课间活动能够起到放松、调节和适当休息的作用。小学的课间 10 分钟，要求同学们必须到操场上玩耍、活动。所以，孩子们都会到外面呼吸新鲜空气、放松心情、活动活动身体。初中、高中以后，课间 10 分钟是自主休息的 10 分钟，老师不会硬性要求同学们到户外活动，所以很多孩子选择在教室里度过课间 10 分钟。

　　达达上初中以后，课业负担越来越重。下课的时候，他就马上拿出老师刚留的作业，开始写。希望利用这宝贵的 10 分钟多写一点，回家以后就能减少一些作业。下课 10 分钟是写不完作业的，下一节课开始上课了，他的思维还沉浸在刚才的作业里，惦记着没写完的作业。结果，上一节课的作业没写完，下一节课也没听好。

　　那一段时间，达达放学的时候，感觉他状态不好、很疲惫，学习成绩有些下降了。我们跟达达聊天，了解到问题的根源之一在于没有合理利用课间 10 分钟。

　　我们和达达说："40 分钟的课上下来，大脑已经很疲劳了，大脑也需要休息一下。学习再紧张也要遵循动静交替的教育原则，下课了马上就去操场上和同学们一起玩耍，呼吸新鲜空气，换换脑子，动动身体，下一节课才能注意力集中地接受新知识，更好地保证学习质量。"

　　达达说："我们同学下课的时候，都在教室里写作业、看书，我要是出去玩了，作业都得回家来写，什么时间能写完啊？"

　　我们说："上课时，听课质量高，老师讲的都会了，写作业的速度就快。下课了，还闷在教室里写作业，不注意休息，看似抓紧时间，但是下一节课的时候头脑就会昏昏沉沉，注意力不集中，听课的质量不好，作业也写得慢，实际上得不偿失。"

　　达达觉得我们说得有道理，就决定试一试。从第二天开始，下了课就下楼玩去了。

"学问很大"的课间 10 分钟

课间 10 分钟的时间虽短，学问却大。设置课间 10 分钟的目的，是让学生在紧张的学习活动后，身心有一段时间得到及时放松、休息和调整，对巩固上节课的学习内容，提高学习效率很有好处；同时为下一节课的学习做好准备，可以更高效地投入学习。

同学们听课、记忆、理解等一系列学习过程，都是在大脑皮层的指挥下进行的。大脑皮层，是大脑最重要的部分，是人的高级神经中枢，是人的智力发源地。大脑的分工非常细致，不同的区域指示人们做各种事情。

大脑皮层，由神经细胞组成。正常人大脑有约 140 亿—150 亿个细胞（或叫神经元）。每一个神经元至少可与 1000 个细胞发生联系，

形成很多神经网络，而且，整个神经网络系统布线连接准确完美、丝毫不差，形成大脑皮层的不同功能区。

如视觉功能区、听觉功能区、嗅觉功能区、味觉功能区、触觉功能区、皮肤感觉功能区、运动功能区、语言功能区、眼窝前额皮层、各联合功能区、前带状皮层、后带状皮层等。

不同的功能区分别工作，比如运动功能区及相关功能区兴奋一段时间后，就需要休息一下；运动功能区在工作的时候，与运动无关的功能区就能得到休息。它们就是这样轮流 "动"和 "静"，来保护脑神经细胞的。

学校在设置课程的时候，也是根据大脑和身体动静交替的原理合理安排的。一节课的紧张学习下来，大脑的听觉、视觉、语言、思维等相关功能区的神经细胞处于高度兴奋状态，而运动功能区的神经细胞处于静止状态，身体上也已经感觉疲劳了。

课间 10 分钟是调节学生生理（身体）、心理（大脑）的必要手段。室外空气新鲜，课间 10 分钟里一定要走出教室活动一下，散散步，呼吸一下新鲜空气，适当进行一些体育活动，使大脑得到休息；还可以往远处眺望几分钟、看看绿色的植物，让眼睛也休息一下，对于放松眼部肌肉、预防近视也是很有好处的。

有些男生活动的强度比较大，要注意不能做过于剧烈的运动，活动时要注意安全，避免发生扭伤、碰伤等危险，保证上下节课时不疲劳、精神集中、饱满。

充分利用好课间 10 分钟，走出教室适当活动，解除疲劳紧张，放松心情，促进新陈代谢，会对学习起到促进作用，是提高下一节课的听课质量和学习效率的重要保证。

12 | 快乐生活从丰富多样的早餐开始

早餐的重要性

　　早晨时间比较匆忙，有的父母没有时间细致地烹制营养丰富的早餐，随便准备点牛奶、香肠、面包或热一热头天晚上的剩饭，对付一下，孩子为了多睡一会儿，起床后就没空好好吃饭，随便吃一口就急着去上学了。

　　这些孩子的早餐，无论从数量还是质量上都不能满足身体发育和一上午紧张学习的需要。

　　早餐对于孩子来说是非常重要的。早晨醒来，胃肠被排空，需要及时进食、补充能量；孩子上午上课时，大脑需要消耗大量能量来高度集中注意力，配合理解、思考、记忆学习的内容。孩子的年龄特点决定了他们活泼好动、新陈代谢快，所以，孩子比成人能量消耗更快、更容易感到饥饿。因此，要为孩子准备营养丰富的早餐。

　　孩子的早餐必须吃，而且要吃得好。一天之计在于晨，早餐是一天当中最重要的一餐，孩子吃了丰富多样的营养早餐，会对身体健康和一天的学习起着十分重要的作用。充足的能量能够保障孩子学习时精力饱满、注意力更加集中、学习效果更好。早餐吃得不好或不吃早餐的孩子，上课时阵阵饿意袭来，感觉饥肠辘辘，注意力必定不会集中在学习上，而且极易疲劳，可能会低血糖，影响学习效果。

如果长期吃不好早餐，孩子的身体健康和学习成绩都会受到不利影响。营养不均衡还会影响发育，导致容易发胖、营养不良等问题，严重的甚至还会发生便秘或胆囊结石，所以说，孩子的早餐问题要引起父母的高度重视。

我的窍门和推荐食谱

达达上学的时候，我每天早晨 5 点半起床给他准备早餐，6 点半准时叫醒达达吃饭。我遵循的原则是既要营养、美味、易消化，又要考虑到谷物、乳制品、蛋类、肉类、蔬菜、水果六类食物的平衡。

我的窍门是：复杂的食材在前一天晚上收拾准备好，放到冰箱里保鲜，第二天早晨简单烹制就可以上桌吃了。

比如，第二天早晨要吃的酱牛肉，要在前一天的晚上就做好。第二天早晨起来，切成薄片，淋上酱汁就可以上桌，牛肉既有营养又有饱腹感，是比较适合孩子早餐吃的肉类。

又如，第二天早餐要吃鱼，我就在前一天的晚上把鱼收拾好，第二天早晨，从冰箱里拿出来，或煎或炖，很节省时间。

再如，要把杂粮粥做出软糯的效果是很费时间的，我会在晚上把所有的杂粮混在一起，淘洗干净，用水泡上。然后把电饭煲定时，第二天一早就可以吃到口感香糯的热粥了。我把自己的经验告诉同事、朋友和家长，他们试过，都觉得省时、方便。

早餐的主食常吃的有：自制杂粮馒头、全麦面包。

粥类一般会做小米粥、玉米粥、南瓜粥、肉菜粥、海鲜粥等，轮流做。

乳制品每天都有，如鲜牛奶、酸奶、乳酪。

肉类常做煎牛排、酱牛肉、猪肉饼、炖小排骨。我家最常做、达达最喜欢吃的就是各种鱼，鱼、虾怎么做达达都非常爱吃。

水煮蛋每天早餐一个。

蔬菜：早晨，我一般不会给孩子做炒菜，因为炒菜比较油腻，孩子可能不爱吃。我做青菜都是用开水焯烫一下，切成小段，拌一拌吃。口感比较清淡，适合早晨吃，达达也比较爱吃这种做法的蔬菜。

水果：达达早餐吃得丰富，吃得饱，已经吃不下水果了。再则，早晨没有充足的时间再吃水果。可是，水果的营养也是其他食物不能替代的。我们就想了一个办法：带水果。把带皮的水果洗净、擦干，装到保鲜袋里，放到书包后面，上午有时间的时候就可以吃了。达达上学期间，我们一直是这么做的。

吃不吃"补药"

前几天，几位高二的家长问我：现在，孩子的学习越来越紧张了。上课的时候，孩子注意力不集中，经常溜号，学习成绩不稳定。孩子班里的同学，好多都吃补药了，要不要给自己的孩子也买点补药吃？

　　我的建议是不要吃补药，只要吃好饭、睡好觉、调节好心情就可以了。

　　孩子上课注意力不集中的最重要原因是学习压力大、饮食质量不达标、睡眠不足。

　　高二下学期开始，孩子们的课业负担越来越重，他们每天用于上课、学习的时间很长，严重地压缩了睡眠时间，孩子经常处于缺觉的状态，导致注意力涣散，学习效果不好。如果三餐搭配不科学、饮食结构不合理，会导致摄入的营养不均衡。早餐没吃好，上午孩子的血糖偏低，脑意识活动出现障碍，长期如此，必将影响学习效果。

　　达达高三的时候，学习竞争压力非常大，同学们都在不惜一切代价，努力学习，争取考到著名高校，班里好多同学都吃补药。表面上，补药确实有效，同学能学习更长时间。我们觉得还是坚持合理膳食、保障充足睡眠、放松心情是最安全、简单的好方法，比治标不治本的补药效果好。

　　我更加精心地给达达做早餐，让他吃得好，营养丰富、均衡；提醒达达到点睡觉，保障充足睡眠，精力充沛地去上学。事实证明，只要孩子吃得好、睡得好，比吃补药的效果还要好。

13 ｜ 不要近视眼

预防近视

我和先生都是近视眼，都戴着眼镜，早晨起来第一件事就是把眼镜戴上。近视眼给我们的学习、生活、运动带来诸多不便。因此，很担心孩子会像我们一样近视。

从怀孕开始，我就有意识地了解预防近视的基本知识，达达出生后也特别注意保护他的视力，我们家平时只听音乐，不看电视。为了避免闪光灯对孩子眼睛的伤害，没有去过照相馆拍儿童照片；平时给孩子照相时，也没有使用过闪光灯。

达达小的时候，就给他树立爱眼、护眼的意识，时刻提醒他养成良好的用眼卫生习惯。达达从小就喜欢看书，每天长时间与书本打交道；长大后，经常使用电脑、手机等电子设备，常常学习、工作到深夜。现在，达达已经成年了，一直保持着好视力。

我国青少年近视发病率高达 50% 至 60%，已经达到世界平均水平的 1.5 倍，患近视眼的人数居世界第一。因此，儿童及青少年近视的防治越来越为全社会所关注。

日常生活中，人们大量、长时间使用电脑、手机、平板电脑等电子产品，引发视力疲劳，最终导致视力下降的例子比比皆是。

保护视力，远离电子产品

邻居小丽的婆婆来帮她看孩子，老人家喜欢看电视，白天一边带孩子一边开着电视机。婆婆忙里忙外地干活，闲下来时坐下看电视，小孩子在屋里睡醒了，被电视机一闪一闪的图像和声音吸引，经常自己侧过头去看电视。婆婆给孩子喂饭时，特意调到动画片的频道，只要一放动画片，小孩子的眼睛就紧盯电视屏幕，老老实实地坐在小椅子上吃饭，婆婆觉得这样喂饭很省心。

殊不知，小孩子长时间地看电视会使稚嫩的视觉、听觉受损；一边看电视一边吃饭，还会影响孩子的消化吸收功能，损害健康。小丽的孩子 5 岁体检时，发现斜视、近视，需要进一步治疗，全家人都追悔莫及！

有一次坐车旅游，坐在我旁边的是一对母子，小男孩有 3 岁左右，比较顽皮。孩子一闹，妈妈就拿出手机安抚孩子，孩子玩上手机马上就安静下来。小孩很熟练的玩着游戏，车在公路上颠簸、摇晃，孩子的身体也随之摇晃，可是握着手机的小手始终在上下左右地按动，没受到任何影响。看样子，孩子平时也经常这样玩。

孩子低头玩手机，眼睛距离手机的距离大约是 20 厘米，已经聚精会神地玩了近半个小时了；妈妈拿着另一部手机也在津津有味地刷朋友圈，与朋友聊天，完全没有察觉孩子已经玩了很长时间。我提醒妈妈说："别让孩子玩手机了！车上颠簸，眼睛会疲劳的，对小孩子的眼睛伤害大！"妈妈对我善意的提醒表示感谢，连忙哄着孩子不玩手机了。

电脑、手机、平板电脑等电子产品，已成为孩子患近视眼的罪魁祸首。现在，年轻的父母都是整天手机不离手，有的家长带孩子玩的时候，自己都忍不住掏出手机来看，放任孩子自己去玩；有的家长图省事，哄孩子的时候，干脆把手机或平板电脑交给孩子任由孩子去玩。

孩子的年龄特点是喜欢模仿大人的样子，家长每天沉迷于电脑、手机，给孩子的感觉就是电脑、手机特别好玩。孩子本身的自控能力差，玩起来自己难以控制时间，长时间、近距离紧盯屏幕看会伤害眼睛，使视力严重受损。

一天坐朋友的车回家，朋友的女儿也在车上，车载电视上播放着英语动画片，孩子坐在后排的儿童座椅上，眼睛紧紧盯着屏幕，全神贯注地看动画片。朋友自豪地向我介绍说："孩子回家的路上可以学习英语。看动画片时，她能坐得老老实实地不乱动，很安全，这样做一举两得！"

现在，让孩子一边坐车一边学习的家长很多，自以为这样既节省了时间又保障了孩子的安全，可是，家长考虑到孩子尚未发育完善的视觉系统受到的伤害了吗？我建议，孩子坐车的时候，可以用耳朵听录音来学习英语，不要用眼睛看，注意保护好眼睛。

预防近视的方法：

1. 看书时，光线要适宜，不在阳光直射下或暗处看书，不躺着、趴着看书，也不要在走动、乘车时看书。

2. 注意用眼卫生，保证充足睡眠，上床睡觉前不看手机。

3. 均衡营养，不偏食挑食，多吃蔬菜瓜果，常吃富含维生素 A 的食品；少吃甜食，少喝甜饮料等。

4. 视力的正常发育需要阳光给以足够的刺激，多带孩子到户外活动，多看看花草树木、自然风光。读书、写字 30 分钟后要休息一会儿眼睛，可以进行远眺，防止用眼过度。

5. 定期检查视力，做到早检查、早发现、早干预。

保护视力，预防近视，需要从多个方面着手，从小养成孩子良好的视物习惯。加强身体锻炼，是预防近视的有效措施。所有球类运动都对近视的防治有积极作用，比如乒乓球、篮球、足球等，父母可以带领孩子多进行球类运动，让孩子少看电视、少用电脑、少玩手机，减少近视的发病率。

14 ｜ 不要"当众教子"

孩子身体发育和心理发展的特点是：活泼好动，闲不住；好奇心强，容易被新鲜事物吸引；辨别是非和自控能力差；认知水平处于从无到有的积累阶段。所以，孩子会经常犯错。父母要意识到，孩子是在试错的过程中积累知识，不断成长进步的。

天下没有不犯错的孩子。父母对待孩子错误的态度，决定了孩子能否改正错误、少走弯路、健康成长。

父母批评孩子时候的态度，决定了批评教育的效果

我的一位同事小齐，上班时兢兢业业，全部精力都投入到班级工作中去，自己的工作干得有声有色，她是孩子、家长心目中的好老师。小齐每天回到家里已经很疲惫了，无暇顾及女儿，孩子乖巧懂事，只是学习成绩不理想。

今年，小齐的女儿上初中了，她下定决心要把孩子的学习成绩提上去。下班后，身体再累也陪着孩子看书、背课文、写作业。转眼之

间，半年过去了，期中考试的日子到了，小齐满心盼望着女儿的成绩会有大幅度进步。结果，期中考试的排名出来，女儿在班级的排名还是处在中等偏下的位置，没有预期的惊喜，特别是数学成绩不升反降。小齐看着手里的考试成绩单，心里的各种情绪混杂在一起，顿时像实验室里的化学反应一样，对着女儿大爆发，小齐情绪激动，滔滔不绝地历数女儿的种种不是，一阵狂风暴雨式的宣泄，可谓酣畅淋漓！女儿被妈妈的气势吓坏了，一个劲儿地点头敷衍她。

小齐骂完了，心里也痛快了，看到女儿乖乖地回到自己房间学习去了，才慢慢消气。冷静下来一想，又觉得自己发了一通脾气，并没有解决什么问题，又特别后悔。刚才自己在气头上骂了孩子，心疼孩子起早贪黑地学习，成绩就是不理想，自己不应该对着孩子大喊大叫，应该帮助孩子找一找成绩上不去的根源才对。

家庭教育中，父母对孩子犯的错误进行批评教育是少不了的。但是，批评孩子也需要技巧，既要让孩子心服口服，又要能够解决问题，使孩子清楚地明白下一步应该怎么做，这样才达到批评、教育孩子的目的。

父母批评孩子时的态度，决定了批评教育的效果。

有的父母批评孩子时过于情绪化，对着孩子发脾气、发牢骚，疾风骤雨般地宣泄自己的负面情绪，孩子根本就听不进父母的批评，孩子的心理是："再挺一会儿，挨过这一段就好了！"等待这番责备的结束，最后的结果就是"口服心不服"。

有的父母批评孩子时喜欢翻旧账，不能客观地就事论事。父母生气的时候，思维跳跃、联想丰富、上纲上线，把孩子过去的所有错事，重新拿出来数落一遍，孩子听了心里更加反感，觉得自己在父母的心中永远是个坏孩子，还不如破罐子破摔。

还有的父母控制不住自己的脾气，不论任何场合，不给孩子留面子，只要认为孩子有错误，马上当众批评。表面看是父母的家教严格，眼里揉不得沙子，其实是父母的虚荣心在作怪。

精心呵护孩子的自尊心

孩子的自尊心需要父母的精心呵护，他们更渴求得到理解和尊重。如果父母在别人面前批评孩子，那么孩子的自尊心受到伤害，心里对父母产生抵触情绪，父母再说什么都听不进去了，还有可能产生不满、怨恨等消极情绪，使父母的"金玉良言"都像耳旁风一样，丝毫不起作用。

幼儿园家长开放日的户外做操时间，小朋友站好排跟着前面的体育老师做操，家长站在后面观看。中班孩子家硕站在那里一动不动，家硕的爸爸看了一会儿，忍不住走到家硕跟前询问原因，劝说孩子做操。孩子被爸爸说得不好意思了，更加一动不动。爸爸可能感觉自己的话没起作用，丢了面子，拽着孩子的胳膊把孩子拖到后面来教育，周围的家长有的对家硕说些教育的话，有的劝说家硕的爸爸控制情绪。家硕面无表情地被一群家长围着，没有要去做操的意思。老师走过来把家硕带到自己的身边，家硕跟着自己班的老师一起做操去了。

家硕的爸爸和周围的家长教育孩子，是为了家硕好。可是家长们七嘴八舌的话，家硕认为都是在批评自己，一下子接受不了。所以，大家的批评建议是没有效果的。

孩子有了缺点、错误，首先要把孩子带到没有外人的地方，私下里问明原因再进行教育。父母要心平气和地站在孩子的角度看待问题，让孩子先说说自己的想法。这种态度，一下子拉近了父母和孩子的距离，孩子会觉得父母尊重自己想法，和自己是"一伙的"。这时，父母再帮助孩子分析问题，孩子会心服口服地接受父母建议，达到预期的教育效果。

15 | 考得好，要不要奖励

前几天，一位家长小李特意来找我聊一聊，希望我帮助她出出主意。小李的儿子宁宁今年上小学六年级，小李对孩子的教育抓得挺紧，宁宁的兴趣爱好比较广泛，学习成绩一直不错，处于班级中等偏上的水平。现在，临近上初中了，班级里的同学们都加紧了学习，宁宁的学习成绩不那么稳定，开始有了起伏，这让宁宁的爸爸妈妈感到特别着急。

物质奖励要不得

夫妻二人在反思自己的教育方法。小李说：自从宁宁上学起，我没因为考试成绩好而给过孩子物质上的奖励。平时，只要是孩子需要的东西，不管多贵，我都会买给他。宁宁喜欢画画，我给他买来画架、纸、笔、颜料，买学画画的书，报美术兴趣班。宁宁学了好几年下来，没少花钱啊！还有，宁宁看同学玩航模有意思，也想玩。我觉得孩子玩航模能锻炼动手能力、发展思维想象能力，二话不说就买来给他！

孩子提出的要求，凡是在合理的范围内的，我都会满足他。

小李又说：原来，孩子考试没考好，我会和孩子一起找出错题，重新再做一遍，针对孩子的弱点加强训练，一直没把考试成绩看得特别重，如今宁宁已经六年级了，马上就要上初中了，大家都在加劲学习，他的成绩却掉下来了！宁宁爸爸说我的教育方法效果不好。他说重赏之下必有勇夫，说要采取物质奖励的办法，准备要跟孩子约定：期末考试语、数、英这三科，每科考到 95 分以上奖 300 元、90 分以上奖 200 元、90 分以下没有奖励。我不赞同宁宁爸爸的想法，可是我的方法又没有取得好的效果，我现在都质疑自己的教育方法了！我们到底应不应该用物质奖励的方法刺激孩子学习？

我的意见是不赞同用物质奖励的办法，刺激孩子提高学习成绩。

学习是孩子自己的事情，孩子要为自己的学习效果负责。父母要做的是帮助孩子培养学习兴趣、提供学习资源、创设良好的学习环境。

父母用物质奖励的方法刺激孩子学习，会让孩子认为钱就是衡量好坏的标准，认为物质可代替一切；学习的动力就是为了获得物质奖励，而不是获得知识本身，使孩子变得功利化，渐渐失去探究、学习的乐趣。

精神鼓励更重要

不用物质奖励，不等于没有奖励。精神的鼓励、激励往往会取得意想不到的效果，爸爸妈妈的爱就是最好的奖励。

达达上学时，每一次考出好成绩，全家人都替他高兴，回到家里，我们用一个紧紧的拥抱，表达对孩子辛苦努力的赞赏和肯定。家里每个人愉快的心情、欢乐的气氛，更加让达达体会到成功的喜悦。我们从来没有因为孩子考得好，给他买过一件礼物。达达需要的学习用品、生活用品或者他要求要买的电子产品，只要是合情合理的需求，就随时随地买来，满足孩子的需要。

爸爸妈妈的鼓励和支持始终陪伴在达达的身边，是他的强大后盾。达达考试没有考好的时候，是更需要父母安慰的时候。我们没有因为达达成绩下降，跟他发脾气、批评他。每当孩子因为没考好，心情失落的时候，我们会加倍关心他的心理变化，鼓励他调整情绪，帮助孩子制订学习计划，偿还各科欠账，陪伴达达顺利渡过困难时期。

有很多父母认为孩子考得好，适当给点物质奖励能够让孩子尝到甜头，继续好好学习，下一次还能考好。所以，在临近期末考试前，他们会许诺孩子："如果期末考试成绩排名比期中考试提前 10 名，就奖励你……"

大家都听说过"曾子杀猪"的故事，父母如果许下诺言，就一定要言而有信，及时兑现，才能在孩子心目中树立一诺千金的威信。有些家长为了让孩子高兴，经常随口答应孩子的要求，因为说的时候随随便便，说完后就不记得了。可是，孩子却记得清清楚楚，当孩子克服重重困难完成任务找父母兑现承诺的时候，父母不以为然地说自己忘了，想想孩子会是什么心情！要知道父母要求孩子诚实的同时，自己首先要言而有信。父母必须履行诺言，尊重孩子的自尊心，为孩子做一个诚实、守信的表率。

除了物质需求外，孩子还有被尊重、被爱、被理解、被认可等多方面的精神需求。孩子蹒跚学步时的一个拥抱；运动场上的一句"加油"；做对事情时，父母一个满意的微笑、一个充满赞许的眼神，都能让孩子勇往直前。因此，家长在选择激励方式的时候，不妨多给孩子一些精神鼓励。

16 ｜ 专属绘画作品集

《达达创想集》的"诞生"

达达在小学二年级的时候，课业负担不是很重。当时他特别喜欢画画，我就把他近期所画的各种技法的绘画作品，收集制作了一本绘画集，名字叫《达达创想集》。作品集里收入了棉线画、水粉画、水墨画、油画棒画、铅笔画等利用各种技法绘画的作品，是一本充满想象的创想集。由于当时达达的识字量较少，所以，内容介绍和绘画技法都是我在每一张作品旁边注明的。

后来《达达创想集》作为才艺展示的作品被带到学校，被老师布置在教室后面的展示墙上。科任老师来上课的时候，常常到后面的展示墙上去翻看孩子们的作品。《达达创想集》由于形式独特、内容新颖、色彩丰富、充满童趣、特别好玩儿，所以老师经常翻看。看过《达达创想集》的老师都要在课堂上问一问："哪位同学叫达达？"由于这本《达达创想集》，扩大了达达的"知名度"，老师都夸他画得好。

达达的自信心得到了提高。

很多老师也因为《达达创想集》认识了达达。同学们在下课的时候也经常去翻看，问达达这幅画是怎么画的，那幅画是什么意思，达达充满自信地给大家讲自己的作品。

通过《达达创想集》这一本作品，达达树立了自信，在同学们当中也有了一定的威信。各科老师也因此认识了他，大家都知道，有一位会画画的达达。

我自己特别喜欢画画，现在幼儿园里任专职美术教师，周围的朋友、家长经常问我："我不会画画，可是孩子愿意涂涂画画，在家里，我们没有办法指导孩子画画，怎么办呢？"

教育的根本问题就是家长转变观念，自我提高。我觉得，只要父母在育儿过程中遇到问题，能多读书学习并勤于思考寻找答案，就能成为孩子的全科家庭教师。在家里给孩子上美术课也很简单。

走进孩子的幻想世界

我在上美术课的时候，让孩子们充分发挥自己的想象，大胆地的动手实践，在玩、画的过程中渐渐喜欢上绘画，培养孩子们的动手操作能力和创新意识。孩子们可以利用线条、形状，再到颜色、内容等形式来表现自己的想法。

对孩子的作品，不要用成人的标准来看待，不能用画得与实物"像不像"，色彩"对不对"，画面形象、比例布局是否"合理"等标准来衡量，不论孩子画得如何，都要多给孩子鼓励，让孩子体会到美术活动的乐趣。

其实，没有美术基础的父母也可以带着孩子在家玩美术游戏。美术活动一点都不难，既简单又有趣。父母事先在互联网上搜索一下"儿童创意美术课程"，就可以找出很多相关的视频资料，从中选择简单、有趣的课程内容，然后准备材料，就可以和孩子一起学习、一起游戏了。

父母和孩子一起做手工、绘画的时候，可以放些愉快、舒缓的轻音乐，有益于孩子发挥想象力，让孩子享受艺术的创作过程。

孩子的认识水平、想象力都与成人有很大不同。他们善于观察细微的变化，发现新鲜事物。绘画作品中充满着在孩子眼中被放大的童话世界、微观世界。

绘画能力是每一个孩子都具备的创造潜力，父母要精心地守护这种创作热情，为孩子创造适宜绘画的活动环境与氛围，培养、引导、发掘出孩子的绘画能力，千万不能"折断了孩子想象的翅膀"，毁掉孩子的创作天赋。

孩子对于色彩的运用也很特别。我发现每一个孩子对色彩的偏好都是不同的，有的孩子喜欢蓝色，他会把自己的每一张作品都涂上蓝色系，根本不管作品中画的是什么；有的孩子喜欢红色，在他的作品中会大量使用红色。

他们不会拘泥于事物的固有颜色，可能把太阳涂成绿色，把大地涂成红色。因为在孩子的世界里，到处都充满了鲜艳的色彩，关键是在孩子的大脑里充满着丰富多彩的幻想世界。

需要"听"的画儿

孩子的画是需要"听"的。他们会通过绘画来"讲述"自己的感受和发现。爸爸妈妈在孩子画完后，请他来讲一讲作品里都画了什么。父母要认真倾听，适当重复孩子的话，理解、尊重他所诉说的内容。

父母最好在孩子讲述作品内容的时候，就在作品旁边加注文字说明、绘画时间和地点，以免过一段时间后，忘记了绘画作品的有趣情节。细心的父母会发觉，孩子的作品里充满了天马行空的想象，每一个孩子都是一位优秀的创意大师。

留住孩子的童年

对于孩子作品的收集整理，我的经验是：

1. 可以在孩子的卧室、客厅或走廊给孩子布置一个"×××美术作品展"展示孩子的最新作品，定期更换。孩子的作品可以装饰家里的墙壁，还可以给来家里做客的人介绍，增加孩子的成就感。

2. 挑选孩子的作品进行收藏，标上题目、日期、技法，简单记录绘画内容。根据作品数量的多少，按照时间顺序订成"作品集"。

3. 为了长期保存孩子的作品，还可以用手机拍照，然后传到硬盘里收藏，给孩子留下童年的美好回忆。

17 | 与同龄的伙伴一起慢慢长大

实验班选拔的决定

我们所在的城市里有一所省属重点学校，每年招收一批智力超常的小学生，进行超常规、快速培养，缩短初中、高中学习时间，提前参加高考。

每年该学校招生季到来之前，有心的父母就开始忙碌起来，早早就给孩子报名价格不菲的补习班，小学的课都不上了，全天参加补习班的重点辅导，准备参加这所重点学校的招生筛选考试。

达达小学四年级的时候，学习成绩渐渐提升上来，基本稳定在班级的前几名，学得比较轻松。达达没有参加任何课外补习班，有大量的时间做他喜欢的事情。那时候，达达有时画画，有时到外面去玩，但是大部分时间是用来看课外书籍，他就是从这个时候开始大量阅读，为后来学习上的"厚积薄发"奠定了坚实的基础，后面越学越有后劲。

达达班里的同学小宇学习非常好，老师经常夸小宇聪明。小宇妈妈跟我说："咱们一起让孩子去学考前补习班，两个孩子一起考这所重点学校吧。"我有些心动了。心想，如果孩子能读这所重点学校，只要能跟上学校进度，将来肯定能考上重点大学，孩子的前途无忧了。

回到家里，我们一家三口开会讨论这件事情，也征求达达自己的意见。爸爸同事的孩子，正好在这所学校的少儿实验班学习，这个实验班的学习进度非常快，基本上没有消化、吸收知识的时间，学生每天都要学习到夜里 12 点钟，几乎所有的时间都用来学习课本知识，没有自由支配的娱乐时间。

达达爸爸首先表明自己的态度：不想让达达参加考试，希望达达能够和同龄的小伙伴一起慢慢长大。

达达说："我现在的班级，有很多好朋友一起玩，还有每天上学、放学一起走的齐齐和洋洋；老师都喜欢我，我不想离开这个班级。"

家庭会议很快达成共识，不去参加少儿实验班的考试，继续我们现在的学习生活状态。

小宇同学顺利考取了这所学校，我和小宇妈妈一直有联系。小宇用5年时间完成了小、初、高中课程。提前3年参加高考，考到上海一所著名高校。小宇妈妈对我说："小宇这5年学习很累，一直在赶学习进度，课余有点时间都去外面补习班学习了，一点闲暇时间都没有。过年去奶奶家时，小宇都是带着书包，除了吃年夜饭，其他时间都在写作业，几乎没有与人交流的机会。"

小宇妈妈言语之间充满了对孩子的心疼。小宇妈妈又说："如果让小宇跟着同龄孩子慢慢学习，他不会学得这么累。如果让孩子跟着普通班级学习，小宇有更多时间消化、复习学习的内容，他会考得更好，清华大学应该能考上！"

小宇妈妈又补充说："如果让我们重新选择，我们不会让孩子去考少儿实验班。小宇不过是比别人提前3年考大学，可是小宇失去了童年中很多慢慢成长的乐趣。"

"太匆忙"的超前教育

我们幼儿园大班的一些家长，看到社会上有的教育机构教孩子小学课程，非常着急，怕自己的孩子"输在起跑线上"，找到园长提出能否教孩子拼音、教100以内数的加减法、教写汉字及每天晚上留些家庭作业等要求。有的家长在孩子小时候就开始去学亲子班，大一点就将孩子的时间安排得满满的，各种兴趣班轮着上，希望孩子从小接受严格的训练。

父母希望孩子早一点起步，跑在别人的前面。这些父母是站在自己的角度看问题，打乱了孩子的身心发展秩序。超前的教育"太匆忙，一定会延缓以后的发展"。

法国思想家、教育家卢梭说："大自然希望儿童在成人以前，就要像儿童的样子。如果我们打乱这个次序，就会造成一些果实早熟，它们长得既不丰满也不甜美，而且很快就会腐烂。"

> 每个孩子的身心发展都有自己的节奏，发展的关键期也各有不同。在孩子还没有完全做好能力准备的时候，就提前进行超出孩子能力范围的教育，孩子会表现出学不会、做不好等各种问题。让孩子及父母倍感挫折，使孩子失去对学习的兴趣，产生厌学心理，严重影响孩子后续的发展。

孩子该做什么的时候，就做什么，不需要过度、超前教育。比如幼儿阶段，父母提前教孩子认字、写字、算数，费了好大力气，孩子看似比同龄孩子聪慧。但是，到了三、四年级，所有的孩子都学会了认字、写字、算数，这些"聪慧"孩子的优势不在了，费时费力学习耗费了大量本应玩耍、发展各种能力的时间。等到应该拼各种能力的时候，又失去了与同龄孩子竞争的资本，真是得不偿失。

如果孩子的智力得到了不断强化，其他方面的教育欠缺，那只能是一种畸形发展。孩子是在与同伴玩耍、交往的过程中，促进了认知、语言、社会交往等各个方面的全面发展，孩子需要在同龄人的社会里成长，使孩子的身体、心理得到全面和谐的发展。

18 ｜朝夕相处的 18 年，倒计时开始

放手

我曾经无数次地想过达达上大学离开家的时候，自己会是什么心情。会泪眼婆娑地拉着他千叮咛万嘱咐？还是暗暗欣喜卸掉了包袱一身轻松？

达达出发的那天是 9 月初的一个周六。早上，我们都兴奋得睡不着，早早就起床了。我准备好一桌子饭菜，达达吃了一点就说饱了，达达爸爸催促着赶紧出发。

达达肩扛手提着大包行李和书包下楼，一边走一边唱：我要去北京喽，我要去上学喽！他在前面走得飞快，我拿着东西跟在后面，达达爸爸把行李安顿到后备厢里，他们就准备开车去火车站了。

达达跳到车上，关上车门，按下车窗，对我摆摆手说："妈妈，再见！"动作一气呵成，看得出孩子对未来充满美好的期待，已经跃跃欲试地希望马上融入新生活了，他的心早已经飞走了，哪里顾得上

我对他恋恋不舍的心情。达达爸爸马上启动发动机，大喊了一声："出发！"汽车瞬间就从我的视线中消失了！

我站在原地愣了几分钟，此时此刻，跟我预想的这个人生的"重大节点"场景有很大差别，我竟然不知如何处理自己的情绪了。达达就这样轻轻松松地在这一刻开始"独自远行"了，我的心里泛酸，眼里刚刚要涌出泪水，转念一想，马上回家收拾好餐桌碗盘，从此以后再也不用天天起大早做饭了，浑身好像立刻就轻松了不少；再想一想，从此以后可以做我喜欢的事情了，就更加开心了。

轻松愉悦的心情持续了一整天。傍晚，天空阴云密布，要下雨了，我站在达达房间的门口，看着叠得整整齐齐的床铺，开始想孩子了，各种担心、无数回忆纷纷袭来！

细细算来，孩子在父母身边的亲密时光其实只有短短的18年！孩子出生后的前3年需要父母照顾、陪伴的时间比较多，从上幼儿园开始，时间好像在加速前进。小学6年还过得慢一点，初中、高中转瞬即逝，孩子很快就长大了，父母再看看自己，已经步入中年。

孩子在父母身边的18年，是向父母学习、受父母教育的阶段，我们要珍惜这段如黄金一般宝贵的时光，做好充分的准备，帮助孩子成人、成才。

珍惜与孩子相处的时光

中午吃饭的时候，同事们围坐在一起聊起自己家的孩子，一片抱怨声，最后归结为一个字："累！"

刚刚做妈妈的小田说：宝宝一晚上醒来 4 次，需要喂奶，自己严重缺觉，整天都没精神，感觉好累呀。

小李的孩子在我们幼儿园，她这个阶段，应该是最省心的了。可是，小李抱怨孩子爱生病，让她操碎了心。

孩子读小学二年级的小孟说：学校的课外活动太多，还有好多任务需要家长配合完成，"家校通"里布置的作业，需要家长一项一项地督促、帮助孩子来做，每天下了班也不能休息。

孩子读初中的小曼，抱怨孩子经常跟她对着干、青春期叛逆、无理取闹，家里常常吵吵闹闹。

小王的孩子正在读一所重点高中，小王天天关注孩子的学习成绩，送孩子去各种补习班。小王抱怨为了培养孩子，花费了太多的时间、精力和金钱。

我说："如果把孩子送到奶奶家，一个星期看不见孩子，你们会想孩子吗？"同事们想一想都说："想孩子！"小孟说："有一次，孩子爸爸带孩子去外地的奶奶家，从孩子走的第二天开始，就想孩子了，天天给他们打电话，了解孩子的情况。"

大家的话题又转向孩子的趣事上来，同事们滔滔不绝地讲起孩子可爱的一面，孩子就是我们幸福的小天使，给我们的生活带来无尽的快乐。父母累并快乐着。

孩子一旦离开了父母，出去上学、工作、结婚、生子，再聚到一起的时间就会少之又少。孩子在身边时虽然有些操心，但这也是能和父母相处最长的一段时光。

　　班里有些家长说自己工作忙，没有时间陪伴孩子，把孩子交给祖父母、保姆来带，错失了孩子成长中最关键的黄金时期，孩子与父母之间的情感交流少，感情基础不牢固。将来父母老去、需要孩子陪伴的时候，孩子也会因为种种原因缺位。

> 　　童年的幸福快乐来自亲人的陪伴。如果让我们回想自己童年感到快乐的往事，很多都是跟亲人在一起的时光。父母、兄弟姐妹的陪伴，是留在大脑最深处美好、温馨的回忆。

　　再好的学校也替代不了幸福温暖的家庭；再负责的老师也比不过爸爸妈妈的爱。孩子在父母身边的时间很短，多陪陪孩子，亲自带孩子，抓住每一个教育契机，陪伴、见证孩子的成长。

　　和孩子朝夕相处的18年，很快就过去。从此时此刻，倒计时开始！

后 记

我就是达达

2017年4月，我尚在美国求学，母亲打电话给我，问我可否为她的一本有关儿童教育的新书写后记，因为书中的内容是以母亲教育我的经历作为蓝本撰写的，我听罢一口应承下来。想到能成为本书的第一位读者，心中盛满了兴奋与期待。

6月初收到初稿，打开文档，看到的不是一个个的教育故事，却是我孩提时代到青少年时代的一段段回忆。从我18岁离开家乡到如今，每年回家陪父母的时间寥寥，许多童年的记忆早已模糊。而这本书更像一本有关我童年的纪录片，将我那一片片破碎的童年记忆拼接成一幅巨大的画卷。画卷中有世纪之交那座城市中迅速变化着的街道面貌，有只能记得起外号的童年挚友，还有父母在那个物质生活尚不丰富的环境中为我搭建起的一个充满温馨的家。

本以为一日即可卒读的书稿，却要每每在读完一个故事的时候停下来，去补全童年的回忆，平复心中的涟漪，或是拭去眼前的模糊。到了 6 月底可算是粗粗读过书稿，却又纠缠于入职前的工作签证和入职文件等琐事，到了 8 月初的时候总算是有时间，能心平气和地坐在电脑前，将父母对我那浩如星河般的爱与智慧，撷取数颗，佐以我孩童时代的回忆，与君共赏。

大学以来的求学经历，令我有机会走访许多国家，体验不同的风土人情。在美国，我曾参与数次的校园开放日活动，近距离观察一对对从世界各地前来参加儿女毕业典礼和入学典礼的父母，他们得体的正装和优雅的谈吐给我留下了深刻的印象。父母不一定富有，有的家庭甚至需要提着沉重的包裹，乘坐公交车来到学校，但是这却丝毫不会影响他们的孩子成为优秀的人。

而在一墙之隔的校园之外，我也看到了美国东部铁锈区、旧城区中的问题家庭，他们对儿女的教育放任自流，令暴力和无知代代相传。这样的家庭在物质上并不一定贫穷，却让自己的子女坐在豪华 SUV 的后排，一首又一首地重复播放着写满脏字的饶舌歌曲。

这些经历让我深刻地认识到，家庭环境对一个孩子的发展有多么深刻与巨大的影响！也让我无限感激我的父母可以给我提供一个幸福和睦的原生家庭，陪伴我成长的每一刻，在我的背后提供着无尽的爱与帮助，让我能够勇敢而自信地探索陌生的世界。

回忆起我儿时的家长会，除非是忙到无法脱身，否则每一次都是爸爸妈妈一起去参加。在我们那里，双职工独生子是主流的家庭形式，在我儿时的家长会上，不乏白发苍苍的爷爷奶奶、对孩子不甚熟悉的叔叔阿姨，甚至有很多家长直接选择缺席。在这种情况下，我的爸爸妈妈能够同时请假出席家长会，不仅能够最全面地了解掌握我在学校中的表现，也是向老师和其他家长传达一个明确的信息：父母对孩子的健康成长非常关注，孩子的一切在家庭事务中具有极高的优先级。

我上学时的年龄在班级里比较小，心智成熟得相对较晚。但是，我从来没有经历过任何形式的校园欺凌，也一直是老师关注的重点，相信这与父母在我身上花费的大量时间与精力密切相关。每个孩子都是父母的焦点，随着年龄的增长和心智的逐渐成熟，我已完全能够理解这种感受。我知道，我也会在某一天成为人之父母，将爸爸妈妈对我的这种超越一切的爱，传达给我的下一代。

工作的原因，我经常会往返深圳与香港。每每在昏昏欲睡的清晨，在福田口岸与上万跨境学童一起过关，自然无法成为一种享受。孩童的好奇心加上清早的舟车劳顿，难免会让清晨的口岸一片人声鼎沸。争吵声、责骂声、哭声，孩童兴奋的叫喊与家人的呼唤此起彼伏。细心观察一对对父母与孩子在通关过程中的行为举止，也成为我每次过关中排解无聊与倦意的一大法宝。

有的家长会在全程默默地陪伴，一路将孩子送到单独过关的入口，并在队外微笑着注视孩子；有的家长拖着孩子一路奔跑，不时斥责孩子跟不上成年人的步伐，在一句句"不好意思！"中冲到队伍的最前面，迅速将书包背在尚在气喘吁吁的孩子肩上，目送孩子过关之后不忘大喊一句"快点啊！"最惨的莫过被父母一路呵斥责骂的孩子，要用纸巾擦干眼泪才能看清面目，看得我也不禁戚戚然。

到了香港口岸那边，与同学开心聊天的孩子、莽撞的冲在最前的孩子和一边走一边啜泣的孩子，也轻易地让我想起了他们的言行与父母数分钟之前的一言一行何等契合！坐在东铁线上看着孩子们陆陆续续地下车，也会时常回忆起我小学时候上学的经历。

我总是记得，每天早上6点半起床的时候，妈妈正在厨房里面做早饭，我洗漱之后尚有十几分钟的时间可以读书。当时所读的书籍极为繁杂，从《上下五千年》到《国企改制》的书籍均有所涉猎。可能，我对经济学的敏感度大概也是从那个时候开始培养的吧……7点钟到7点20分是早餐时间，蔬菜、肉、鱼和牛奶是每天的必备。我清楚地记得，我从11岁到12岁长高了12厘米，从12岁到15岁连续3年每年都长高了8厘米，但是在这3年中，我竟从来没有一次因为缺钙腿抽筋，18岁智齿萌出也是又齐又正。想必与当时每日的饮食搭配有极为密切的关系。

当时的住所离学校很近，所以每天都是爸爸推着单车，陪我走路上学，每天清晨的讨论话题也多与近日所读的课外书有关。在我的记忆中，美元与金本位、彼时的中国乘用车市场都曾是谈话的主题。而有趣的是，一次我上学迟到了几分钟，老师问我原因，我便将刚刚与爸爸讨论的话题复述了一遍，老师也是听得津津有味，饶有兴趣，忽略了我迟到的事情。

前两年香港的数家电视媒体曾经以"赢在起跑线"为主题，集中讨论香港社会对婴幼儿过度教育的问题。摄影机下父母带着年幼的孩子，辗转于数个补习班。学习除了"粤普英"之外的"外语"和多种乐器，还要加上诗朗诵和小学数学，只是为了在幼稚园"名校"的选拔考试中拔得头筹。看到每天夜晚 10 点多 11 点才能回到家，带着一脸倦容的一家三口，心里很不是滋味。从孩子的角度，我不知道这样高强度的教育，会给他们带来多少不快乐的童年回忆，会对他们的身心发育带来多大的影响；更重要的是，从家长角度，他们又何尝不希望孩子能有一个轻松快乐的童年呢？但是整个社会所带来的压力，令家长无时无刻不在担心孩子会不会"一步迟，步步迟"！纪录片中的父亲们普遍选择加班工作，用以支付高昂的教育费用，没有闲暇时间陪伴自己的孩子。

回想起我童年时的课余生活，真的是倍感幸运，我可以生活在一个如此开明的家庭之中。小的时候，家里购置了一台电脑，我在那时就有机会通过网络看到外面的世界。在我童年的记忆中，没有补课班片段，却有着无数青山绿水的回忆。动物园、郊野公园、海滩与海鲜、包罗万象的城郊大集、图书馆和一本本大人的书，是每个周末的主题。我至今仍记得去各个地点的公交车线路和在郊野公园的山顶，阳光照射下景色的无穷变化。这些都是我童年无可替代的美好回忆，也无数次地出现在我离开故乡后，那些有关乡愁的梦中。

较之于在补习班上金钱和时间上的大量消耗，我相信给孩子一个自由快乐的童年回忆并非一件难事。而真正困难的是让父母克服将自己的孩子与同龄人比较的心态，将原本充满童真的童年还给孩子们。在我的小学和初中阶段，参与的补习班屈指可数，但是我从来不会觉得我的童年经历中缺少了一丝一毫。反而漫游于绿水青山和书海撷贝的经历为我的童年提供了同龄人难以比拟的广度，令我受益匪浅。

为本书写后记之时，我的心中总是有一种诚惶诚恐之感。不仅因为我的母亲是本书的作者，书中的内容也多与我的童年成长经历有关；更是因为本书潜在的读者也必将是我的同龄人，或是初为父母的新手爸爸、妈妈，或是一对对心中充满责任感的准爸爸、准妈妈。我真心地希望这一篇浅显的后记能够激起诸位通读此书的兴趣，并在阅读此书的过程中有所斩获。

相信各位读者在父亲节、母亲节的时候也会向自己的父母表达对养育之恩的无限感激。但我一直相信，回报父母的最好方式就是将这种无限大爱一代一代地传承下去，让自己的子女也能拥有最美好、最幸福的童年生活！

达达

2017 年 8 月 10 日